プラトン『国家』における正義と自由

プラトン『国家』における正義と自由

高橋雅人著

知泉書館

目次

プラトン『国家』における正義と自由

第Ⅰ章　問題の所在

一　『国家』をどう読むか

『国家』はプラトンの主著と呼ばれるのにふさわしく、政治や倫理、イデアや文化について論じる多様な糸からなる美しい布地である。それは第一巻、第二巻から第四巻、第五巻から第七巻、第八巻から第九巻、第十巻の五つのまとまりからなると見なしうる。ではこれら五つのまとまりは、相互にどのような仕方で関連しているのであろうか。

まず、これら五つのまとまりのうち、初期対話篇的性格を持つ第一巻[1]はそれ以降の巻とどのような関係にあるのだろうか。また、第五巻から第七巻は、その他の諸巻とどのように関係しているのであろうか。第二巻から第四巻は正義や正しい人と国家について、第八巻から第九巻は不正や不正な人、不正な国家についてそれぞれ論じられており、これら二つのグループのつながりは見てとりやすい。しかしこのことはかえって、それらの間に挟まる第五巻から第七巻の位置づけを難しくしている。第五巻から第七巻では、哲人王が説かれ、「太陽」「線分」「洞窟」の三つの比喩によって善のイデアが語られており、これらの諸巻が『国家』において頂点をなすことは明らかであろう。ところが、プラトン自身はこれを「逸脱」としているのである。[2] プラトンの対話篇において「逸脱」こそ意義を有している場合があることを指摘できるが、[3] たとえそうだとしても『国家』の中心巻がどのように何から「逸脱」しているのかは解明されなければならないだろう。第三に、第十巻についてである。『国家』の主題が正義と幸福の連関にあることは、「正しい人は幸福であるか」が一貫して問われているから疑問の余地がない。しかしこの問いに対する答は第九巻ですでに提出されている。[4] とするならば、第十巻は「なくてもよい」余計な巻だということになりかねない。いや、それどころか、第十巻で語られている詩人追放論やエルの神話は、正義と幸福について論じていないと見なしうるので、『国家』の全体の中で読み解くことはできず、「ないほうがよい」巻だと言うべきなのだろうか。[5]

はたしてこのような『国家』を統一的に読み解くための鍵となる概念はあるだろうか。その鍵を探すべく、『国家』がどのように読まれてきたのかを簡単に振り返ることとしよう。[6]

古代において『国家』はまずアリストテレスの批判[7]の対象となった。そしてプロクロスが注釈書を書き、[8] また新プラトン主義の影響[9]がキリスト教やイスラム教に浸透していった結果、プラトンの政治思想に触発された思想が生まれることもあった。[10] しかし、中世以降はプラトンの代表的書物はラファエロの「アテネの学堂」に描かれているごとく、『ティマイオス』であった。

その後、英国では十九世紀に至ってJ・S・ミルなどの功利主義者の間でプラトンへの関心が高まった。ミルを中心とするサークルの中の一人であるG・グロートは、プラトンの著作の一つ一つについて論じた大著を著し、『国家』におけるプラトンは、哲学者というよりもむしろ説教師であると評する。[11] これに対して、プラトンの著作を英語に訳したB・ジョウエットは、『国家』が「国家という形式において、プラトン自身の精神にとっては極めて自然に表現された三つ、ないし四つの真理の伝達手段」[12]だとして、『国家』は政治論の枠組みの中で様々な問題を論じていると解釈した[13]。そしてこのような『国家』解釈に基づいて、プラトンは理想主義者の父として「ジェントルマン教育」の思想的基盤として役立てられた[14]。

二十世紀になって『国家』はより時代の風潮の中で解釈されるようになってくる。R・クロスマンは『今日のプラトン』の中で、二十世紀前半、二つの世界大戦の間の時期の、イギリスの議会や教育現場、あるいは共産主義国家やファシズム国家にプラトンを登場させ、「プラトンの哲学は自由主義の様々な理念に対する最も苛烈で最も深刻な攻撃」であり[15]、平等、自由、自治はすべて幻想であると断罪されている[16]、と主張する。K・ポパーは『開かれた社会とその敵』で、プラトンは変化を悪とし、変化をもたらすものとして個人を憎み、道徳の基準を国家の利益においた人物であり、プラトンの道徳は集団主義的、部族的、全体主義的であると批判する[17]。あるいはさらにプラトンはファシストであるとの解釈も横行した[18]。

このような自らの生きる時代に引き寄せすぎたプラトンや『国家』の解釈はさすがに廃れたが、しかしそれでも『国家』が政治の書として読まれている現状は変わらないとJ・アナスは言う[19]。そしてまさにアナスが批判するのはこの点であって、『国家』が政治の書として読まれてきたのは、実は、ヴィクトリア朝時代に生じてきた一つの読み方をそのまま受けとってきたからにすぎない[20]。このような現状に対してアナスは『国家』の別の読み方、つまり『国家』を倫理の書として読むべきことを提唱する。

アナスの別の読み方については後で触れるとして、ここで日本の『国家』研究について述べるならば、アナスの診断とは少し事情は異なると言えるかもしれない。確かに、政治学者による『国家』の研究書[21]は、言うまでもなく政治的関心からのものであるし、『国家』について論ずるのに、政治思想を問題にしないわけにはいかないだろう[22]。しかし、例えば、「仕事」に着目し、神話的背景と本性に基づいた正義論解釈がなされたり[23]、政治理念と形而上学の交錯が指摘されたり[24]、『国家』の倫理思想が真正面から論じられたりしている[25]。

以上、『国家』がどのように読まれてきたかを概観してきたが、この概観から『国家』を読み解く鍵となる語を探すことが出来るだろうか。二十世紀に見られた同時代的ないし政治的解釈はこぞって『国家』の反自由主義的態度を非難していた。ではプラトンは自由を全く無価値のものとして投げ捨てるのであろうか。「グラウコンの挑戦」では、ギュゲスの指輪があれば人は皆したいことをするだろうということが述べられ、正義は「したいことをする自由」とは反するものだと強調されている。このことはやはり、プラトンが『国家』において自由を否定したことを意味するのだろうか。

正義とはとどのつまり社会秩序のことであり、自由は社会と対立する個人のものであるならば、正義と自由は常に相反するかもしれない。だがプラトンのいう正義は魂の内なる秩序のことであり、社会と個人の対立というものはさしあたってはみられない。とするならば、正義は必ずしも自由とは相容れないものではないと考える余地が残るのではないだろうか。もちろんそのように解釈するには、われわれが当然と考えている自由の観念とは異なった自由についての理解が要求されるだろうが、もしそのような理解が可能だとするならば、プラトンは「したいことをする自由」とは異なった自由理解を『国家』において提出していると解釈することができるのではないか。

しかしながら、この予想は「自由」というキーワードのゆえに芽が出るやいなや摘み取られてしまうかもしれない。というのも、まず第一に、プラトンが自由を唱道する民主制国家に対してきわめて低い評価を下しているからである。自由と平等を謳い上げる民主制国家はプラトンが『国家』で述べた基本的な五つの国制のうち不正な国家のグループに入れられ、かつ最悪とされる僭主独裁制国家に続けて悪い。第二に、プラトンの理想とする国家はそれに対して自由のない国家である。政治は一握りのエリートによって牛耳られ、人々は自分の望む仕事につくこともままならない。いったいどのような意味で『国家』に自由が「善きもの」として論じられていると言えるのか。むしろ自由は否定的に、価値のないものとして扱われていると言うべきだろう。例えばサンタスは、「プラトンは個人の自由、私有財産や富といった善を根本的に軽視している、いや実際に忘れ去って」おり、「プラトンの語る正義はこれらの善を促進せず、諸個人から奪う」と批判する。[26]プラトンの『国家』は自由に価値を見いだしていないのである。

だが本当にそうなのだろうか。次の二つの点を指摘することができる。

まず第一に、自由と正義との連関についてである。

自由なき正義――もしそのようなものがあったとしても――はもちろんこれを現代人の多くは受け入れることができないだろう。しかし逆に正義なき自由――もしそのようなものがあったとしても――をよしとする人もまた多くはないのではないだろうか。正義には各人の諸権利（liberties）を守ることが含まれるという現代の基本的な政治哲学の考え方から見ると、プラトンの理想国は不自由な国家だという印象を免れないかもしれない。だが全く制限されない自由、好き勝手な振る舞いがよしとされるわけではないだろう。各人がしたいようにする自由は何らかの形で制限されなければ、人間が他者を必要として共に生きなければならない存在である限り、共同体を破壊することへと至らざるを得ないからである。さらにそのことが最終的には個人の崩壊を引き起こすこともまたありえよう。それゆえ自由の問題の難しさはそれの制限にある。どの程度までならば自由は制限されてよいのか、あるいはされるべきなのか、というのが問題なのである。

自由の制限に関する二つの両極端の立場は、完全なる自由を要求する無政府主義と完全なる不自由を主張する全体主義である。プラトンの『国家』は後者の一例と考えられてきた。すでに述べたように、ポパーがその典型であろう。[27] ポパーによれば、プラトンは反自由主義者であり、全体主義者である。[28] したがってポパーに従うならば、自由をキーワードに『国家』を読むことは不可能な企てということになるだろう。

周知のようにポパーの議論は杜撰なテキスト読解に基づいているものが多く、[29] 否定されているが、プラトンの語る理想国が全体主義であるとの主張は、例えば、C・テイラー[30]によってその後もなされている。テイラーは全体主義を、(1)権力の集中と、(2)それをよしとするイデオロギー的言説を権力を所有している階級や集団そのものが生み出す、という二つの点によって特徴づける。プラトンの理想国は、(1)守護者のみが政治に携わるという点で権力が集中しており、(2)そして本性に従って各人にふさわしい仕事が割り当てられるべきだという、いわゆる金・銀・銅の種族の神話が、守護者という金の種族こそ支配すべきであるというイデオロギーの役目を果たす。それゆえ全体主義であることは明白であるとテイラーは論じる。[31] さらにテイラーは全体主義には三つあるという。すなわち、(1)国民個人個人は国家のために存在するという全体主義、(2)国民個人個人の善と国家の善とが一致する全体主義、(3)国家の善は国民個人個人の善のために存在するという全体主義、の三つである。そしてテイラーはプラトンの理想国が第三番目のもの、つまりパターナリスティックな全体主義だと判定する。[32] テイラーの言うように、パターナリズムが理想国に浸透しているとするならば、プラトンの理想国は近代的、ないし現代的自由主義とは相容れないだろう。

しかし、現代的自由主義理解のみが自由の理解の唯一、真正なものであろうか。必ずしもそうはならないのではないだろうか。[33] これが指摘したい第二の点である。すなわち、自由についてわれわれの持っている理解を超えることができれば、あるいはそれに縛られなければ、プラトンの『国家』について自由をキーワードに読み解くことは可能なのではないだろうか。プラトンを全体主義者と呼ぶ一群の人々の解釈はこの可能性をはじめから捨て去ってしまっているのではないだろうか。

そこでわれわれはプラトンが『国家』においてプラトン的な意味での自由を考察しているのではないかという仮説に基づいて、『国家』を読み解くこととしたい。「プラトン的な意味での自由」といっても、いまだその内実はどのようなものであるか分からない。その理解はまさにこの書がなすべきことである。だが、われわれは自由（ἐλευθερία）をテーマに『国家』を読み解くことが出来ないだろうか、ということを提唱したい。

プラトンの（政治）思想は全体主義（的）であるというよく聴かれる主張に対して、いや自由こそ『国家』読解の鍵であるというわれわれの主張は未だに奇異であると思われよう。しかしながら『国家』における自由の問題を追究した人々は少数ながらいた。たとえば、C・リーヴは自由の概念を、したいことをするという意味の自由、つまり「道具的自由（instrumental freedom）」、熟慮の上で望ましいと判断された欲求を持ちかつ満たすという意味の自由、つまり「熟慮的自由（deliberative freedom）」、合理性についての批判的理論によって是認された欲求のみを持ちかつ満たすという自由、つまり「批判的自由（critical freedom）」の三つに区分し、その上で理想国では真の自由である「批判的自由」がその国民にできる限り与えられているのだと言う。[34] あるいはまたR・ストーリーは『国家』と『法律』とのどちらにおいてもプラトンは自由を重要なものとして考えていると論じ、正しい人は自由であり、不正な人は不自由であるという解釈を提示している。[35] このように見てくると『国家』において自由を探究することは必ずしも荒唐無稽な、あるいは頭ごなしに否定されるべきものだとも言えないと思われる。[36]

もっともこれら先駆者の仕事が不十分であることもまた指摘しなければならない。リーヴの議論は魂における自由について語っていない点が不十分である。なぜならば『国家』は魂における正義を論ずるために国家における正義をまずは探究するという国家と魂の類比によって議論を進めているのであるから、国家における自由について論じるのみでは論じるべきことの半分しか果たしていないからである。一方、正しい人は自由であり不正な人は不自由であると論ずるストーリーの議論は、この領域に踏み込んでいると評価できる。なぜ不正な人が不自由なのか。ストーリーによれば、誰にも善への希求が備わっているのにもかかわらず不正な人はその善へ向かわず他の善と見えるものに向かってしまうため、魂の分裂を免れないからである。このようにストーリーは魂における自由について論じているのである。

われわれも正しい人こそ自由であり、不正な人は不自由であるというこの解釈に賛成である。だがストーリーの議論は、国家と魂の並行関係についてはそれほど詳しくない。また自由が正義や幸福とどのような関係にあるのかについてもより考察すべきであると思われる[37]。そこでわれわれは『国家』を、全体として自由をテーマに読み解くことにしたい。全体として、つまり、国家における自由と魂における自由の双方を論じたい。そしてそれが正義と幸福にどのようにかかわるかを闡明にしたいと思う。

国家における自由と魂における自由の双方について論じる理由は、言うまでもなく、『国家』においてプラトンが正義を探究するのに用いた方法が国家と魂の類比だからである。この方法はあまりにも有名であろう。あるいはこの方法をめぐってもいくつかの疑義が提出されてきたことからすると[38]、悪名高いと言うべきかもしれない。そのゆえであろうか、アナスは近年のいくつかの論考で『国家』を政治哲学の書として読むべきではないとする見解を発表している。すなわちアナスによれば、『国家』は古来プラトン主義者たちによって主に「倫理」の書として読まれてきたのであって、「政治」の書として見られたことはなかったという。「古代のプラトン主義者たちが気づいていたように、それ［『国家』のこと。引用者註］はプラトンが徳は幸福の十分条件であると論じている多くの対話篇の一つ(39)」なのであって、理想国の議論と道徳の議論とを「分けて(40)」扱うべきなのである。(41)

アナスの議論に見るべきものがないわけではない。だが理想国の議論を道徳の議論から「分けて」扱うべきであるという主張にはしたがうことができない。なぜならば『国家』の議論は全部とは言わないまでもその大部分が、まさに国と人との類似によって構成されているからである。確かに、正義がどのようなものであるかをを解明するためにこそ、国家を言論によって造っていくという方法がとられた。国家について論じることは人について論じるためであって、その逆ではなかった。したがって、政治や国家について論じることは倫理や人について論じることに対して『国家』においては二次的な、補助的な位置づけしか与えられていない。しかし国家の正しさは人の正しさを解明する唯一のとは言わないまでも極めて有力な方法であって、この方法が採用されなければ『国家』という対話篇は成立しなかった。すでに触れたように、正しい人と不正な人とどちらが幸福であるかという第一の判定は、国と人との類似によってなされているのである。それゆえ理想国の議論も人のあるべき姿の解明のゆえに活用しなければならない。

二　『国家』以外の対話篇における自由

前節では『国家』を自由を軸として読み解くことを、そしてその可能性は一見するほど低いものではないことを述べた。この節では『国家』以外の対話篇において自由がどのようにプラトンによって取り扱われているかを見ていきたい。

プラトンが書いたとされる対話篇はトラシュロスの編纂により三十六篇が伝えられている。そのうち、明らかに偽書と思われるものを除き、想定される執筆年代に従って、プラトンの対話篇を初期・中期・後期の三つのグループに分けることが通例[42]となっている[43]。ではプラトンの対話篇では自由という語はどのような仕方で使われており、そしてその使用法はプラトンの自由理解をどのように考えるべきだとわれわれに告げるのであろうか。

奴隷制が存在していた古代ギリシアに生きたプラトンにおいても、その奴隷の存在は自明であったようだ。『国家』においてギリシア人を奴隷にしてはならないと述べている（cf. 5. 471a6-8）が、しかし、奴隷制反対を積極的に唱えてはいない。それゆえプラトンの対話篇においてἐλεύθερος の語の多くが奴隷に対比される「自由市民」の意味で用いられているのはそれほど奇異のことではないだろう。この自由市民と奴隷という身分差は、単なる事実の問題ではなくて、そこに一定の価値評価が含まれるものでもあった。つまり、自由市民にふさわしいこととふさわしくないことがあり、もし自由市民が自由市民にふさわしくないことを行ったならば、そのことは確かに非難の対象になったのである。そのような例として、『ソクラテスの弁明』から次の一節を引用しておこう。

しかしその時にも危険のゆえに自由市民にふさわしくないことをすべきであるとは私は思わなかったし、また今もこのような仕方で弁明したことを後悔していない。むしろ、あのような仕方で弁明して生き延びるよりも、今のような仕方で弁明して死んでいくことをずっとましであると思う（『ソクラテスの弁明』38e2-5）。

この言葉はソクラテスの有罪の評決が出されたすぐ後に、述べられたものである。「その時」とはそれゆえ無罪であることを主張していた弁明をなしている時のことである。有罪となった「今」でも「このような仕方」で弁明したことを後悔せず、むしろ「あのような仕方」で弁明することは「自由市民にふさわしくない」ものだとソクラテスは言う。自由市民にふさわしくないあのような弁明の仕方とは、ソクラテスによれば、「涙を流したり叫んだり（38d8-9）」、あるいは裁判官に「できる限り同情してもらうために、自分の子供や、あるいは他の親族のものや友人たちを登場させたり（34c4-5）」する弁明の仕方である。[44] このように裁判官の情に訴えようという弁論は自由市民にふさわしくないとソクラテスは批判している。死刑判決の危険を避けようとして、裁判官の感情を動かすことで、真実を曲げた弁論を行うことは自由市民にふさわしくないのである。そしてこのような仕方で弁論を行うことは、「私にはふさわしくない（38e1）」とソクラテスは言明する。

とすれば、逆に、死の恐怖にうち勝つこと、あるいは一般に感情の揺れから解放されていること、そして真理そのものを追究すること、真理を語ること、これらが自由市民にふさわしいことだということになるだろう。そしてそのようなことこそ哲学者であるソクラテスにふさわしいことなのである。ソクラテスを知者ではなく、知を愛する者として描く『ソクラテスの弁明』は、かくしてソクラテスを自由な人として描いていると言える。[45]

もっともこのようなソクラテス像をプラトンが描いたとしても、ここだけからプラトンの自由理解を抽出しようとするのは無謀であろう。そもそも自由市民にふさわしからぬというのは当時の社会通念としてもあったのであり、ソクラテスのそれはその一つの例だとも考えられる。ドーヴァーによれば、「奴隷に対して自由市民は恐怖に支配されるべきではないと思われていたし、一方で快楽や安全と、他方で名誉や共同体への奉仕との間での選択があるときにはいつでも労苦と犠牲の道をとるべきであると思われていた」[46]という。恐怖に陥らず、むしろ困難を引き受けることこそ自由市民にふさわしいという考えは、ソクラテスの態度と共通するものがある。

プラトンの対話篇における「自由」という語の使われ方の検討に戻ろう。ἐλευθερία ないしその同族語（ἐλεύθερος, ἐλευθερόω）のプラトンの対話篇における用法を、ブランドウッドの索引やTLG[47]によって調べると、『メネクセノス』、『国家』、『法律』に頻出することが分かる。まずは『メネクセノス』から見ていくことにしよう。

『メネクセノス』のソクラテスによる葬送演説は戦死者を悼むものだとはいえ、戦死者そのものよりも、まず祖国を讃え、父祖を讃えることが先になっている。続けて、戦死者たちを讃え、最後に彼ら戦死者たちの残された子と親への言葉が続くという構造になっている。なぜ祖国や父祖が戦死者よりも先に讃えられるのか。それは戦死者たちが優れた者になった次第を語るのが「自然本性にかなった（κατὰ φύσιν, 237a5）」順序だからという理由による。そして彼らがそのために死を恐れなかったもの、彼らがそのために生命を捨ててまで守ったもの、それこそ父祖の守ってきたものであり、祖国アテナイが具現化しているものだからである。それこそ自由に他ならない。

> これらの人々の父祖も、われわれの父祖も、これらの人々自身も、完全な自由のうちに育てられ、善き生まれを享けていたので、私的にも公的にも数多くの素晴らしい功業をすべての人々の前で成し遂げた。それは彼らが自由のためには、ギリシア人のためにギリシア人と、そしてすべてのギリシア人のために夷狄と戦わなければならないと考えたからである（239a5-b3）。

アテナイは自由な国であり、自由のためにペルシアと戦い、自由のために他のギリシア人ポリスと戦ってきた。父祖たちは祖国の自由のために命を賭して戦い、今、讃えられるべき戦死者たちの模範となった。戦死者たちは父祖たちに連なるからこそ、名誉を与えられるのである。自由—勇気—死を恐れぬこと—死—名誉、という連なりが明らかである。

『メネクセノス』という対話篇がはたしてどのような意図を持ってプラトンによって書かれたものかは、にわかには決め難い。それは真剣なものなのか。それともパロディなのか。もし真剣なものであるならば、そこに描かれた自由についても真剣に受け止めるべきであろう。(48) もしパロディであるとしたら、そこに称揚されている自由は実は価値のないものなのだろうか。

たとえ『メネクセノス』がパロディであったとしても、プラトンが明らかにしている自由―勇気の連なりは『国家』でもまたその存在を指摘できる。たとえば、理想国の守護者となるべき人々は「死よりもむしろ隷属を深く恐れる自由な人々でなければならない（3. 387b5-6）」と言われている。この言葉は、理想国の守護者となるべき人々が子供のころにどのような詩句を聞くべきなのかを論ずる音楽による教育論の中で語られるものである。彼らは「自由な人々でなければならない」ので、死が恐ろしいものであると語るホメロスの詩句を聞いて育つべきではない。そのような詩句は、それらが詩として見事であればあるほど、削除されなければならない。死を恐れない自由な人を育てるのが教育の一つの目的だからである。

では、『メネクセノス』をどのように解釈すべきなのだろうか。それは何かパロディのようなもの(49)と言わざるを得ない。対話篇の冒頭の弁論家に対する皮肉などから考えて、それは何かパロディのようなもの(49)と言わざるを得ない。しかしそうだとしても、そこに描かれている自由と勇気とのつながりは決して無視できるようなものではない。人が死を恐れぬという勇気は善きものであるはずだからである。(50)

もし人がそのために死を恐れぬものがあったとするならば、それは生よりもより善きものに違いない。それこそ自由だと『メネクセノス』も『国家』も語る。だがその自由ははたして同じ自由であろうか。一方は現実の国アテナイの具現化したと称する自由であり、他方は言葉において造られる理想国の自由である。そこに違いはないのだろうか。
『国家』における民主制国家へのプラトンの厳しい批判を思い起こせば、そしてその民主制国家のモデルがアテナイであるならば、(51)『メネクセノス』で称揚される自由は何かしら問題を孕んでいるだろう。それがどのような問題なのかは『国家』における民主制国家批判の議論で展開されているので、われわれがその国制について論じる時に明らかになるだろう。今ここでは、『メネクセノス』についてわれわれは次のように言えるだろう。その対話篇は自由─勇気のつながりが現実のアテナイに見いだされるとしても、そこの自由は批判の対象となるべき自由なのだと。『メネクセノス』はソクラテスによるペリクレス演説のパロディという手法によって、アテナイの具現化していると主張する自由には問題があることを示唆しているのである。

このように『メネクセノス』を読むことはあるいは『国家』から『メネクセノス』をみていると批判されるかもしれない。『メネクセノス』を書いていたときプラトンは『国家』を書いていないと想定されるのであるから、『国家』から『メネクセノス』を振り返ってみることは、アナクロニズムであるという訳である。

しかし、『ゴルギアス』が厳しい弁論術批判と民主制国家アテナイの指導者たちに対する非難をしていることから考えて、(52)『メネクセノス』もまた同じような特徴を備えていると見る方が適切であろう。それゆえ、冒頭の弁論術批判を真剣に受け止めるべきだろう。これは必ずしも死者を悼む部分や慰めの部分と矛盾しない。死者は悼むべきであり、遺族は慰められるべきである。だがその理由が問題なのである。彼らがそのために命を賭して戦ったと言われるそのもの──自由──は、本当に価値あるものだったのか。祖国アテナイが体現していると言われる自由は本当に素晴らしいものであるのか。プラトンは『メネクセノス』においてそのような問いを当時の人々に投げかけていたのではなかったか。当時の人々はもはやかつての栄光に満ちたアテナイにではなくて、没落したアテナイに住まう人々であった。その没落は行き過ぎた自由が原因ではなかったのか。プラトンは『メネクセノス』でそのように問うていたと思われるのである。しかしその時のプラトンは答を提出しなかった[53]。

それでは『ゴルギアス』についてみてみよう。『ゴルギアス』はゴルギアス、ポロス、カリクレスという三人の話者が次々とソクラテスと対話するという構造を持つ対話篇だが、この三人に共通するのは自由の理解である。『ゴルギアス』の第一幕は弁論家ゴルギアスとソクラテスとの間で「弁論術とは何か」をめぐってなされる対話である。ゴルギアスが身につけ、人々に教えると称する弁論術がいったい何であるかは結局のところ、分からなかったとソクラテスは述べるが（cf. 462e8-463a2）、二人の対話の中でゴルギアスが述べる次の言葉は注目されるべきである。すなわち、弁論術によってえられる最高善とは

人間たち自身[54]にとっては自由の根拠であり、各人にとっては自らの国において他の人々を支配する根拠（452d6-7）

であるとゴルギアスは述べる。ゴルギアスによれば自由とは人間にとって最高善である。これはギリシア人の一般の自由理解に通ずるが、ゴルギアスの言わんとすることはそれにとどまらない。すべての人間にとって最高善が自由であるだけでなく、一人一人にとっての最高善は自分が住む国において人々を支配する権力者となることである。すなわち、ゴルギアスの考える自由とは、他者を支配する自由である。なぜならすべての人々にとっての最高善と各人にとっての最高善とは、もしある人がその両方を手に入れたとするならば一致するはずだから、自由と他者を支配することとはその人において一つのこととして成立するからである。国は様々あるがその国にお

いて支配者となるのは容易ではない。したがって、すべての人にとって自由が最高善であろうとも、すべての人が他者を支配できるわけではない。ある少数の者のみがそのような最高善を獲得するに至るのであり、その少数の人々とは弁論術を身につけた人々に他ならない。これがゴルギアスの主張なのである。弁論家ゴルギアスが図らずも吐露するのは、力への意志、人々を支配し、自分だけが自由であろうとする独裁への意志なのである[55]。ゴルギアスの弟子ポロスが独裁者をこそ賞賛し、自分もそうなりたいと羨むにあたって弁論術と独裁との密接な連関が鮮明になる。

ポロスは、弁論家はそれぞれの国において一番の実力者であり、彼ら弁論家たちは「独裁者たちのように、誰であろうと彼らが望む人を死刑にし、また彼らにそう思える人の財産を没収したり、国家から追放したりする[56]（466b11-c2）」と述べる。すでに見たように、ゴルギアスは弁論術がもたらす自由を語り、それは畢竟、他者を支配することに他ならなかった。ポロスはゴルギアスの弟子としてそのような考えを共有し、弁論家は独裁者と同じようにポリスのうちにおいて最も力あるものだと主張する。ポロスは独裁者への羨みを隠そうともしない。ソクラテスが不正な人は幸福ではあり得ないと語ったのに対して、ポロスはアルケラオスがいかに不正でありながら幸福であるかを皮肉たっぷりに語る（cf. 470d-471d）。「望むこと」と「一番善いと思われること」との区別がなされた後でも、独裁者のみ自由であり、力を持ち、幸福な人なのだとポロスは熱く語る。一番善いと思われることをすることができる、このことこそ力があることだと考えるポロスに対して、ソクラテスはナイフを持つものが自由に人を殺すことができると言ってポロスを論駁しにかかる[57]。

だがわれわれはこれ以上、ソクラテスとポロスとの対話の推移を追いかける必要はないだろう。むしろ自由についてで論じているわれわれが考えなければいけないことは、プラトンが「自由」という言葉をソクラテスに語らせていないことである。ゴルギアスとポロスは弁論家こそ自由で幸福だと語る。対してソクラテスは弁論家は不幸だと語る。しかし不自由だとは言っていない。あるいは正しい人は幸福だとソクラテスは一貫して主張する。しかし自由だとは言っていない。自由を声高に叫ぶのは、ゴルギアスとポロスである。そしてここにカリクレスも加えることができる。カリクレスとソクラテスの対話を検討してみよう。

第三番目の対話相手カリクレスはより強烈に独裁者、すなわち自由な者を賞賛し、快楽主義を称揚する。当時の流行の思想であったノモスとピュシスの対比に基づきつつ、ピュシスとしての正義とは、欲望を最大限にし、かつそれを満たすことのできる者が、そういったことのできない大衆が取り決めたにすぎないノモスとしての正義を蹴散らし、自由な者として振る舞うことだとカリクレスは論ずる。

そのカリクレスは哲学が若いうちに学ぶには有益だが、年が長じてからも学ぶのは善くないと言う。なぜなら哲学は公に自由に語るべき時に、片隅でこそこそ語るように人を作り上げてしまうからである。

若者のもとで哲学を見ると僕は感心するし、ふさわしいことだと思える。そしてそのような人をある種自由な者と思う。対して哲学しない者は自由な者ではなく、立派な高貴な事柄にふさわしい者だと自分自身を見なすことは決してないだろうと僕は思う。しかし、いい年をした者がまだ哲学していてそれから足を洗っていないのを見ると、その男には、ソクラテスよ、一撃喰らわせる必要があると僕は思う。というのも今しがた言ったことだが、そのような人は、たとえきわめてよい生まれであっても、男らしくない者になるのであり、かの詩人がそこでこそ男子が光り輝くと言っている国の中心やアゴラを避けて、片隅に引きこもって残りの人生を三、四人の若者たちとともにぼそぼそと話しながら送るのであって、自由に、大きく、十全に、発言することは決してないのだから[58]（『ゴルギアス』485c3-e2）。

カリクレスのこの主張は哲学が自由とは無縁であることを語っている。というのもギリシアにおいては公に思ったことを語ることこそ自由市民にふさわしいことと見なされていたからである。もしそのようなことを失っている人がいれば、それは奴隷に他ならない。

ところがソクラテスがカリクレスと議論をする『ゴルギアス』第三部でも、やはり、ソクラテスは自由について論じない。哲学を擁護するソクラテスが、哲学は不自由だと厳しく批判されているのに、自由について語らないのである。カリクレスはソクラテスに哲学を捨てることを勧める。そのようなカリクレスに対して、ソクラテスはその率直さを褒めている。それにもかかわらずソクラテスは哲学が自由であるということを述べない。ソクラテスが論じるのは快楽主義の否定であり、節制であり、魂における秩序である。これらこそ幸福（あるいは幸福へ導くもの）だとソクラテスは語る。だが、したいことをするのが自由であるというカリクレス、ポロスを直接に反駁するものはない。カリクレスが語る自由の制限こそ、ソクラテスが重要視することである。自己を支配することが自由だという考えは『ゴルギアス』には見られない。もっとも自己を支配することそのものは『ゴルギアス』491d 以下でも論じられているが、しかしそれは自由であるとは述べられない。むしろソクラテスが自己を支配すること、つまり節制について話題を転ずると、カリクレスは節制を隷属だとして完全に否定し、できるかぎり欲望を大きくし、それを満たすことこそ「自然本来における美しいこと、正しいこと（491e7）」だと語るのである。「贅沢と放埒と自由」こそが徳であり幸福であるというのがカリクレスの結論である。カリクレスの言う自由が「したいことをする自由」であることは明白である。

このような『ゴルギアス』に対して、自己の僭主であることこそ不自由だというのが『国家』の議論の結果である。すなわち、ソクラテスは宣言する。

もっとも優れていて、もっとも正しい人がもっとも幸福である。そしてその人はもっとも王者的であり、自己自身の王である。他方、もっとも劣悪で、もっとも不正な人がもっとも不幸である。そしてその人は、もっとも僭主独裁制的な人であり、かつ自己自身と国家に対して、最大限に僭主となっている人である（9. 580c1-5）。

この正しい人こそ幸福という宣言は、不自由を鍵にして導かれる結論である。すなわち、議論の構成は次のようになっている。

・僭主独裁制国家は自らの望んだことができない不自由な国である
・国と人は似ている
・だから僭主独裁制的人間は自らの望んだことができない不自由な人である
・そして僭主独裁制的人間よりも不幸なのは、僭主独裁制的人間であって、かつ実際に僭主になる人間である
・彼はより不自由な人である

このように、国家と魂の類比に基づき、僭主独裁制国家が不自由であるから、それに対応する僭主独裁制的人間や、そのような人間でかつ実際に僭主となった者は不自由であると言われている。それに対して優秀者支配制国家は

その反対に自由であり、だから対応する人も自由であるとここでは語られてはいない。われわれは、優秀者支配制国家や優れた人が幸福であるばかりか自由でもあると判断を下してよいだろうか。

だがこのことはまさに、今後論ずべき事柄である。ここでは、この議論で要となるのが国家と人間との類似であることを確認しておこう。もし国家と人間が似ていないならば、僭主独裁制国家がたとえ不自由の極みであったとしても――事実そうなのだが――、それに対応する人間あるいは僭主その人が不自由であるとは言えなくなってくる。僭主が不自由なのは、僭主が僭主独裁制国家と同じく不自由だからである。

それでは『国家』以外の中期対話篇を次に検討してみよう。

『饗宴』においてはアルキビアデスは自らに思われることを「自由に（218c2）」語ると宣言する。つまり、アルキビアデスがソクラテスとの交遊を思った通りに語ることが、自由に語ること、なのである。これは『ゴルギアス』のカリクレスの発言と通じるものがあると言えるかもしれない。

しかしわれわれがより注目すべきは『パイドン』の次の一節である。今まさに死に赴こうとするソクラテスは、シミアスやケベスらに対して、自分の魂について雄々しくあれと語りかける、もし学びに関わる喜びに熱中した者、そして、「魂をそれと異質のではなくてそれ自体の飾りによって、つまり、思慮と正義と勇気と自由と真理によって飾り（114e4-115a1）」ハデスへの旅立ちを待つ者であるならば、と。ここには魂を飾るもの、つまり美しくするもの――そしてこれこそ魂本来の姿なのであるが――として、思慮、正義、勇気といった初期対話篇でおなじみの諸徳とともに、自由が挙げられている。いったいなぜ自由が魂本来の姿に欠かせない、魂を美しくするものとしてこの箇所で挙げられているのであろうか[59]。だが『パイドン』ではその答はえられず、それゆえプラトンが自由という語に込めた意味合いは不明である。とはいえ、プラトンが自由に価値をおいていることは明白であろう。これ以前の対話篇ではそのようなことはなかったのである。

続けて『パイドロス』に移ろう。『パイドロス』でまず注目されるべきは、ソクラテスが恋を批難する演説をしたあと、自らの過ちに気づき、取りなしの歌を歌おうとするその直前の箇所である。もし高貴な、人柄の穏やかな人で、自分と同じような人を愛しているか、あるいはかつて愛されたことのある人が、恋を批難するソクラテスらの話を聞いたならば、「その人は何か船乗りたちの間で育ち、自由な恋を見たことがなかった者どもの話を聴いているのだと考えると君は思わないだろうか（243c6-8）」と言われている。ソクラテスは明らかに「自由な恋」をこれから彼が話そうとする第二のエロース演説、エロース賛美演説の主題としているのだ。エロースによいものと悪いものとがあるというのがエロースをめぐる言説が二つあることの意味であろうが、よいエロースとは神の狂気に由来する「自由な」ものなのである。[60][61][62]

もう一つの箇所は次のようなものである。優れた人が美しい少年を愛し、少年もまた優れた人を愛するようになった後の話である。

そこでもし、精神の選りすぐれた部分が、秩序ある生き方と哲学へと導き勝利を得た時には、彼らは幸福なかつ考えの一致した生を送るだろう。魂の悪徳が生じうる部分を隷属させ、徳が生じうる部分を自由にすることで、自分たち自身を支配しつつ、調和のとれた者となるからである（256a7-b3）。[63]

哲学に勤しむものの生が、秩序ある、幸福な、調和に満ちた生であることが語られている。そしてそのような生を営む人の魂においては、善き力が生ずる部分が自由に伸ばされていて、かくしてその人は自己自身の支配者であり、かつ端正な人間となっている。徳が生じうる部分、つまり魂の優れた部分が自由であること、これが自己自身の支配者であり、幸福である鍵となっている。これはすでに引用した『国家』第九巻における正しい人、つまりは自己自身を王として支配する人こそ幸福であり、自己に対しても他人に対しても僭主となる人、つまり不正な人が不幸であるという「布告」と共通する。『国家』において主張されていた自己自身を支配することと自由であることの連関が、ここでもまた主張されているのである。しかし『パイドロス』においてはそのことの論証はなされていない。

続いて『テアイテトス』を検討しよう。『テアイテトス』では『ゴルギアス』では論じられなかった哲学者が自由であるということが言われる。次の二つの引用を見られたい。

> 法廷や、そのような場所で若い頃からうろついている人々は、知恵を愛することやそのような営みのうちに育った人々に対して、ちょうど、召使いが自由市民に対するように育てられているようだ（172c8-d2）。
>
> 一方の人は、本当に自由と閑暇のうちに育っていて、この人をあなたは「哲学者」と呼んでいます（175d8-e1）。

「法廷や、そのような場所で若い頃からうろついている人々」とは、弁論家、ないし弁論家に憧れる人々を指すであろう。そのような人々こそ自由な人だというのが『ゴルギアス』で繰り返し語られたのに対して、ここではそのような人々は「召使い」であり、知恵を愛する人こそ「自由市民」だと言われる。そしてこの人々は「自由と閑暇のうちに育って」いる。引用文がおかれている文脈は「知識とは何か」を探究する『テアイテトス』の中で主題にそれほど関係のない話題が取り上げられていると見られる「逸脱」の部分である[64]。しかしながら、中期対話篇において「自由」が「哲学」との関連で言及されていることを鑑みれば、上の引用文の用例をそう無下に退けるわけにもいかないだろう。

いや、むしろ哲学こそ自由な人にふさわしい自由な営みだというのは、きわめて重い意味を持つと言わなければならない。というのも『メネクセノス』や『ゴルギアス』といった初期対話篇とは違って、中期対話篇においてプラトンはそれまで批判の対象であった「自由」に何か積極的な意味合いを見いだしているからである。その意味合いを明らかにするには哲学との関連を考慮しなければならないだろうが、しかし、今まで検討してきた諸対話篇にはその関連を気づかせる箇所があるとしても、その関連が論じられている箇所はないと言わざるを得ない。とするならば、中期対話篇の中で「自由」について論じられている可能性のあるものとは『国家』以外にないということになる。

だが、『国家』の読解に着手する前に、『法律』を検討することとしよう。プラトンの著作のうちもっとも長いこの対話篇はプラトンの最後の著作である[65]。この唯一ソクラテスが登場しない対話篇では、自由、ないし自由に関連する語が多く使われている[66]。

その多くの場合は、奴隷と対比される身分としての自由市民の意味である。たとえば、ある親が虐待されている事実を知った自由市民は通報する義務があり、もし通報した者が奴隷であったならば自由の身分を与えられると定められている（cf. 11. 932d）。あるいはプラトンは自由市民にふさわしいこととして、小売業や自由市民らしい奉仕（cf. 919e）、数論、幾何学、天文学という三つの学問を挙げる（cf. 7. 817e-818a）。逆に自由市民にふさわしくないものとして、たとえば、物まねは外国人や奴隷たちにやらせるべきであって、それを学んでいるのを見られてはならない（cf. 7. 816e）と言う。

しかし他方で、自由市民にふさわしいものを法律で完全に決めることはできないとして、最終的にはそれを社会通念に差し戻す。つまり、

もっとも、自由市民にふさわしいこととふさわしくないことを厳密に立法化するのは容易ではない。ふさわしくないことを憎み、ふさわしいことを愛好することで、すでに栄誉を得た人々によって判断されるべきだとしよう(11. 919e3-5)[67]。

このように『法律』においては自由の語は身分としての自由市民という意味で使われることが多い。だが、次の三つが興味深い。そのうちの二つは国家に関わることであり、もう一つは個人に関わることである。何を目指して立法されるべきか。現実に行われている立法は、ある特定の人たちが支配権を握るようにとか、金持ちになるようにとか、「自由な」生活ができるように、とか

しかしその両方を、つまり自分たちは自由であり、かつ他の国々の主人となるようにと、この二つのことを結びつけて立法する人もいる[68](12. 962e4-6)。

という診断を下しながら、プラトンによると国は次のようなものでなければならないと言う。

国家は自由で思慮がありそれ自身のうちに友愛を保たなければならず、立法者はこれらのことに目を向けて

立法しなければならない[69]。(3. 693b3-5)。

これは国の基本的なあり方の宣言[70]である。国家は自由と友愛と、知性を備えていなければならないとプラトンは言う。これら三つのものがどのような関係にあるのかは興味深い問題であるが、ここではそれは追わない[71]。われわれの主題である自由にのみ絞っておきたい。

国は強権的な支配によるものであってはならず、国民は自由でなければならない。たとえば、ある時期以降のペルシアは隷属が支配する国家となってしまったが、そのような国ではいけないのである。かといってある時期のアテナイのように「全き自由」が満ちている国もまたモデルとすべき国ではない。いかなる権威や秩序をも拒否する「全き自由」は、ちょうどアテナイの歴史が明らかにしているように、国を滅ぼすからである。

それゆえペルシアもアテナイも理想的な国ではなくて、あるべき国の姿から逸脱しているものである。求められるべきはその中間ないし混合である(cf. 3. 693e)。かつてのペルシア、かつてのアテナイである。かつてのアテナイは権威に服している自由が実現している国であった。またかつてのペルシアは王が絶対的な権力を掌握しつつも、誤った政策があれば、国民はそれを批判することが許されていた(cf. 3. 694b)。これはつまり言論の自由(παρρησία)が重視されていることの証左である。この許可、あるいは自由がなくなったとき、ペルシアは衰亡の道を走ることになったのである。

このように見てくると、『法律』で理想とされる自由な国というのは、国民が様々な権利を有していること、そして言論の自由が保障されていることだと言えるだろう。プラトンが『法律』において造り上げる国は確かにそのような国である。淡々と記述される法の条文は、国民、自由市民の権利を義務とともに認めている。そして『法律』第八巻（cf. 835c）では国の政策を批判する人の必要性もまた語られる。
その箇所は愛についての現状を批判する文脈で、言論の自由を何よりも重んじ、堕落した魂どもの間にあって、国家と国制にとって最善と信ずることを誰の助けも借りずに、ただロゴスのみによって語る人が必要だと言われている。国の基本単位である、和辻哲郎のいわゆる「二人共同体」について、当時の現状を批判する人が必要であることを述べ、その上で、その批判に応えつつ、アテナイからの客人は法律を作成しようとしている。アテナイからの客人によれば、国の基礎の基礎たる二人の人間の愛のあるべきあり方について考察するには、誰の助けも借りずに語ることのできるほど、言論の自由を重んじる人が必要である。つまり、ここでは国家の礎としての言論の自由が考えられているのである[72]。
次に個人の自由と述べたものについてはどうだろうか。引用してみよう。

もし人間たちのうちの誰かが生まれながらにして神の恵みによってこれらのことを十分掌握することができるとするならば、その人自身を支配する法は必要ないだろう。というのも法も規制も何一つ知識に勝りはしないし、知性が何かに従うものであったり、奴隷であることは許されず、知性こそすべての支配者でなければならないからである、もしもその知性が本性に即して本当に真正の自由なものであるならば。しかし現状はそのような人は決してどこにもいない、ただ不十分なものがあるだけなのだ。(9. 875c3-d3)。

われわれがここで注目すべきは、万物を支配するがゆえに法も規制も超えていると言われる知性が真正の自由なものと言われていることである。そしてそのような自由な知性とは知性本来のあり方を実現した知性である。ここには知性はその本性に即して自由であるべきであるのに、必ずしもそうはなっていないということが含意されていよう。そしてプラトンの診断によれば、そのような自由な知性の持ち主はどこにもいない。これがはたしてプラトンの思想が変化したことを意味しているかどうか。つまり思想の変化とは、『国家』においてはここに描かれているような人が生まれてくることが前提となっていてその人々こそ哲人王になるのだが、しかし『法律』においてはまさにその前提が否定されているということであるが、はたしてこの点にプラトンの「ペシミズム」を見るべきなのだろうか。もっともプラトンの思想は変化していないとも考えられる。というのは、『国家』において哲人王が語られていても、それがはたして実現可能であったとプラトンは真剣に考えていたかどうかは必ずしも明らかではないからである。むしろ不可能と考えていたのではないかとも思われる。もしそうならば、変化など何もないと言うべきであろう(73)。

だがわれわれはわれわれが追究してきた問題に立ち戻ろう。すなわち、『国家』以外の対話篇において「自由」及びその関連語がいかなる仕方で用いられているか、あるいは論じられているか、という問題である。

その問題に戻るならば、われわれの今までの検討から明らかになるのは、『国家』がターニングポイントをなしているという事実である。初期対話篇ではプラトンは自由を否定的にしか捉えることはできなかった。自由はソクラテスが論駁すべき相手が称揚する価値として語られていた。それに対してソクラテスは論駁こそすれ、対話相手とは異なる自由概念を語り出すことはなかった。「自由」はあくまで否定すべきものだったのである。『ゴルギアス』で哲学が人を奴隷にするとカリクレスに言わせたプラトンは、その反駁をソクラテスにさせていなかった。『ゴルギアス』にはエレンコスについての反省的な記述が含まれるのにもかかわらず、カリクレスの哲学に対する見方は論駁の対象となっていない。そしてカリクレスの考える自由とは、ゴルギアスやポロスと同じく、他者の支配と表裏一体になった自由であり、弁論術こそそのような自由を手に入れる唯一とはいわないまでも確実な方法であったのである。

中期対話篇に至り、「自由」はそれ自体として価値があるものとして語られるようになった。『パイドン』、『パイドロス』、『テアイテトス』をわれわれは取り上げたが、すべてそうであった。しかしそのどの対話篇においても「自由」が論じられることはなかった。『パイドン』では魂を飾るものの一つとして正義や勇気といった徳と並べてあげられているが、しかしその自由がいったいどのようなものであるかは何も語られていない。その他の二つの対話篇においてもそうであった。

最後に検討した『法律』においては国家は自由でなければならないと述べられ、そしてまたあるべき知性は自由なものであるとも述べられていた。だがこのようなことは『国家』においてすでに論証されていることなのではないだろうか。すなわち、『国家』における理想国は自由な国であり、そしてそのような国を支配する守護者たちは真正な自由な知性を持っているのではないだろうか。これがわれわれのこれから明らかにしようとする事柄である。

しかし今は、「自由」についてのプラトンの言及の仕方、ないし論じ方が『国家』をターニングポイントとしていることが確認されたことに満足しよう。『国家』以前と『国家』以後とでは、明らかにプラトンの「自由」観は変化した、あるいは少なくとも自由についての記述は変化したのである。とするならば、『国家』そのもののうちにその変化を引き起こしたもの、つまりはプラトンの自由観を探らなければならない。われわれは自由を論じた対話篇として『国家』を読み解くことができるし、またそうしなければならないのである。(74)

三　『国家』第一巻

前節の検討で、『国家』において自由がどのように扱われているかを検討することは十分意義があることが判明した。またその過程で、国家と魂の類比という方法の重要性が推測された。その方法の検討の前に、この節では『国家』第一巻を取り上げたい。よく知られているように、『国家』第一巻は初期対話篇の特色を持つからである。主題は「正義（正しさ）とは何か」という正義の定義を求めるものであり、問答はソクラテスが主に問い手となり、ポレマルコスやトラシュマコスら答え手の答を論駁する。このいわゆる「エレンコス」の結果はアポリアであり、「正義とは何か」という問いに対する答が得られはしなかった。ソクラテス自ら探究は失敗だったと言っている。『国家』第一巻をそれだけ取り上げて検討する理由である。

だからといって第一巻がそれ以降の諸巻とは独立に書かれた初期対話篇であるという見解にわれわれは与するわけではない。確かに、第一巻の初期対話篇的性格は認められる。それゆえにこそ、そもそも第一巻は別の対話篇として独立に書かれたのではないかという想定を生んできた(75)。しかしわれわれはその想定をとらない。第一巻で繰り広げられる議論が第二巻以降の議論に通じるものを持っているからである。

以上を確認した上で、『国家』第一巻の意義を見ていくことにしよう。自由という観点から見たとき第一巻はどのようなものとしてわれわれに現れてくるだろうか。

対話篇の主題である正義を導入する役割を果たすケパロスの口から最初に自由についての言及がなされる。ケパロスは次のように言う。

全くのところ、老年に至ると、そのようなものから解放されて、十分な平和と自由が生じるから。もろもろの欲望が緊張を止めて力を緩めると、さきにソポクレスの言ったことが生じるのだ。つまりそれは数多くの狂暴な主人たちから解放されるということだ。（1. 329c5-d2）。

欲望の中でとりわけ激しいものとされる性的欲望からの解放をケパロスは自由と呼んでいる。欲望からの解放ではなく、充足をよしとする僭主礼賛のトラシュマコスの言葉を思い起こせば、このケパロスの言葉の重要性が了解されるだろう。欲望からの解放はある種の自由であるというこの見解は、プラトンもまた共有していると思われる[76]。

しかしケパロスの言葉をそのまま鵜呑みにすることはできないという批判があるかもしれない。ケパロスは一読したところ、善き老人として描かれているように見えるが、それはあたらないという解釈がいくつかあるからである[77]。そのうちの一つ、R・バーニーのものを以下に紹介しよう。

ケパロスは一貫して金儲けに熱心な人（money-maker）として描かれている。彼の息子でポレマルコスの弟であるリュシアスの弁論によれば[78]、ケパロスは武器製造によって財を成し、ペリクレスによってアテナイへ居住すべく招かれたという。バーニーはこの歴史的事実と『国家』第一巻でのソクラテスの言葉を結びつける。その言葉とは正義についてのケパロスの見解に対してソクラテスが投げかけた言葉である。

まさにこのこと、つまり正義とは単にそのように真理であると、そして人がある人から何かを与った時にそれを返すことだとわれわれは主張したものでしょうか。それともこういった同じことがある時には正しい仕方で、また別の時には不正な仕方でなしうるのだと主張すべきでしょうか。たとえば次のようなことを私は言っているのです。もし人が正気の友人から武器を預ったとして、その友人が気が狂ってしまったならば、すべての人はそのようなものを返すべきではないし、返す人は正しくないと言うでしょう。そしてまたそのような状態の人にすべての真実を語ろうとすることもまた正しくないと言うでしょう[79]（1. 331c1-8）。

ソクラテスの言葉のうちに現れる「狂人に武器を返す」という語句がケパロスへの批判であるとバーニーは解釈する。なぜなら「もしケパロスがアテナイ帝国の失敗を運命づけられた冒険主義を武装化することで財を成したのであれば、プラトンの見解では、彼の生涯の全体は危険な狂人に武器を手渡すということにきわめて近い何ものかに違いない[80]」からである。

このような解釈は妥当であろうか。『国家』全体から見ると、余りそうとも思えないのである。第十巻のエルの神話を思い起こそう。そこでは魂がこれからの生涯を選ぶ時こそ緊要な瞬間であるとソクラテスによって語られる。われわれは富や美しさ、氏素性、私人としてあるのか公的な地位にあるのか、身体の強さ弱さ、物わかりの善さ悪さ、などが何を作り出すか知らなければならない。これらには魂そのものの序列を決めるものはない。どのような生涯を選ぶかによって序列が必然的に生じるからである。そしてこれらを知った上で、魂の本性を知り、魂をより正しくする生涯を選ばなければならないとソクラテスは語る（cf. 10. 618b-e）。このようなソクラテスの言葉の意味するものは、「魂の序列」すなわちどのような魂が優れており、どのような魂が劣っているかは、富や美しさなどの外的な条件によらず、ただ正しい生涯なのか不正な生涯なのかによって定まる、ということである。富を有するからといって、不正な人とは限らないのである。

また、たとえケパロスが哲人王に要求されるような知を持たないとしても、老年を幸福に過ごせるかどうかはその人の性格次第だというケパロスの言葉にソクラテスは「感心し（1. 329d8）」ている。性格（τρόπος）とは魂の向きであり、それが八・九巻での様々な不正な人の分析の際の鍵となっていることもケパロスの言葉の重要性を示していると思われる[81]。

それでもなお、ケパロスの言う自由、つまり性的欲望からの自由はあまり評価できないと言われるかもしれない。なぜなら加齢がその自由の原因とされているからである。加齢という自然現象に基づくものであれば、欲望から解放されることは「努力が必要のない簡単なこと」かもしれないからである。

しかしはたしてそう言えるかどうか。確かに、民主制的人間は若い頃の熱狂が年齢とともに冷めていきある程度の落ち着きを有するに至った人だと言われている（cf. 9. 572c-d）。とはいえ、加齢により性的欲求が減じたことを託つ人々は、やはりある意味で性的欲求に囚われていると言えるのではないか。ケパロスの語るエピソードが示すところによれば、ソポクレスは欲望から自由になったことを喜んでいる。とするならば、欲望が減じたことを託つ人々は、欲望から自由になったとは言えないだろう。

ケパロスの議論の相続人であるポレマルコスは自由について語らないし、自由という言葉を使わないので、ここでは論じないこととしよう[82]。

しかしながら、第三の対話者、トラシュマコスは検討しなければならない。ポレマルコスとソクラテスとの対話に猛烈な批判を浴びせて議論に割って入るトラシュマコスは不正こそより自由だと言い放つ。

ソクラテスよ、十分に実現した不正は、正義よりも強力で、より自由で、より専横的な力を振るう（ἰσχυρότερον

καὶ ἐλευθεριώτερον καὶ δεσποτικώτερον）のだ（1. 344c5-6）。どのような意味で不正の方が正義よりも自由なのかについての説明はトラシュマコスの口から語られることはない。しかし「十分な仕方で実現した不正」という言葉がそのことを明らかにしてくれる。トラシュマコスによれば、詐欺や盗みなどの小規模な形でなされる悪業は人々の非難を呼び起こすだけだが、「国民すべての財産を巻き上げ、その上さらに人々までも隷属させ、奴隷とするような者（1. 344b5-7）」が現れるとその人は幸せな人だと認められると言う。このような所行を行うものは僭主に他ならない。トラシュマコスによれば、僭主あるいは独裁者こそ幸福な人に他ならないのである。これはすなわち、われわれが『ゴルギアス』で見いだした、ゴルギアス、ポロス、カリクレスの主張と同じである。

他者への危害をあからさまに公言するトラシュマコスの「不正こそ自由」という言説は、現代の自由理解とは相容れない。現代的理解では、自由とは判断能力のある人なら、自分のことについて、たとえ不利益になることであっても、他者に危害を及ばさない限り、したいことをしてよいというものである。これに対してトラシュマコスは他者の財産権や自由を蹂躙する者の幸福と自由とを語っている。この二つの自由理解が両立しえないのは明らかである。

しかしながら、したいことをする自由、好き勝手に振る舞えるという自由、これは人々の心を、とりわけ若者の心を魅了する。グラウコンやアデイマントスがトラシュマコスの議論を受け継ぐのはそのゆえだろう[83]。人は社会において、他者との関係において好き勝手に振る舞うことは許されておらず、そしてそれを許さない強制力を持った規範が法や正義であると見なされている。グラウコンが語るように、正義とは不正をなすがなされることのない最善の状態と、不正をなされるがなすことのできない最悪の状態との中間的妥協なのである（cf. 2. 358e-359b）。だからこそギュゲスが手にしたと伝えられる指輪があれば、どのような人であれ、正義ではなく不正をこそ行うとグラウコンは語る（cf. 2. 360c-d）。そうして一度、社会の規範を踏み越え、人を支配する僭主となれば、したいようにする自由を手に入れることができるというのが、トラシュマコスの主張の意味である。[84]

このトラシュマコスの言説に対して、ソクラテスは正義が不正よりも利益になることを論証しようとしたが、十全に反論できず、探究は失敗に終わる。それは正義の「何であるか」を明らかにするよりも先に他の問題に手をつけてしまったからだという、初期対話篇でよく見られる理由のゆえである。このことの孕む問題についてはここでは問わない[85]。ここで着目すべきは、不正の方が正義よりもより利益になるということをソクラテスは論証しようとしたが、不正の方がより自由であるという点についてはは触れていないということである。

ソクラテスは先ほどのトラシュマコスの発言に対して次のように返す。

僕は君の言ったことを信じない。不正の方が正義よりも得になるとは、思わない。たとえ人が不正を放任し、何でも望むことをすることを妨げない時でも、そうは思わないのだ（1. 345a2-4）。

「何でも望むことをすること」とは多くの人が考える自由の内実であろう。しかし右に述べたように、不正こそより自由だというトラシュマコスの主張は直接は論駁されていない。そしてそのことをソクラテス自身、自覚しているように思われる。それはソクラテスの次の言葉に現れている。

不正は正義よりもより能力があり強力であるというように（που）語られた。しかし、今や、と僕は言った、正義が知恵であり徳である以上は、容易に、と僕には思えるのだが、正義が不正よりもより強力であると明らかになるだろう、いやしくも不正は無知であるのだから（1. 351a2-5)。

トラシュマコスの主張は「ソクラテスよ、十分に実現した不正は、正義よりも強力で、より自由で、より専横的な力を振るうのだ（1. 344c5-6)。」というものであった。右の引用文でソクラテスはトラシュマコスの主張に言及しているのだが、ソクラテスはそれを正確に繰り返してはいない。ソクラテスは「より能力があり強力である」と語っている。これは「専横的」を「より能力がある」と言いかえていると考えられるが、[86] より大きな違いは「より自由である」が抜け落ちていることだろう。ソクラテスは正義と不正とどちらが自由であるかという問題を扱っていないことを認めているのではないだろうか。そのことはソクラテスの使うπουという単語に現れているように思われる。それゆえ、次のように言うことが出来よう。ソクラテスはトラシュマコスの主張のうち、不正は正義よりもより力があるということは、ここまで議論で反駁したと考えている。しかしどちらがより自由かについては議論を避けている。このことをソクラテスは自覚しており、それとなくπουという言葉を用いることによって言い表している。

　ではソクラテスがトラシュマコスの不正と自由の結びつきを論駁しなかった、あるいは論駁できなかったことは、正義や不正と自由との関係をプラトンが重視していなかったことを意味するのであろうか。そうではないと思われる。というのも、ソクラテスが『国家』の第十巻でグラウコンが不正な人に帰していた様々なことをすべて正しい人に帰するからである。グラウコンによれば、不正な人は支配権力を手に入れ、自身や子供たちの婚姻は思うようにでき、望むがままの人と交際することができる（cf. 2. 362b）のだが、正義についての論証が終わったソクラテスはそれらをそっくりそのまま正しい人に帰することを求め、グラウコンもまたそれを了承する（cf. 10. 613c-d）。「思うように」「望むがままに」行うことが自由であるとするならば、正しい人こそ幸福であり自由な人だということになろう。そしてこのことをソクラテスが主張するためには、「グラウコンの挑戦」以後の、十巻までに及ぶ長い議論が必要だった。正義について論ずることが自由について論ずることでもあったのである。

その議論の骨組みとなっているのが国家と魂の類比であることは言うまでもなかろう。この類比という方法はソクラテスによって唐突に導入されるかのように書かれているが（cf. 2. 368c.）、しかしトラシュマコスの議論が国家と個人とを対立させるもの、つまりある個人が被支配者である限り、国家はその個人の自由を制限するのであるから、個人は独裁者という国家そのものにならなければならないという議論であることを考えると、国家と魂の類比という方法は、プラトンによって周到に準備されたものと言えるかもしれない。国家と個人の対立ではなくて対比こそが正義と自由との関連を明らかにするというのが、その類比という方法の採用が示唆していることだと考えられるからである。

第Ⅱ章　方　法

前章では『国家』を自由を鍵にして読み解く可能性があることを指摘し、プラトンが『国家』において何らか新たな自由観に到達したと想定されること、そしてそのことを可能にしたのが国家と魂の類比という方法ではないかと推測されることを述べた。そこでこの章では、まず一節でその方法がいったいどのようなものであったかを理解することを目指す。次に二節でこの方法の『国家』全体での位置づけを確認する。そして三節でこの類比の方法に代わって用いられる比喩の方法がどのようなものであるかを論ずる。

一　国家と魂の類比

(i)　国家と人との対応

プラトンの『国家』において、国家と人、あるいは国家と魂が対応づけられることによって、正義の探究と不正の分析がなされていることは周知のことである。一般に「国家と魂の類比」と呼ばれるこの方法は『国家』第二―四巻、八―九巻を貫く脊柱である。本節では、このきわめて有名な、またおそらくはプラトンの方法のうちで最も批判されたであろういわゆる「国家と魂の類比」[1]を分析することによって、何と何とがどのように対応しているのかを明らかにしようすることを目指し、それを基にプラトンの正義論の特徴の解明を試みよう。以下、（i）では国家と人との考えられる対応が枚挙され、（ii）と（iii）でそれぞれ不正と正義についてプラトンがどのように類比を考えているかを考察する。

第四巻でいわゆる「魂の三部分」説を導入する箇所で、国家の性格と人の性格との関係について、プラトンは次のように語る。

僕たちの一人一人の内には国家の内にあるのと同じ種類と性格があるということは、僕たちとしてはどうしても同意せざるをえないことではないだろうか。というのも国家の内にある性格がそれ以外のところから出てくることはないはずだから（4.435d9-e2）。

ここで「国家の内にある性格」と「各人の内にある性格」とが対応させられている。はたしてこれら両者は具体的には何を指すのであろうか。「国家の内にある性格」について二通りの解釈が可能である。

まず「国家の内にある性格」はある国家を構成する人々の性格を指すとも考えられる。だがこのときには、「僕たちの一人一人の内にある性格」とは人の性格を指すのではないことになる。なぜならばもしそうだとすると、人の性格は人の性格から由来するということをこの箇所が意味することになって同語反復にすぎないことになるからである。これは無意味だろう。それゆえ「僕たちの一人一人の内」にある性格とは、各人の魂の内にある何かあるものの特徴を指すということになる。(2)

かくしてわれわれは次のような対応を考えることができる。

（1）「国家─国家における人々の性格」＝「人（あるいは魂）─人の魂の内にある何かの性格」

この対応で注意すべきことは、国家や魂が問題とされているのではないということである。問われているのは国家における人々の性格であり、魂の内にある何かの性格である。言い換えれば、国家と魂はそれぞれの内に関して、つまり国家における人々と魂の内における何かあるものに関して、それらの外枠として措定されているにすぎないのである。

次に「国家の内にある性格」とは国家の性格を指すとする解釈が考えられる。この解釈では国家は外枠として措定されているにすぎないものではなくて、それについてその性格が問われているまさにそのものである。それゆえこのときには国家はある一つの全体(3)として捉えられている。したがって国家の性格とは、国家をある一つの全体的なものとして捉えたときに初めて語ることができるものなのである。

ある一つの全体としての国家が問題になっているとするならば、それに対応するのも一つの全体としての魂であろう。それゆえ「僕たちの一人一人の内にある性格」は人の性格を指すことになる。こうしてわれわれは次のような対応を得る。

（2）「国家─国家の性格」＝「人─人の性格」

それでは（1）と（2）のどちらの対応が「国家の内にある性格」と「各人の内にある性格」との対応で考えられているのであろうか。初めに（1）についてみると、国家や魂が単なる外枠としてしか捉えられていないことが不十分である。なぜなら、プラトンが外枠としての国家や魂を問題にすることはなく、善悪正邪を問うのは国家全体であり、人（魂）の全体だからである。さらにまたこの対応は文脈にそぐわないと思われる。なぜならば、魂の内にある何かが問われてくるのは、今問題にしている箇所の後で、魂に三つの部分があるかが問われることで初めて考察の対象となっているからである（cf. 4.436a）。とすると、選択すべき解釈は（2）、つまり、国家の性格と人の性格が対応づけられていると解すべきだということになる。

ところがこの（2）の解釈は不十分である。なぜならば「国家の内にある性格」と「各人の内にある性格」とは単に対応づけられているのではなくて、前者が後者から由来する（ἐκ）という仕方で関係づけられているからである。ある「国家の内にある性格」は「各人の内にある性格」によって生み出されたものなのである。アテナイというポリスが学を好む性格であると言われるのは、エジプトに住む人々の性格から由来するのではないことは言うまでもない。アテナイというポリスの性格はアテナイを構成する人々の性格から由来するのである。

かくしてわれわれは次のような対応を考えることができる。これは右辺が左辺の原因となっているので因果的対応でもある。

（3）「国家─国家の性格」＝「その国家における人々─その国家における人々の性格」

この対応で注意すべきことは二つある。一つは、左辺の国家は一つの全体として捉えられ、問われている対象そのものであるが、右辺の国家は問いの対象たる人々を囲む外枠にすぎないということである。もう一つは、その問われている人々とは左辺の全体としての国家の一部分であるということである。かくしてこの対応は全体と部分との対応であることが理解される。

このように、全体としての国家の性格はその国の部分としての成員の性格に由来すると言われる。だがある国家の中の一人だけ、あるいは極めて少数の人々が「金銭愛好家」という評判を持っていても、国家全体がその同じ評判を持つに至ることはないと思われる。ある国家が一般的にしかじかの性格を持つと言われるためには、そのような性格の人が多数その国家の内にいなければならないだろう。国家の性格を決定するのは量（多数）なのである。したがってわれわれは（3）の対応を「大部分と全体との因果的対応」として捉えることができるだろう。

では不正な国家と不正な人との対応についてはプラトンはどのように語っているだろうか。第八巻で次のように語られている。

（ii）不正に関する二つの対応

> 人のあり方（τρόπος）の種類もまた国制の種類と同じ数だけあるのが必然であると言うことを君は知っているだろうか。それとも君は国制が何か木や石といったものから生じてくると思うだろうか。それともそれは国家の内の人々の性格から生じてくるのであって、錘が天秤を一方へ傾けるように、人々の性格が他方を引き寄せるのではないだろうか（8. 544d6-e2）。

先ほどの箇所では国家の性格が問題になっていたが、ここでは国制が問題になっている。国制も国家の性格と同じくその国家の成員の性格に由来すると言われる。国家における性格、つまり国家の性格を決定するのは量であったが、国制を決定するのは何だろうか[4]。

国制とはその国家が何を目指しているかによって決まってくる国家を形作る骨組みそのものである。国制といえどもその国家における人間の性格に由来することは明白である。しかし国制はその国家の任意の成員の性格に由来するのではなくて、その国家を支配している階層を形成する人々の性格に由来する。あらゆる国制の変化が支配者層の間における内乱（στάσις）に由来するのはそれゆえであって（cf. 8. 545d1-3）、その内乱の両陣営は人が何を愛好するかによって区別されてくるというのがプラトンの洞察であった。
たとえば、優秀者支配制国家から名誉支配制国家への変動や、名誉支配制国家から寡頭制国家への変化は、次のように起こると言われる。まず前者については、金銀の種族が徳へと国を引っ張り、銅鉄の種族が金儲けと財産の所有の方へと国を引っ張り、この綱引きの妥協の産物が名誉支配制国家の成立だという (cf. 8. 547b-c)。この場合、崩壊しつつある優秀者支配制国家において争う人々とは、愛好する対象が異なる種族である。つまりこの争いは、国が愛好するべき対象を何と定めるかという争いなのである。そしてこの争いの結果として、二つの種族の間に妥協が成立し、支配者層に財産の所有が認められ、名誉がひときわ輝く場である戦争に専心することとなる。また寡頭制国家の成立は、名誉支配制国家の支配者たちが「勝利を愛し、名誉を愛する人間であることをやめて、金儲けを愛し金銭を愛する人間 (8. 551a7-8)」となり、財産の額によって支配権に参加可能である人を決めるという法律を制定することによる。

　このように国制の変化は支配者の愛好する対象の変化によるが、人が愛好するものによって決まってくるのが人の性格である。プラトンが『国家』で考察・分析する性格 (τρόπος) とは、人の魂がどちらを向いているかというその向き (τρόπος) のことである。そしてその向きは、その人が何を愛好しているのかということによって決まってくる。性格とはつまり、魂が愛好するものによって形成される魂の構え (κατασκευή) なのである (cf. 8. 544d6-545b2)。そしてここに魂の三部分のそれぞれが愛好するものとして、知恵、名誉、金銭が挙げられることに対応して、それぞれ知恵愛好型、名誉愛好型、金銭愛好型の人が考えられてくる。そして、そのような人々が権力を掌握することによって国家もまた知恵愛好型、名誉愛好型、金銭愛好型と決まってくるのである。寡頭制国家の支配者は金銭を愛好し、名誉支配制国家の支配者は名誉を愛好する。彼らは自らが愛好するものを善と定め、それを追い求める。そのような人々が支配権を取るならば、自らが善と定めたものが手に入るように国家を作るだろう。そのとき、確かにその国家も愛好するものによってその性格を決定づけられるであろう。

かくして不正な国家とその国の支配者は、生み出すものと生み出されたものの関係にあると考えられる。これら両者の対応は原因と結果の対応なのである。したがってこの対応は（3）と類似している。しかし、国家の性格を決めるのが多数（量）であったのに対して、国制の性格を決めるのはすでに述べたように、支配者の性格であった。それゆえわれわれは次のような対応を考えることができよう。

（4）「国家—国制の性格」＝「その国家の支配者—支配者の性格」

これをわれわれは「支配的部分と全体との因果的対応」と呼ぶこととしよう(5)。

だがここで注意すべきは、この対応をプラトンが主に語るのは寡頭制国家の成立の場面であることである。すなわち、プラトンによれば、名誉支配制国家の支配者たちは「勝利を愛し名誉を愛する人間の代わりに金儲けを愛し金銭を愛する人間にとうとうなってしまう。そして彼らが富裕者を賞賛し、賛嘆し、支配の座へと導き（8. 551a7-10）」、そして財産の多寡によって支配に与れるか否かを決める法を制定することとなる、という。ここに明らかなように、支配者が何を愛好するかが国制の基本を定めている。ところが民主制国家や僭主独裁制国家ではそうは語られていない(6)。名誉支配制国家と寡頭制国家の成立は、支配者の愛好するものの変化によるが、民主制国家と僭主独裁制国家の成立は、支配者の交代によるのである。したがって、国制の性格と支配者の性格との対応関係だけでは不正な国家の種類やそれに対応する不正な人間の種類を正確に分析することはできない。このことは人が愛好するものとして、知識と名誉と金銭の三つが数えられ、それらに基づいて人間の性格の三種類が挙げられるのに対して、国制とそれに対応する人間は、金銭への愛好がさらに三分割されることによって(7)、五つ挙げられることに示されていよう。
だからこそ、ある国制の国民のすべてがその国制に対応する性格を持つとは限らない。プラトンは民主制国家の内の財産を持つ人々は、危害を与えられそうになると「望むと望まないとに関わらず、本当に寡頭制的人間になってしまう（8. 565c2）」と述べているが、この寡頭制的人間は寡頭制国家の支配者ではない。あるいはまた、民主制国家は最も美しい国家だと言われるが、多数いる民主制国家の支配者がみな、民主制的人間であるとするならば、その美しさ、つまりは多様性はどこにも見いだされないはずである。(8)(9)
それゆえ五つの国制とそれに対応する人間の関係を理解するためには、もう一つの対応を考えなければならない。それはある国制とそれに対応する魂の在り方との対応である。これは例えば、寡頭制国家と寡頭制的人間との対応である。この両者のどちらも金銭を愛好する。だが寡頭制的人間が金銭を愛好するのは寡頭制国家の支配者であるからではない。寡頭制国家と寡頭制的人間は、それぞれ金銭を愛好する階層＝部分が支配するからこそともに金銭を愛好し、かつそのことによって対応しているのである。これをわれわれは「同一原因による全体的対応」と呼ぶことにしよう。なぜなら金銭を愛好する階層＝部分の支配という同一の原因によって国家全体と人の全体とがいかなるものとしてあるのかが決まってくるからである。(10)
こうして不正な国家と不正な人との間の対応は、二つの視点から捉えることができることが理解される。一つは、不正な国家の支配者の性格と不正な国家の国制との対応である。これは例えば、寡頭制国家の支配者層の性格と寡頭制国家の対応である。前者が後者の生成の原因であるため、金銭を愛好するという支配者の性格を国家も分け持つこととなり、その結果、この両者はどちらも金銭愛好という性格を持つと言うことができる。この対応はわれわれが先に名づけた「支配的部分と全体との因果的対応」である。もう一つは、たとえば民主制国家があらゆる人に平等に支配権を与えるように、民主制的人間があらゆる欲望に平等に魂の支配権を与える対応である。[11]

このように不正な国家と不正な人との対応には二通りあるのだが、それぞれ対応する国家と人との対が本来的に類似していると把握されるのは、『国家』においては「同一原因による全体的対応」に関してだけであることは重要である。プラトンは寡頭制国家とその支配者とが類似しているとは語らない。プラトンは寡頭制国家と寡頭制的な人との対応を類似として捉え、そのそれぞれの善悪正邪を問う。類似は全体と全体との間にのみ成立するのである。それゆえ「同一原因による全体的対応」を「同一原因による全体的類似」と呼び改めることとしよう。

類似が常に全体と全体との関係において把握されていることは、国家における人々が二次的な考察対象にしかすぎないことを意味しよう。国家における人々は（そしてまた魂の部分も）考察の対象とはなるが、その考察は国家と魂がそれぞれ全体として把握されるためになされる予備的なものである。プラトンが問題とするのは国家の全体、人の全体である。寡頭制国家の支配者が不正であると非難されるのは、不正な国家の支配者だからではなくて、その人が全体として不正だからなのである。

「支配的部分と全体との因果的対応」と「同一原因による全体的類似」という二つの対応は混同されやすく、場合によっては区別すらされない。その理由は、たとえば寡頭制国家の支配者、寡頭制国家そのもの、そして寡頭制的人間のどれもが金銭を愛好するからであろう。だがこれを区別する必要がある。もし区別がなされないならば、一部の論者がしているように、二つの対応を結びつけることによって、プラトンの議論を非難することになろう。[12] だがこれは不当である。一方は全体と部分との対応であり、他方は全体と全体との対応だからである。寡頭制国家の支配者とは国の部分であるかぎりにおいて部分であり、寡頭制的人間とはそれ自体全体的なものである。国家の一部分として把握された人と全体として捉えられた人とを同列に論ずることはできないのである。

しかしながら、この二つの対応は不正の分析において絡み合う。「支配的部分と全体との因果的対応」によっていくつかの国制に人のいくつかの性格が対応していることが確認され、その上で国制と人の魂の構えが分析され、両者のあり方が似ていること（「同一原因による全体的類似」）が明らかになる。不正の種類の分析には「支配的部分と全体との因果的対応」と「同一原因による全体的類似」との二つの対応が必要なのである。

(ⅲ) 正義に関する一つの対応

では正義に関してはどのような対応が考えられているのであろうか。

プラトンは国家が正しい国家となるのは、三階層がそれぞれ自分自身のことをすることによってであるように、人間が正しい人間となるのは、魂の内に国家と同じ種族を持ち、それらが国家の種族と同じ状態にあることによって、つまり魂の三部分がそれぞれ自分自身のことをするときなのだ、と述べる（cf. 4. 435b4-c3）。ここには正しい人が原因となって、国家を正しいものとするということは少しも語られていない。われわれが先に区別した二つの対応のうち、「支配的部分と全体との因果的対応」によっては正義は考察されていない。なぜそうなのかと言えば、それは『国家』の探求構造そのものに由来する。正しい人々が支配している国家は、まさに理想国がそうであるように、正しい国家であろう。しかし正義がどのようなものであるかが明らかにされる前には、正しい人と正しい国家がそれぞれどのような人であり、どのような国家であるかは明らかにならない。それゆえ正しい国家と正しい人間の類似について語る場合には、両者の各構成部分のそれぞれが自分のことをするという同一の原因による類似についてしか語ることができない。

そしてこの自分のことをするということがある仕方で実現されることが正義であった（cf. 4. 433b3-5）。つまり、正しい国家と正しい人間は正義によって類似しているのである。これはわれわれがさきに「同一原因による全体的類似」と呼んだものに他ならない。

そしてこのことは正義とは「どのようなものであるか」を探求するための方法が提唱されたときにすでに語られていた。その方法こそいわゆる「国家と魂の類比」という方法に他ならない。すなわち、小さな文字が読みにくい時、大きな場所に書かれた大きな文字を読みとることによって、前者を読みとろうとするように、正義についても同じような手だてが有効であるとされ、次のように言われる。

（すると）たぶん、より大きなものの中により多くの正義があり、それはいっそう学びやすいということになるだろう。だからもしよければ、まず国家のうちで正義がどのようなもの（ποῖόν τι）であるかをわれわれは探究することにしよう。そして一人一人の人間においてもそのように考察することにしよう、より小さいものの姿のうちに大きいものとの類似性を考察しながら（2. 368c7-369a3）[13]。

この箇所で重要なことは、大きく書かれた文字と小さく書かれた文字の対が、国家と魂の対ではなくて正しい国家と正しい人の対だということである。プラトンが正義の探究の礎としたのは国家と魂の類似であるのではなくて、正しい国家と正しい人の類似なのである。

「国家と魂の類似」ではなくて「正しい国家と正しい人の類似」だということは小さなことだと思われるかもしれない。しかしこのことは決して小さなことではない。なぜならこのことは正義の持つある特性を明らかにしているからである。国家と魂が類似しているのではなくて、正しい国家と正しい人との間に初めて類似性が語られるということは、正義こそが正しい国家と正しい人の類似を成り立たせる根拠であるということであろう。そしてこのことこそが、先に引用した四巻の箇所に対応しているのは言うまでもない。すなわち、「同一原因による全体的類似」として捉えられる正しい国家と正しい人（の魂）の対応は、「自分のことをする」という同じ一つのことによるのであり、そしてこの類似の根拠こそ正義であると語られていたのである。[14]

　ソクラテスたちの探究の対象は正義であった。その対象たる正義を内に持つ正しい国家と正しい人の類似によって探究はなされる。このことは探究の目標（τέλος）が探究の根拠（ἀρχή）として探究そのものを支えているということを意味する。正しい国家の建設が終了してその国家の内に正義を探し求めてみると、「自分自身のことをする」という正義（の影）が「足下をうろつきまわっていた（4. 432d7-8）」と述べられている。探しものがすでにあったこと、これはまさに探究の対象となっていた正義が探究を成立させていたことを証しするだろう。正義こそが探究の根拠なのである。

　以上のことから不正な国家と不正な人との間の対応と、正しい国家と正しい人との間の対応には違いがあることが明らかになった。不正な国家と不正な人の種類を分析し、不正を明らかにするためには「支配的部分と全体との因果的対応」と「同一原因による全体的類似」の二つの対応が必要であったが、正義を明らかにするためには「同一原因による全体的類似」が用いられ、またそれのみが必要だったのである。なぜなら、探究の対象である正義が「同一原因による全体的類似」による探究を支える根拠だからである。[15]

　最後に、「同一原因による全体的類似」といっても、正しい国家と正しい人の類比の場合と、不正な国家と不正な人の類比の場合とでは、その類似の根拠が違うことを指摘しておこう。正しい国家と正しい人の類比は、どちらも「正しい」という語で呼ばれることがその根拠であった。しかし不正な国家と不正な人の場合には、それぞれの種類の国家や人が成立するその経緯をプラトンは述べていた。この違いは、不正が正義の逸脱であるからだろう。正義は人や国家にある形を与える力を有するが、不正は正義からの逸脱として、形を壊すような、あるいは溶かすような力を有している。それゆえ、不正には正義からの逸脱の程度に応じて、様々な程度がありうることになる。だからこそ、「不正である」という語が国家と人とに適用されたからといって、国家と人との対応は一義的には決まらないのである。不正な国家と不正な人の種類の分析に「支配的部分と全体との因果的対応」があわせて用いられたのはそのゆえなのである。

二　正義に関わる二つの問い

前節では国家と魂の類比という方法がどのようなものであるかを検討した。今節ではその検討の課題に出てきた小さな疑問を取り上げてみたい。それが『国家』全体の構成を解明する鍵となるからである。

(i)　問　題

『国家』第一巻の正義の探究は失敗に終わる。ソクラテスはその失敗についてその責は自らにあるとして、次のように語る。

対話の結果、今、僕に生じたことは、何も知ってはいないということだ。というのも正しさとは何であるかを知らなければ、それが徳の一種であるかないかとか、それを持っている人が幸福であるかないかといったことは、とうてい知ることはないだろうから（1. 354b9-c3）。

何であるかを知らなければどのようなものであるかは分からない。初期対話篇によく語られる事態[16]がここでもまた語られている。メノンをあれほど追いつめたソクラテスは、トラシュマコスとの対話では、メノンが陥ったのと同じ過ちに襲われたのである[17]。

それではソクラテスは正義についての探究を第二巻以降、どのように進めたのであろうか[18]。あるいは第一巻とそれ以降の諸巻との関係はいかなるものなのであろうか。ほとんどの解釈者たちは、ソクラテスが自らの失敗を反省し、正義とは何であるかをまず最初に探究すると解する。たとえばＪ・アダムは

第一巻の締めくくりとなる言葉は残りの諸巻では問題が論理的にふさわしい順番で、つまりまず正義の本質を、次にその性質が論じられるだろうと期待するようわれわれを導く。そしてこの期待は充分に満たされる。それゆえ第一巻は言葉の完全な意味でこの作品全体の序曲なのである。

と述べている[19]。

第二巻以降でソクラテスは正義とは何であるか、つまり正義の本質ないし実体を探究しているという解釈は、幅広く受け入れられておりほとんど疑われることはなかった[20]。しかしこの解釈は、再考の余地のない、真なる解釈であろうか。もしわれわれが別の解釈をとらざるを得ないようなテキスト上の論拠があったとしたらどうなるだろうか。そのようなテキストがあるとわれわれは以下に示したい。それらのテキストによれば、『国家』において

ソクラテスが正義とは何であるか、あるいは正義の本質を答えたというのは疑わしい。そしてもしわれわれの言うことが正しければ、われわれは「何であるか」と「どのようなものであるか」の二つの問いの『国家』における役割について考察し直さなければならないと思われる。

しかしながら、『国家』のテキストそのものが今まさにわれわれが述べてきたことに対立しているという反論がなされるのは確実であろう。まず第一に、上に述べたように、ソクラテス自身が自らの反省を口にしている。ソクラテスによれば、しかるべき順序で正義についての探究を行わなかったことが議論を失敗にかつ不満足なものにしたのである。

第二に、グラウコンの第二巻の発言が証拠となろう。議論が終わったと考えていたソクラテスに対して、グラウコンはトラシュマコスが早く退散したと言って次のように述べる。

> 少なくとも私に関する限り、（正義と不正の）どちらについても、証明は決して満足できるものではありませんでした。つまり、私が聴きたいのは、それらのそれぞれがいったい何であるのか、そしてそれ自体が魂の内にある時いったいどのような力を有しているかなのであって（ἐπιθυμῶ γὰρ ἀκοῦσαι τί τ᾽ ἔστιν ἑκάτερον καὶ τίνα ἔχει δύναμιν αὐτὸ καθ᾽ αὑτὸ ἐνὸν ἐν τῇ ψυχῇ）、報酬やそれらから生じるものについてはおさらばしたいのです（2. 358b4-7）。

ここで、グラウコンはそれ以前の議論に対する不満を述べると同時に、正義と不正のそれぞれが「何であるか」を論ずるようにソクラテスに要求している。グラウコンのこの要求は突然の、孤立したものではなくて、第一巻におけるソクラテス自身の反省に対応している。それゆえ以後の彼らの探究は、「正義とは何であるか」でなければならないはずである。

そして第三に、グラウコンだけでなくアデイマントスも、さらに他の人々もまたソクラテスに同じことを要求している。ソクラテスは自分が正義を擁護することをためらっていたときの状況を次のように伝えている。

> グラウコンと残りの者たちは、あらゆる仕方で正義を助け、議論を捨てず、（正義と不正の）それぞれが何であるのか、そしてそれぞれがもたらす有益さについて本当のところはどうなのかを（τί τέ ἐστιν ἑκάτερον καὶ περὶ τῆς ὠφελίας αὐτοῖν τἀληθὲς ποτέρως ἔχει）、十分に説明をするように私に求めた（2. 368c5-8）。

対話の現場にいたすべての人が、正義とは何であるか、そしてどのような有益さを正義は有しているかを探究するよう求めたとソクラテスは述べている。この要求はトラシュマコスと正義についてどのように論じたかのソクラテスの反省と一致してもいる。

このような異論は説得的であるように思われるかもしれない。しかしながら、すでに記したように、他の読みが採用されうるし、また採用すべきであるとわれわれに告げるテキストがある。プラトンのテキストをよく読んでみよう。第一に、ソクラテスは『国家』の正義探究の方法である国家と魂の類比という方法を次のように述べて提案する。

> （すると）たぶん、より大きなものの中により多くの正義があり、それはいっそう学びやすいということになる

だろう。だからもしよければ、まず国家のうちで正義がどのようなもの（πρῶτον ἐν ταῖς πόλεσιν ζητήσωμεν ποῖόν τί ἐστιν）であるかをわれわれは探究することにしよう。そして一人一人の人間においてもそのように考察することにしよう、より小さいものの姿のうちに大きいものとの類似性を考察しながら（2. 368c7-369a3）。

ソクラテスは彼らの探究の対象が国家のうちにある正義の「何であるか」ではなくて、「どのようなものであるか」だとはっきりと述べている。もしそれを見いだしたなら、国家と魂の類比によって見いだされると期待できるのはいったい何であろうか。もちろん、それは魂のうちの正義とは「どのようなものであるか」であろう。だから、上の一節に従うならば、われわれは国家と魂の類比が明らかにするのは正義とはどのようなものであるかなのだ、と結論づければならない。

ソクラテスの提案と他の人々の要求との対比は鮮やかである。にもかかわらず、解釈者たちが皆、ソクラテスは正義とは何であるかを探究するのだと意見が一致していたのはなぜだろうか。それはもしかしたら「どのようなものであるか」の問いは正義の性質を問うものであり、また正義は有益であるという『国家』における結論が正義の性質についてのものであり、かつまたソクラテスは正義とは何であるかを探究することによってその結論に達したのだ、という確信のゆえかもしれない。しかしながら、上のテキストが示しているように、ソクラテスは正義とはどのようなものであるかを探究すると述べているのだから、われわれは「自分のことをする」ということが正義とはどのようなものであるかという問いへの答であると認めなければならない[21]。

しかしこれまでの解釈がいかなる原因によっていたのかは、それほど重要な問題ではない。われわれは、もちろんのこと、この対比の意味について考えなければならない。

プラトンは上のテキストを書く時に不注意だったのかもしれない、いや不注意だったのだ、と考える人がいるかもしれない。もしプラトンが不注意でなかったとしても、上のテキストは例外である、というのも「何であるか」と「どのようなものであるか」の二つの問いの区別は他の対話篇においてと同じく『国家』においてもその構造にとって根本的なものであるからである。こういう疑念が生じるかもしれない。

根本的であることは疑いがない。そしてもし上に引いたテキストがわれわれが有する唯一の典拠であるならば、プラトンが不注意であったとか、あるいはそのテキストは例外であるとか信ずるのは許されるかもしれない。しかし他のテキストを以下に掲げよう。

> 僕たちはこう考えた。もし正義をそのうちに有する何らか大きなもののうちに、まずそこに正義を見て取るよう努めたならば、正義が一人の人間のうちでどのようなものであるか（οἷόν ἐστιν）を見るのは容易になるだろう（4. 434d5-7）。

ソクラテスがこの言葉を述べるのは、国家における正義が「各人が自分の仕事をすること」だと発見されたまさにその直後である。それ以降、ソクラテスは国家における正義に基づいて個人における正義が「どのようなものであるか」を探究することになる（「何らか大きな対象」が国家をさすことは言うまでもない）。だからソクラテスの右の言葉は、正義についての探究の真ん中に位置すると言える。ソクラテスはそれまでの自身の議論を振り返り、個人のうちにおいて「正義とはどのようなものであるか」を見いだそうとしているのである。

ソクラテスのこの望みはすぐに実現することになる。ソクラテスは個人の正義とは魂の各部分がそれぞれの仕事をすることだと発見するからである。しかし対話篇はそこで終わらない。なぜならソクラテスが不正についての考察を始める前に、トラシュマコスを含む対話相手たちが妻子共有についてより突っ込んだ、かつ深い議論をソクラテスがなすよう求めたからである（cf. 5. 449a-450b）。

よく知られているように、なぜ哲学者が王とならなければならないのかをソクラテスが説明しなければならなくなるのは、いかにして妻子が共有されるかの問いに答えようとしてである。ソクラテスはその議論から逃れようとするが、グラウコンは許さない。ソクラテスはグラウコンに従うことを表明するが、次のように言う。

　それでは、と僕は言った、まず次のことを思い起こさなければならない。つまり、僕たちは正義と不正とがそれぞれどのようなものであるかを探究しつつ（δικαιοσύνην οἷόν ἐστι καὶ ἀδικίαν）、ここまで来たということだ[22]。

　そうしなければなりません。しかしそれがどうしたというのですか、と彼は言った。

　何でもない。しかし、もし僕たちが正義とはどのようなものであるか（οἷόν ἐστι δικαιοσύνη）を見いだしたなら、僕たちは正しい人はいかなる仕方でも正義それ自体と異なることなく、あらゆる点で正義がそのようなものである、まさにそういった人でなければならないと主張するだろうか。それともできるだけそれに近い人であって、他の誰よりもそれを分け持っているならば、僕たちは満足するだろうか。

　そうです、と彼は言った、それで満足するでしょう。

　すると正義とはそれ自体どのようなものであるのか（αὐτό τε δικαιοσύνην οἷόν ἐστι）を僕たちが探究し、もし完全に正しい人がいるとするならば、その人はどのような人であるかを、さらにまた不正と最も不正な人とを探究していたのは、模範のためだったのである（5. 472b3-c7）。

またもやソクラテスの言葉は明白である。彼らのそれまでの探究は正義とは何であるかではなくて、正義とはどのようなものであるかをめぐってのものだったのである。ところが奇妙なことに、あるいは興味深いことに、ソクラテスに答えているグラウコンは、探究が正義とは「どのようなものであるか」をめぐってのものだったことに気づいていないように思われる。これはいったいどういうことであろうか。だが、この問題については後に触れるとして、今は、ソクラテスがグラウコンに思い起こさなければならないと指摘したことを、われわれもまた銘記することとしよう。すなわち、これまでの正義の探究は「何であるか」をめぐってではなくて「どのようなものであるか」をめぐっていたということである。

以上、ソクラテスとプラトンの二人の兄弟の間の議論が何に関わっていたのかを示す三つのテキストをわれわれは見てきた。この三つのテキストを重要視すべきであることは、これらのおかれている文脈を顧みる時、一層明らかになると思われる。第一のテキストは類比の方法が導入されるまさにその瞬間である。第二のテキストはその類比による探究の中間に位置している。対話者たちは国家における正義がどのようなものであるかを発見し、続けて個人における正義とは「何であるか」ではなく、「どのようなものであるか」の探究を続けていこうとする。第三のテキストは国家と魂の類比という方法の終わりに位置している。[23] このように、類比の方法についてのソクラテスによる特徴づけが議論の最初、中間、終わりに位置しているのであるから、われわれはこの方法が正義とはどのようなものであるかを明らかにするために用いられていたと結論づけざるをえないだろう。第二巻から第四巻までの長い議論は正義の「何であるか」ではなくて、「どのようなものであるか」を答えているのである。

しかしながら、『国家』のテキストを仔細に調べてみると、οἷον（どのような）ではなくて、ὅ（何）が用いられている次のような箇所がある。以下に掲げよう。

> 君は覚えているだろうが、と僕は言った、僕たちは魂における三つの種類を区別した上で、正義と節制、勇気と知恵について、それぞれが何であるか（δικαιοσύνης τε πέρι καὶ σωφροσύνης καὶ ἀνδρείας καὶ σοφίας ὃ ἕκαστον εἴη）を結論したのだった（6. 504a4-6）。

ここではソクラテスは先（cf. 5. 472b3-c7）と同じく、探究の歩みを振り返って、正義、その他の諸徳が「何であるか」を結論づけたと語っている。探究の結果得られたものは正義が「どのようなものなのか」ではないということである。

このテキストをわれわれはどのように見積るべきであろうか。先にわれわれがテキストの枚挙によって導いた結論を覆すだけのものをこの箇所の用例は持っているだろうか。

このソクラテスの言葉がどの場面で発せられたのかという文脈の検討は、われわれの結論を完全に覆すとは言わないにしても、揺るがす力を持つのではないかと指摘されるかもしれない。というのもこのソクラテスの言葉は、『国家』の頂点である《善のイデア》がまさに登場しようとするその直前におかれているからである。ソクラテスがグラウコンに守護者に課すべき最大の学業とは何かと問われて、語るのがこの言葉なのである。しかも、引用箇所は魂の三部分説に言及し、その上で、正義やその他の諸徳についての探究が「何であるか」だったと述べている。このことは第四巻までの探究の帰趨を明らかにしているのではないだろうか。

だが、このような疑問に対してはギリシア語の文法書の見解を提出してみたい。H・スマイスの文法書には次のような記述がある。

> 「言う」、「知る」、「見る」、「知らしめる」、「知覚する」などの動詞の後には（ただし「問う」という動詞の後ではそうではない）、不定関係代名詞（あるいは疑問詞）が間接疑問文において位置するだろう場所に、関係代名詞が見いだされる。ὅς がそのように用いられているところでは、それは οἷος の意味を有している。[24]

間接疑問文では疑問詞（たとえば、τίς, τί）よりも不定関係代名詞（たとえば、ὅστις, ὅ τι）が用いられるのが通例である。しかし、「知る」などの動詞の後には関係代名詞（例えば、ὅς, ὅ）が用いられるが、その場合には、「どのような」の意味を有しているとスマイスは教える。これはR・キューナーを参照しても同じことが記されている[25]。ということは、これら文法書に従えば、上に引用した「正義と、節制、勇気と知恵について、それぞれが何であるか（δικαιοσύνης τε πέρι καὶ σωφροσύνης καὶ ἀνδρείας καὶ σοφίας ὃ ἕκαστον εἴη）を結論した」という箇所のὃは、「どのような」の意味を持っているということになる。つまり、ソクラテスは確かに「何であるか」という語を用いているが、実際の内容は「どのようなものであるか」を結論づけたということである。

したがって、上に引いたテキストはわれわれの主張に必ずしも決定的な打撃を与えるとは言えないだろう。むしろ、「どのような」という語の頻度数を考慮に入れれば、ただ一度しか「何であるか」という語が用いられていないことは、それが例外的な事例であることを示していると考えられる。われわれが導き出した結論を覆す必要はなさそうである。

さらに、「何であるか」ではなくて「どのようなものであるか」を用いている二つの箇所を引こう。一つは詩人が語るべき詩の内容について語られている文脈である。ソクラテスらは詩人が語るべきこととして、神々が善悪すべての原因ではなくて、善の原因であること、神々は変化しないこと、ダイモンや英雄や冥府の国についてそれぞれふさわしいこと、を論じる。その後に来るのは、当然、人間についてどのようなことを語るべきかという問題である。しかしそれについて語ることはまだできない。なぜならば、正しい人で不幸な者がいるとか、不正は得になるなどという内容を詩人たちが語ることを禁じるならば、討論の全体が問題にしているまさにそのことがすでに明らかになっていることになるからである。それゆえソクラテスは「それだから、人間についてこのような話が語られなければならないということは、正義とはどのようなものであるか（οἷόν ἐστι δικαιοσύνη）、またそれを有する人にとって、その人がそのような（正しい）人と思われようと思われまいと、本来、得になるのだと発見した時にこそ、僕たちは同意することになるのではないか」と問い、同意を得る（3. 392c2-6）。

もう一つの箇所は、正義と不正を巡る議論が終わりに近づくあたりにある。僭主独裁制的人間を信義のない人と呼ぶのが正当だと述べた後で、ソクラテスは続けて「そして最高度に不正な人々であるとも（呼ぶのが正当であろう）、いやしくも正義とはどのようなものであるか（περὶ δικαιοσύνης οἷόν ἐστιν）についてわれわれが先に同意したのが正しかったのであれば（9. 576a10-b1）」と言う。この箇所では、僭主独裁制的人間が最高度に不正な人々であるという、『国家』の議論の主題にとって重要な確認がなされている。その確認のための条件となっているのが、正義とは「どのようなものであるか」の同意の正しさである。正義とは「何であるか」の同意が必要とされているのではない。

このようにして、テキストの調査によれば、『国家』の正義をめぐる探究は探究を押し進めるソクラテスその人によって、いったい正義とは「どのようなものであるのか」を巡っていることが明らかになった。この結論は、確かに今までの『国家』研究とは異なる。それらはすべて「正義とは何であるか」こそ探究の主題であると見なしてきたからである。研究の蓄積は重いが、それを跳ね返すだけのテキスト上の論拠をわれわれは示してきたと信ずる。

しかしながら、テキストの典拠に基いた今までの考察は、また新たに次のような問いを生み出すだろう。「正義とは何であるか」を語ってほしいというグラウコンらの要求と、「正義とはどのようなものであるか」を明らかにしたソクラテスの応答との間には不整合があるのではないだろうか。第一巻とそれ以降の諸巻との関連はどうなっているのか。言い換えれば、「何であるかを知らなければならない」と語ったソクラテスその人が、なぜ正義が「どのようなものであるのか」を「何であるか」よりも先に答えられると考えたのか。こういった問題が生じてくるのである。

こういった問いに答えるためにも、プラトンが「どのようなものであるか」の問いをそれ以前の対話篇においてどのように用いているのかを簡単に振り返っておくことにしたい。

(ii)『国家』以前の対話篇における二つの問い

(i)では「何であるか」と「どのようなものであるか」の二つの問いがどのように用いられているかをテキスト調査に基づき述べた。それによれば、『国家』における正義の探究の特徴的な方法である国家と魂の類比は、正義が「何であるか」ではなくて、正義とは「どのようなものであるか」を探究するための方法であることが明らかになった。しかしこのことから、われわれには次のような疑問が生じてくるのは避けられない。すなわち、『国家』第一巻の末尾では正義の「何であるか」を知らないならそれが徳の一種であるか、また幸福に寄与するか、知ることはないと述べたソクラテスが、なぜ第二巻で改めて正義を探究してほしいとグラウコンらに要請された時に、正義の「どのようなものであるか」を答えようとしたのか、という問題である。しかもわれわれがテキストで確認した通り、グラウコンらすべての人の要求は、正義とは「何であるか」を明らかにすることだったのである。

この（ii）では、このような疑問を解くために、『国家』以前の対話篇において「何であるか」と「どのようなものであるか」の二つの問いをプラトンがいかなる仕方で用いているかを検討してみたい。[26] その検討により、明らかになったものの中で『国家』の文脈に沿うようなものが出てくることを期待してのことである。

第一に、「何であるか」と「どのようなものであるか」との問いの区別は『ゴルギアス』の冒頭（cf. 448a-449a）で重要な役割を果たしている。カイレポンがゴルギアスの持つ技術は何であるかと尋ね、ゴルギアスの弟子であるポロスがゴルギアスの技術は素晴らしいと答えた時、ソクラテスはポロスがゴルギアスの技術が何であるかと尋ねられたのに、どのようなものであるかを答えていたという理由でポロスの答を批判する。このやり取りから明らかなように、あるものの性質を述べることは「どのようなものであるか」の問いに答えることなのである。これは「どのようなものであるか」の普通の用法である。

ゴルギアス自身から弁論術とは何かの答を引き出そうとしているとき、ソクラテスは「どのようなものであるか」の問いを別の仕方で用いる。ゴルギアスが弁論術は説得の技術だと答えると、ソクラテスは「弁論術はどのような説得の技術なのか（454a8）」を尋ねる。これは何かあるものの性質を問うのとは異なる「どのようなものであるか」の問いの使用法である。それは弁論術が何であるかの問いの明確化、ないし境界設定のために用いられている。この用法もまた普通のものであり、日常の会話でもみられる。次のような一連の問いと答を取り上げてみよう。

・人間とは何であるか。
・動物である。
・どのような動物であるか。
・二本足の。人間とは二本足の動物である。

この定義は（人間は二本足の動物であるという命題を人間の定義としよう）アリストテレスがそうしたように、類と種差の結合から成り立っている。アリストテレスは『形而上学』Δ巻で「どのような」は、一つの意味では、実体の種差を述べると記している（1020a33）[27]。「どのようなものであるか」は「何であるか」の問いと一緒になって、問いの対象を明確化するのに用いられるのである。

このように「どのようなものであるか」の問いは、性質を問うているか、あるいは問いの対象の明確化のために用いられる。しかしわれわれが考察している『国家』の「どのようなものであるか」の問いは『ゴルギアス』のどちらの用法でもない。「正義とはどのようなものであるか」という問いの（暫定的な）答である「自分自身の仕事をする」ということは、正義の性質でもなければ、徳の種差でもない。

次に『メノン』を検討してみよう。「何であるか」と「どのようなものであるか」の区別は『メノン』全体の構造を決定づけている。この対話篇は徳は教えられるかどうかというメノンの質問で始まる。ソクラテスはこの問いに対して、まず徳とは「何であるか」を知らない限り、答えることはできないと応じる。そして対話篇は徳が教えられるものかどうかを明らかにしたいのであれば、われわれはまず徳が何であるかを知らなければならないというソクラテスの忠告で幕を閉じる[28]。

『メノン』はアポリアで終わる。つまり一つの議論によれば、徳は教えられる。もう一つの議論によれば教えられない。これらは相反する主張であり、ソクラテスとメノンはこの矛盾を解くことができなかった。だがソクラテスはいったいどのようにして徳の教授可能性に関するアポリアを構成する二つの答に到達したのであろうか。ソクラテスは何であるかを知る前にどのようなものであるかを全く知ることができないと『メノン』の冒頭（cf. 71b5）で言っていたのに、なぜ徳が教えられるかという「どのようなものであるのか」の問いに曲がりなりにも答えているのだろうか。

それは次のような事情による。一方で、徳は教えられるという肯定的な結論を引き出すのに、ソクラテスは仮設法を導入する。これによりソクラテスは、徳が何であるかを知る前に徳が教えられるかどうかを考察することができた。他方で、徳は教えられないという否定的な結論を引き出すのに、そのような特別な方法をソクラテスは用いてはいない。ソクラテスがしたことは、徳とは何であるかについてのメノンの理解をそのまま受け取ることだけなのである。ソクラテスはアニュトスを議論に引き入れようとして、次のように語る。

> メノンは今まで何度となく私に言ってきました、アニュトス、自分は立派に家を斉え、国を治め、両親の世話をし、善い人にふさわしい仕方で市民や外国人を迎え入れたりあるいは送り届けたりすることのできる、そういう知恵と徳とを獲得したいと望んでいるのだ、と。われわれはいったいメノンを誰のところに送ればこの徳（ταύτην οὖν τὴν ἀρετήν）を学ぶことができるのか、考察して下さい（91a1-b2）。

ソクラテスが言うように、「この徳」とはメノンが対話篇の冒頭で、これこそ徳だと考えているまさにそのものである。そしてアニュトスとのその後の議論においては「この徳」が教えられるかどうかという問題が解かれようとしている。ソクラテス自身はそれが本当に徳であるかどうか疑わしいと思っていただろう。だからこそソクラテスはメノンと長々と対話し、アポリアに陥ったのであった。しかしソクラテスは、アニュトスが登場するやいなやそれまでの議論をまるで忘れたかのように、「この徳」を学ぶには誰が先生となりうるかと問うのである。つまり、徳の教授可能性は、徳とはメノンが考えるような、家や国を善く支配するというものだという前提に基づいて論じられているのである[29]。その前提を採用したということは、ソクラテスが徳の何であるかはすでに明らかになったものとして、徳の教授可能性について、つまり徳は「どのようなものであるか」を論じていると言ってよいだろう。ソクラテスはメノンが考えるような意味での徳、「この徳」が教えられるかどうかを議論しているのである。

このような二つの議論によって構成されているアポリアが本当にアポリアであるかどうかは考察に値するだろう。しかしわれわれの問題に関連することは、ソクラテスが徳の本質の知識を欠いていながら、いかにして徳の教授可能性つまり性質を調べることができたのかということである。その答は二つある。一つは仮設法であり、もう一つはメノンの徳の定義を正しいとする前提である。

今までの議論は、「何であるか」と「どのようなものであるか」の区別が明白で重要である『ゴルギアス』と『メノン』において「どのようなものであるか」の問いをプラトンがいかに用いたかをチェックするものであった。しかし『カルミデス』や『エウテュプロン』のような対話篇では、「何であるか」と「どのようなものであるか」という二つの問いがきわめて近くに現れている。これらの対話篇の用例はわれわれに何を語るだろうか。あるいは近くに用いられているということは、それら二つの問いが実は交換可能な、同じ意味を持つことを示唆するのであろうか。

『カルミデス』ではソクラテスが思慮[30]とは「何であるか」、と「どのようなものであるか」を同時に問う箇所が二つある。第一にソクラテスはカルミデスに次のように尋ねる。

もしそれ（思慮）が君のうちに在るのならば、それは、内在するのだから、必ずや何らかの知覚（αἴσθησις）を与え、その知覚から君にはそれが何であり、かつまたどのようなものであるかについての思い（δόξα）があるだろう（159a1-3)。

この一文はソクラテス（プラトン）の哲学の端緒がどこにあるかを明示しているきわめて興味深い箇所であるが[31]、焦点をわれわれの問題に合わせ、「何であるか」と「どのようなものであるか」という二つの問いが、どのように用いられているかを検討しよう。この一文では、ソクラテスは二つの問いを同時に用い、思慮とは何であり、かつどのようなものであるのかを問うている。このことは二つの問いが交換可能であることを意味しているのだろうか。それともそれぞれの問いは、思慮についての二つの問題、つまりそれぞれ異なるが、しかし連関の深い二つの問題を問うていることを意味しているのだろうか。もし前者だとするならば、「何であるか」と「どのようなものであるか」の二つの問いには区別がないことがあるということになり、われわれの問題は消え去ることになる。もし後者だとするならば、思慮に関する互いに関連する二つの問いについて考察しなければならないだろう。しかしここの一文だけでは、われわれに答を与える手がかりはない。

ソクラテスが「何であるか」と「どのようなものであるか」の二つの問いを同時に用いるもう一つの箇所は、「何であるか」と「どのようなものであるか」の違いを示しているように思われる。

現存している思慮は君をどのような人にし、かつまた君をそのような人に作り上げるのはそれがどのようなものであるからなのか、君は気づいているのだから、これらすべてを考慮してはっきりと勇気を持って言ってくれたまえ、それはいったい何であると君には思われるのかを（160d6-e1）。

この箇所では「何であるか」と「どのようなものであるか」が近くにおかれているが、それらの機能は異なる。ソクラテスは思慮が「何であるか」だけを尋ねている。それでは「どのようなものであるか」についてはどうだろうか。「何であるか」の問いと全く無関係なのだろうか。そうではない。

まず第一に、思慮はカルミデスの魂のうちに「現存している」と言われている。そして、人の魂のうちにある思慮はその人の魂に何らかの影響を及ぼす。「どのようなものであるか」によって答えられるまさにその当のものは、人の魂の内にあることによって、魂がそのような性質を帯びるようにさせる。とするとここの箇所が示しているのは、何かが魂のうちに内在するとき、それは「どのようなものであるか」という問いによって探究される、ということではないだろうか。そしてこのことに基づき、あらゆる行為のうちにある、あるいはあらゆる魂の状態としての「何であるか」が問われるのである。「どのようなものであるか」は何かの内にあるものに関わり、「何であるか」はより高次のもの、言わば「多の上の一」に関わっているのである。

続いて、『エウテュプロン』を検討してみよう。『エウテュプロン』では敬虔についての探究は次のようなソクラテスの発言から始まる。

〔ソクラテス〕　だから、どうかゼウスに誓って、今、言ってくれたまえ、君がはっきりと知っていると今まさに述べたことを。つまり、殺人やその他のことに関して、敬神と不敬神とはいったいどのようなものであると君は言うのだろうか（ποῖόν τι τὸ εὐσεβὲς φῄς εἶναι καὶ τὸ ἀσεβές）。あるいはあらゆる行為において敬虔それ自体はそれ自体と同じであり、また不敬虔はいっさいの敬虔と反対であるが、それ自体はそれ自体と似ているのであり、不敬虔であるだろうかぎりのものはすべて、不敬虔であることに関して、何か一つのすがた（μίαν τινὰ ἰδέαν）を有しているのではないだろうか。

〔エウテュプロン〕　完全にその通りでしょう、ソクラテス。

〔ソクラテス〕　では言ってくれたまえ、君は敬虔とは何であり不敬虔とは何であるというのだろうか（τί φῄς εἶναι τὸ ὅσιον καὶ τί τὸ ἀνόσιον）（5c8-d6）。

この箇所は「何であるか」と「どのようなものであるか」の問いがいかなる仕方で区別されるべきかを表している。[32] ここで問われている敬虔は、あらゆる行為において「一つのすがた」を有すると考えられている。それに対しここで言及されている敬神は、「殺人やその他のこと」のようなある特定の場合や行為に関わっている。ソクラテスは「何であるか」の問いをあらゆる行為における「一つのすがた」を問う時に用いる。この「すがた」が分離した、超越的な敬虔のイデアであると考える必要はない。しかし敬虔とは「何であるか」の問いは敬虔が敬虔である限りあらゆる行為において一つのすがたを有しているはずだということに基づいて成り立っていること、そして「何であるか」の問いはまさにその探究のために用いられていることを銘記すべきである。他方、ソクラテスは「どのようなものであるか」の問いを特定の行為に関わる何らかのものを問うのに用いる。つまり、「何であるか」の問いが問うものは「どのようなものであるか」の問いが問うものよりもより超越的な何かなのである。逆に、「どのようなものであるか」の問いが問うものは、「何であるか」の問いが問うものよりもより内在的な何かなのである。(33)

(iii) 問いと答の整合性

それでは『国家』に戻って、この対話篇全体の構成の中で二つの問いがどのように用いられているかを分析することとしよう。

「どのようなものであるか」の問いがポロスが使ったように、正義を賞賛するのに用いられていないことは明白である。また「どのようなものであるか」の問いが「何であるか」の問いと一緒になって、正義を類と種差によって定義づけているのでもない。

「何であるか」と「どのようなものであるか」の問いは、われわれが先に見たように、きわめて近くに位置している。このことは二つの問いが交換可能であると見なしてよいことを示しているのだろうか。しかし『カルミデス』と『エウテュプロン』のわれわれの分析が正しいならば、『国家』においても二つの問いが二つの初期対話篇においてと同じような仕方で用いられていると期待するのが自然であろう。グラウコンの挑戦とソクラテスの応答をもう一度見てみよう。グラウコンはソクラテスに要求する。

少なくとも私に関する限り、（正義と不正の）どちらについても、証明は決して満足できるものではありませんでした。つまり、私が聴きたいのは、それらのそれぞれがいったい何であるのか（ἐπιθυμῶ γὰρ ἀκοῦσαι τί τ' ἔστιν ἑκάτερον）、そして（καὶ）それ自体が魂の内にある時いったいどのような力を有しているか（τίνα ἔχει δύναμιν）、なのであって、報酬やそれらから生じるものについてはおさらばしたいのです（2. 358b4-7）。

グラウコンの要求は明白である。彼は正義と不正のそれぞれが「何であるか」とそれ自体が魂のうちにあるときどのような力を有するかである。どのような力を正義が有しているかという問いは正義の性質についての問いであると考えられる[34]ので、「何であるか」と「どのようなものであるか」をグラウコンは問うている。

次に、アデイマントスの要求を見てみよう。アデイマントスは、グラウコンによる不正礼賛の言説の不十分さを指摘し、詩人など世人が語る言葉の真意を明らかにした上で、次の言葉で自分の言説を締めくくる。

だから議論によって正義が不正よりも力強いということだけをわれわれに示すのではなく、これら二つのそれぞれが、神々や人々が知ろうが知るまいが、それ自体がそれ自体だけでそれを所有している人に何をなすからこそ（τί ποιοῦσα ἑκατέρα τὸν ἔχοντα αὐτὴ δι' αὑτὴν）、一方は善であり、他方は悪であるのかということをも、われわれに示して下さい（367e1-4）。

アデイマントスは正義が不正よりも力強いことだけではなくて、正義がそれを所有している人に何をなすかをも示してほしいと言う。一つ目の要求は、「不正の方が正義よりも力強い（344c5）」というトラシュマコスの主張に対する論駁を求めている。しかしそれだけでは不十分であり、正義がそれを所有する人をどのように作り上げるかをも知りたいとアデイマントスは主張する。ある人が正義を所有するとは、その人の魂のうちに正義が宿っていることだと解しえよう。とするならば、アデイマントスは正義が人の魂に内在している時、どのような力を有しているかを知りたいということになろう。アデイマントスは、グラウコンと同じように、魂のうちにある正義の性質を明らかにするようソクラテスに要求しているのである。

　これまでのわれわれの議論が正しいとするならば、プラトンの二人の兄弟の問いは微妙に異なっていると言えるかもしれない。グラウコンは正義の「何であるか」と「どのようなものであるか」という二つの問いを問い、アデイマントスは正義の「どのようなものであるか」を問うていると考えられるからである。しかしながらグラウコンは「正義の本質（οὐσίαν δικαιοσύνης, 2.359a5）」や「正義の本性（φύσις δικαιοσύνης, 2. 359b6）」という言葉を用いているので、正義とは「何であるか」の問いを中核にしていたと言えるだろう。そして二人の発言を受けてのその場の状況を伝えるソクラテスの言葉も、問われていたのが正義とは「何であるか」であったことを明らかに示している。すでに引用したが、もう一度引用すると、

> グラウコンと残りの者たちは、あらゆる仕方で正義を助け、議論を捨てず、（正義と不正の）それぞれが何であるのか（τί τέ ἐστιν ἑκάτερον）、そしてそれぞれがもたらす有益さについて本当のところはどうなのかを、十分に説明をするように私に求めた（2. 368c5-8）。

と、ソクラテスは彼ら二人とその他の人々の要求をまとめ、われわれに報告していた。このことが意味するのは、

アデイマントスとグラウコンが「正義とは何であるか」とともに、魂のうちに内在する正義がどのような力を有するか、つまり「魂のうちに内在する正義とはどのようなものであるか」を明らかにすることを要求しつつ、それら二つの問いを「正義とは何であるか」という問いによってまとめているということである。

こうして、探究の対象が「正義とは何であるか」、また「人の魂のうちにある正義がどのような力を有するのか、つまり、どのようなものであるのか」と設定されたことにより、ソクラテスは国家と人の類比を導入する。もう一度引用してみよう。

> （すると）たぶん、より大きなものの中により多くの正義があり、それはいっそう学びやすいということになるだろう。だからもしよければ、まず国家のうちで正義がどのようなもの（ποῖόν τι）であるかを僕たちは探究することにしよう。そして一人一人の人間においてもそのように考察することにしよう、より小さいものの姿のうちに大きいものとの類似性を考察しながら（2. 368c7-369a3）。

ソクラテスは国家の「中」で正義が「どのようなものであるか」を探究し、その後で、個人の「内」においても同じような探究をすることを提案している。それはソクラテスが国家における正義を見て取るならば、「正義が一人の人間のうちでどのようなものであるかを見るのは容易になるだろう（ῥᾷον ἂν ἐν ἑνὶ ἀνθρώπῳ κατιδεῖν οἷόν ἐστιν）（4. 434d7）」と期待したからである。

ここまで、『カルミデス』と『エウテュプロン』の用例を参考にして、『国家』の正義に関わる「何であるか」と「どのようなものであるか」という二つの問いの提出のされ方を見てきた。二つの初期対話篇の用例に基づいてわれわれが指摘したことは、「どのようなものであるか」の問いは何らかの内にあるものを対象としているのに対して、「何であるか」はあらゆるものに共通の、何らかより普遍的なものを対象としているということであった。そして『国家』におけるグラウコンらとソクラテスとの応答を検討してきた結果、少なくとも「どのようなものであるか」という問いに関しては――というのも「何であるか」の問いについてはまだ検討していないから――、それが対象としているのは、同じように、国家の内にある、あるいは個人の内にある正義であった。

それではその答は得られたのであろうか。もちろん、よく知られているように、それは得られたのである。すなわち、国家における正義とは各人の素質にかなった仕事をし、かつ他のことに手出しをしないこととして規定される。個人における正義は魂の各部分が自分のことをし、互いに手を出さないこととして規定される。ソクラテスは類比に基づくこの結果を振り返り、第四巻で次のように言う。

> 僕たちは正しい人、正しい国家、そしてそれらのうちにある正義（δικαιοσύνην ὃ τυγχάνει ἐν αὐτοῖς ὄν）を発見したと言ったとしても、僕たちは全く嘘を言ったということにはならないだろう（444a4-6）[35]。

われわれがすでにみたように、二人の兄弟はソクラテスに魂における正義の力について答えるよう望んでいる。そこで、ソクラテスは彼らの要求に応えるべく、国家と魂の類比を導入した、つまり、国家における正義と魂における正義とを探究したのである。それゆえ、ソクラテスの答は彼らの要求と彼の正義探究の手段と合致しなければならないはずである。彼らが探究の末に見いだしたものは、国家における正義と魂における正義である。（iii）を終えるにあたって、われわれが（i）で指摘しながら、残しておいた問題に答えておきたい。それは次の引用箇所におけるソクラテスとグラウコンとの奇妙なやり取りに関わる問題である。

> それでは、と僕は言った、まず次のことを思い起こさなければならない。つまり、僕たちは正義と不正とがそれぞれどのようなものであるかを探究しつつ（δικαιοσύνην οἷόν ἐστι καὶ ἀδικίαν）、ここまで来たということだ。
>
> そうしなければなりません。しかしそれがどうしたというのですか、と彼は言った。
>
> 何でもない。しかし、もし僕たちが正義とはどのようなものであるか（οἷόν ἐστι δικαιοσύνη）を見いだしたなら、……（5. 472b3-c7）。

ソクラテスは今までの探究が「正義とはどのようなものであるか」に関わっていたことを思い起こすようグラウコンに求める。グラウコンはそれを当然のこととして受け取るが、なぜソクラテスがそのようなことを求めたのか、あるいは思い起こすことが直後の議論にどのように響くかを確かめようとして、「それがどうしたというのですか」と問い返す。ところが、ソクラテスはそれについては「何でもない」と答えるのみで、次の論点に移ってしまう。

ある注釈者は「何でもない」は皮肉っぽいと註を付けているが、しかしこのやり取りが何を意味しているのか、またそもそもどのような意味で皮肉なのかについては触れていない[36]。これが皮肉なのは、ソクラテスがそれまでの探究の意味を述べたすぐ後に「何でもない」といっているからであろうというのは自然な解釈である[37]。しかしそれだけではなくて、さらにグラウコンが望んでいたことと受け取ったこととの違いに気づいていないことを彼に言及していないからでもあるとわれわれは考える。

奇妙なやり取りである。とするならばわれわれは次のように問わなければならないだろう。いったいなぜこのような奇妙なやり取りをプラトンは――ソクラテスではなく――ここに書き込んだのか。理想国の実現可能性について早く答えよとソクラテスを急襲したグラウコンの求めに応じるためには、「正義とはどのようなものであるか」をめぐって探究が進められてきたことを思い起こすのは、必ずしも必要ないのではないか。というのも、続く議論に明らかなように、求めてきた正義がそのまま実現されるのではなく、ある程度劣った仕方で実現したとしてもそれに満足すること、これがソクラテスの求めることであり、そのことと探究の振り返りとは直接結びつかないと考えられるからである。言葉と現実の差異をグラウコンが認めれば、それでソクラテスは満足するはずである。にもかかわらず、「正義とはどのようなものであるか」を探求してきたことの確認をソクラテスは求める。

グラウコンは何を確認するよう求められたのかソクラテスの真意をつかみ損ねているとわれわれは考える。なぜならば、グラウコンは「正義の何であるか」を明らかにするようソクラテスに求めたのであって、「どのようなものであるか」を求めたのではないからである。確かにわれわれが見たように、彼が求めたものの一つは魂のうちにある正義がどのような力を有しているか、それを所有する人に何をなすかであって、問いの実質は正義とは「どのようなものであるか」であった。しかしグラウコンはその問いも含めて正義とは「何であるか」という問いを用いて二つの問いを表現していたのである。

そのようなグラウコン（ら）に対して、ソクラテスは正義とはどのようなものであるかを探究し、答えた。このことについてはわれわれが見てきた通りである。それゆえアデイマントスとソクラテスとの間の問いと答とは一致し、グラウコンの要求も一つは満たされている。しかし言葉遣いにおいては、整合性が取れていない。そのことをソクラテスは、この箇所までどこにも指摘してこなかったが、それを今ここで指摘しているのではないだろうか。「正義とはどのようなものであるか」を探究してここまで来たということを思い起こせとソクラテスが語っているのはそのゆえではないだろうか。すなわちソクラテスは、正しい問いの用い方をそれとなくグラウコンらに暗示しているのである。

もし以上の解釈がそれほど的を外していないとするならば、プラトンの意図は次のようなものであると考えられる。この奇妙なやり取りが挿入されるのは、すでに述べたように、理想国家の実現性を論証するようグラウコンがソクラテスに求めた文脈においてである。その実現性は哲人王が出現するかどうかにかかっていることは周知の事実であろう。それゆえ理想国の守護者は哲学者にならなければならない。善のイデアという最大の学業を学ばなければならないのである。そしてこれこそ「善とは何か」という問いに対する答である。こういった議論の筋道を考慮に入れることによって、われわれは一連のやり取りを挿入したプラトンの意図は、正義を巡る問いが「どのようなものであるか」から「何であるか」に推移することを示唆していると考えたい。この奇妙なやり取りが暗示している正義を巡る問いの位相の変化は、哲人王の誕生という事態がそれまでの議論とは何か根本的に異なることをわれわれに告げているのではないだろうか。

(iv)「何であるか」の優先性

最後に、なぜ「何であるか」よりも先に「どのようなものであるか」を探究できたのか、を考察することにしよう。この考察には『メノン』での検討が役立つと思われる。

これまでのわれわれの議論によれば、第2巻から第4巻は国家や魂の内にある正義の探究に費やされていたが、それでは正しさのイデアの探究はどの巻においてなされているのであろうか。ソクラテスと対話相手たちは正しさのイデアや他のイデアについてどこで論じているのであろうか[38]。

われわれが論じてきたように、『国家』は「正義とは何であるか」を明らかにしようとしているのではなくて、「正義とはどのようなものであるか」を明らかにしようとしているのであった。ではこれに対して、「正しさとは何であるか」ということを答えているのだろうか。

それについては答えていないと言わざるを得ない。われわれが知っているように、『国家』の中には「正しさとは何であるか」、つまり《正しさのイデア》を明らかにしようとした箇所はない。正確に言えば、答えることを拒んだのはソクラテスである。グラウコンが善とは何であるか——これは長い道の終わりに位置するが——を知りたがったとき、ソクラテスは善のイデアについて論ずることを躊躇してこう言う。

> いや、幸福なる諸君よ、さしあたって今は、善とはそれ自体何であるかということは放っておくことにしよう（αὐτὸ μὲν τί ποτ᾽ ἐστὶ τἀγαθὸν ἐάσωμεν τὸ νῦν εἶναι）。というのも、僕に思われていることに今到達することは、現在の勢いによってではできない、より大いなることであることが明らかだからだ。しかし、善の子供であり、善に最もよく似たものであると思われるものを、もし諸君たちにもそれでよいのであれば、語ることにしたい。もしよくないのであれば、放っておこう。（6. 506d7-e3）。

ソクラテスは善とは何かを答えようとはせず、かわりにその子供を答えようとする。われわれはここで問いが善とは「何であるか」の問いであり、「どのようなものか」の問いではないことを見る。「何であるか」の問いは善のイデアの探究に用いられているのである。そしてこれこそ長い道の頂点に位置する。それゆえわれわれは一般的に、「何であるか」の問いはイデアの探究に用いられると推論できるだろう。またわれわれの調査に従えば、「正しさとは何であるか」という問いは適切な問いであるということになる。そしてそれは善のイデアが何であるかと同じように、答えられることはなかった。

しかしこれでわれわれの問題が終わってしまったわけではない。ソクラテスが最初に「どのようなものであるか」を考察することができたのはなぜなのか、しかも、ソクラテス自身が第一巻の終わりで正義とは何であるかの問いが最初に答えられるべきだと言っていたのに、という問題が残っているのである。善のイデアを議論に導入する前に、ソクラテスは彼の理想国の守護者たちは善のイデアを頂点とする長い道を歩まなければならないと語る。彼によれば、魂の三部分に基づいた議論は正義と他の諸徳について必ずしも十分にあるいは正確に明らかにはしていなかった。たとえグラウコンがその議論に満足しているとしても、ソクラテスは不完全な尺度は尺度ではないと主張して、善のイデアに言及し始めるのである。

こういったことから判断すると、国家と魂の類比は必ずしも決定的な方法ではないということになる。しかしなぜソクラテスはそのようにこの方法を見なしていたのか。それは正義がどのようなものであるかの問いに十分な答を与えないからであろうか。もちろんそんなことはない。自分の仕事をするということは正義と不正とどちらがわれわれに益になるかを判定するのに十分な答である。しかし類比は短い道と呼ばれることはおそらくそれが長い道と比較された時には決定的でないことを意味しているだろう。類比の方法は長い道と比べられた時には短い道と呼ばれなければならないという意味で暫定的なのである。

短い道（「どのようなものであるか」）と長い道（「何であるか」）との関係は、『メノン』の構造を思い起こさせる。『国家』は『メノン』と次のような点で異なる。つまり、ソクラテスが最初に正義がどのようなものであるかを論ずるよう対話相手によって強制された訳ではないこと、そして国家と魂の類比の方法が正義のどのようなものであるかを探究するためには仮設的な方法であるとは明言されていないこと、この二点で異なっている。しかしながら、類比は『メノン』におけるか仮設法と同じく暫定的である。類比は魂と国家が似ていると主張するが、このことこそ論証されるべき事柄だからである。ソクラテスは確かに国家が三つの階層からなるように魂は三つの部分を持つと論ずるが、魂の三部分は大きなものと小さなものという二つのものがあり、これらが同じ名によって呼ばれている時、それらが同じ名によって呼ばれるという限りにおいてそれらは似ている、というソクラテスの主張に基づいている。おそらくは同じ名が使われる二つのものの間にある類似性は、究極的にはイデアに基づいているのであろう。そしてそのイデアを探究することこそ、まさにプラトンが長い道と呼んだものに他ならない。

われわれの主張をまとめておこう。第一に、ソクラテスは正義とはどのようなものであるのかを探究し、「自分自身のことをすること」という答を得た。第二に、なぜ正しさとは何であるかの問いの前に正義とはどのようなものであるかをソクラテスが探究できたのかと言えば、それは短い道である国家と魂の類比が暫定的かつ不完全なものであるとしても、その方法自体が長い道に支えられているからである。そしてこの長い道こそロゴスそれ自体がイデアからイデアを通ってイデアへと至るのであり、「正しさとは何であるか」がその途上で把握されるのである。

ところがその長い道は『国家』において語られることはなかった。その代わりに語られたのが比喩である。そこで次節では比喩について考察することとしよう。

三　比喩

プラトンの対話篇では珍しいことではないが、『国家』ではとりわけ比喩が重要な役割を持っていることは周知の事実であろう。比喩は叙述に精彩を与え、描写に命を吹き込むだけでなく、読者の精神を活性化させる[39]。プラトンの卓抜な比喩もまたそうである。われわれは『国家』の中でいくつもそういう比喩に出会うことができるだろう。

それゆえ、比喩とはいったい何なのかについて一定の考察を加えておくことが必要であろう。善のイデアが「太陽の比喩」によって語られたのだからなおさらそうである。

プラトンはなぜそのような語り方をしたのであろうか。この問いに答えるために、まず『国家』において比喩がどのようなものとして語られているかを見ておきたい。

《あるもの》と《ありかつあらぬもの》との区別に基づいて、哲学者がそれ自体として《あるもの》に愛着を寄せる人と規定された後（cf. 5. 474b-480a）、哲学者は国家統治に適した素質を有することが、比較的短い問答によって次々と認められる。この展開にアデイマントスが口を挟む。問われていることを一つずつ考慮すれば、もっともだと思われるし、反論もできないが、それらが合わさって全体となるとむしろ反対すべきだと思われてしまう。つまり、現状の哲学者はとても国家に役立つような人ではなく、しかも最も優秀だと思われている人間が、哲学に必要以上に長く従事することによって、ろくでなしになってしまう、とアデイマントスは語るのである。ところが、アデイマントスには驚くべきことに、ソクラテスはその批判の正当性を認める。とするならば、なぜ哲学者が政治に携わらなければならないと語られたのかが全く不明になるのではないか。このように続けてアデイマントスが問うのに対して、ソクラテスは次のように答えることとなる。

君が尋ねたのは、と僕は言った、比喩によって語られる答を要求する問いなのだ。

ところがあなたときたら、と彼は言った、比喩によって語ることには、慣れていないと思いますが。

いいだろう、と僕は言った、これほどまでに論証が困難な言論に僕を投げ入れたあげくにからかうのだね。さ、それでは次の比喩を聞きたまえ、僕がどんなに譬えることに固執しているか、君がもっとよく見ることができるように。というのも、最善の人々が国家に対して被っている状態はきわめてひどいので、そのような状態は何一つないほどである。その状態を譬え、かれらのために弁明するには多くのものから集めなければならないのだ、ちょうど画家たちが山羊鹿とかそういったものを混ぜて描くように（6. 487e4-488a6）。

この一連のやり取りの中では次の諸点が重要である。

（1）まず第一に、比喩を用いて語ることについてアデイマントスとソクラテスとの間に印象的なやり取りがある。アデイマントスが比喩に不慣れなソクラテスをからかい、ソクラテスはそれにめげずに、自分がいかに比喩に執着しているかを見てほしい、と言う。このやり取りは戯れの調子を帯びつつ、比喩の重要性を告げる真剣な目的を持っていよう。

（2）次にこれに関連することだが、重要な比喩が導入されることは、これからの議論が今までの議論とは異なることを意味するだろう。ではどのように異なるのだろうか。アデイマントスは一つ一つの問いに対して答を求められれば、肯定せざるを得ないが、その一連の問いと答が集積して全体として哲学者は統治にふさわしい素質を持つとまとめられた時には、肯んじえないと言っていた。このことは一問一答に基づく議論が否定されていることを示すのであろうか。だがこれ以降も問答は続くのであり、問答法にプラトンが与えた高い位置を考えるまでもなく、そういったことはありえないだろう。ここでは、一問一答の集積でその真実が明らかにされたとしても、全体としては説得力を失うような事柄があることが注意されている。だからこそ、ソクラテスは国を船に譬えた比喩の後で、比喩をいちいち吟味せず全体として言わんとすることを理解するよう求めている（cf. 6. 489a）のではないだろうか。イメージに訴える比喩は全体として受け取られる時、より豊かな説得力を持つのである。[40]

（3）説得力という点において比喩の問答に対する優位性を述べたが、だからといって問答が否定されるわけでもないし、また問答によって得られた知見が否定されるわけでもない。そもそも説得力とは受け手の側の理解力に左右されるものであり、そのことと真実とは無関係とは言わないまでも完全に同じわけではない。ここで問答によって得られた知見とは、哲学者の持つ素質が政治に携わるのにふさわしいということであるが、このことは比喩によって失われてはいない。むしろ、比喩によって哲学者が国に受け入れられていない事態がより鮮明になった分だけ、問答によって明らかになったことはその意義を深められている。つまり、哲学者は役に立たないとされるのは哲学者に責任があるのではなくて、役立てようとしない者に責任があることが解明されるのである（cf. 489b）。

（4）最後に、比喩は存在しないものを言い表すために用いられている。ソクラテスによれば、哲学者のおかれている状況はあまりにひどく、同じような状況は存在しないほどである。それゆえ、そういった状況を説明するためにはいろいろな要素を組み合わせて比喩として提示する必要がある（cf. 488a）。このことは上の（2）で述べた、比喩を全体として理解すべきことと関連するだろう。

このような意義を有する比喩によりつつ、『国家』の頂点に位置する善のイデアは太陽に喩えられて語られた。以下、このことの意味について考察したい。

まず手がかりとなるテキストを引用しよう。善とは何であるかなかなか語ろうとしないソクラテスに対してグラウコンは次のように嘆願し、ソクラテスはそれに対して次のように答える。

> ゼウスにかけて、ソクラテスよ、とグラウコンは言った、終わりにいるかのように退かないで下さい。というのもあなたが正義や節制やその他のものについて語ったように、そのように善についても語ってくれるならば、われわれは満足なのですから。
>
> それは実際のところ、と僕は言った、友よ、僕にも大いに満足だろう。しかし僕にはできないだろうし、熱心さのあまり無様な姿をさらして嘲られるだろう。いや、幸福なる諸君よ、さしあたって今は、善とはそれ自体何であるかということは放っておくことにしよう。というのも、僕に思われていることに今到達することは、現在の勢いによってではできない、より大いなることであることが明らかだからだ。しかし、善の子供であり、善に最もよく似たものであると思われるものを、もし諸君たちにもそれでよいのであれば、語ることにしたい。もしよくないのであれば、放っておこう（6. 506d1-e3)。

グラウコンが言う「正義や節制その他について語ったのと同じ仕方」とは、「短い道」と「長い道」とを対比させ、哲人王には長い道を進ませなければならぬと言ったソクラテスに触発されてのことだろうと思われる。(41) グラウコンの求める善のイデアについての説明は「短い道」によるものなのである。しかし、ソクラテスはそれはできないと語る。「それができたら多いに満足」だが、しかし自分には「できないだろう」とグラウコンの要望を断る。いったいそれはなぜだろうか。

「短い道」とは、われわれの議論の示す処によれば、「国や魂の内にある正義とはどのようなものであるのか」という探究であった。そしてこれが「短い道」と呼ばれるのは、暫定的な、ないし仮設的な特徴を持っているからであり、「長い道」、つまり「正しさとは何か」の探究によって支えられる、あるいは深められるはずのものであった。「善とは何か」の探究は、善が「仮設ならざるもの（ἀνυπόθετον, 511b5）」とされるのだから、「正しさとは何か」という探究を含めたあらゆる探究を支えるものであろう。ところが、そのような根本的な性格を持つ「善とは何か」という探究は、ソクラテス自身によって拒否される。「長い道」への門はソクラテスその人によって閉ざされてしまうのである。「長い道」を辿ることを拒否し、「短い道」を進むこともできないソクラテスは、代わりに善の子供を語る。これが「太陽の比喩」である。

このような議論の流れの中に、ソクラテスが「短い道」を進めない理由が隠されているだろうか。あるとしたら、それは次のようなものかもしれない。

「正義とはどのようなものであるか」の探究は、国家と魂の類比という方法によってなされたが、その類比の根拠はわれわれの言語用法に求められていた。すなわち

それでは、と僕は言った、人が大きいものと小さいものを同じ名で呼ぶことができるならば、それらは同じ名で呼ばれるというまさにこの点で、似ていないだろうか、似ているだろうか。

似ています、と彼は言った。

すると正しい人は、正義のエイドスそのものに即して（κατ᾽ αὐτὸ τὸ τῆς δικαιοσύνης εἶδος）正しい国家から何一つ違わず、似ていることになるだろう。

似ていることになるでしょう（4. 435a6-b3）。

という問いと答に明らかにされているように、われわれが国家と人とを同じ「正しい」という語によって呼ぶことが、類似の根拠とされているのである。言うまでもなく、これはある人の思い（δόξα）に基づいて、たとえばアテナイやスパルタが、あるいはトラシュマコスやソクラテスが「正しい」とか「正しくない」とか呼ばれるときに、同じ名で呼ばれたものどうしが似ているということではない。そうではなくて、「国というもの」、「人というもの」に「正しい」という語が述語づけられるということが類似の根拠であるということだろう。「正しい」という語がどのようなものに述語づけられるかは、われわれが勝手に変更することはできない。むしろ、われわれはそのような言語使用の現場に投げ込まれ、それを自らのものとして習得しなければならないのである。言い換えれば、「正しい」という語が国家や人を述べるのに用いられるというのは、「正しい」という語の《文法》なのである。

このような解釈は、「短い道」と「長い道」との連関を示すものと言えるのではないだろうか。「短い道」に現れる正しい人と正しい国家の類似の根拠は「正しい」という語の《文法》にある。また人と国家のうちにある正義は《正しさそのもの》と何らかの関連を有するだろう。そして《正しさそのもの》は、「言葉それ自体（αὐτὸς ὁ λόγος）が問答の力によって把握する（6. 511b3）」というかの「線分」の最も長い区分で言い表される、「エイドスそのものだけを用いて、エイドスを通って、エイドスへと動き、そして最後にエイドスにおいて終わる（6. 511c2）」という探究によって捉えられるのではあるまいか。もちろん、この謎めいた言葉を簡単に解釈しきってしまうことはできない。しかし、エイドスとロゴスとの緊密な連関は指摘できるだろう。このように「長い道」を辿ることがエイドスとロゴスの連関によるのであれば、「正しい」という語の《文法》に依拠している「短い道」を支えているのが「長い道」であることは、了解されるのではないだろうか。

では善の場合はどうなのだろうか。おそらく短い道は不可能なのである。なぜならば「善いはさまざまに語られる」からである。つまり「善い」と呼ばれるものはきわめて多く(42)――あるいは存在するものすべてがそうだとも言えるかもしれない――、それゆえ「善」についての探究に適切な、似ている二つのものを選び出すことが容易ではないからである。数えきれないものが、いや、ありとあらゆるものが「善い」のであれば、似ている二つのものを選ぶことはほとんど不可能であろう。かくしてソクラテスは類比に基づく探究方法は諦めざるを得ないのではないだろうか。ソクラテスが類比ではなく、比喩によって善のイデアを語ることはそのゆえではないだろうか。

では比喩によって「善とは何であるか」にたどり着くことはできるのだろうか。

おそらくそれもまたできない。なぜなら「正しい」という語の《文法》によって「正義」から「正しさ」に至ることができたとしても、太陽と善のイデアとを善いと呼ぶことは、後者に関して同語反復になってしまうからである。人と国は「正しい」という同一の名によって呼ばれるかぎり、似ているとされていた。類似の根拠は「正義」にあった。他方、比喩の場合はそのような根拠が示されるわけではない。譬えが成立する場合にはそれら両者の間に同一性、ないし類似性が存在するからこそであろうが、善のイデアを太陽に譬えてもその類似の根拠は何か、不明であろう。国家と魂が類似していることを同じ名の述語づけに訴えてしたようには、太陽と善のイデアについては語ることはできないからである。太陽と善のイデアの双方に「善い」という語が述語づけられることを根拠にこれら二つのものが似ていると主張したとしても、「太陽は善い」と言うことが可能であるのに対し、「善のイデアは善い」と言うことは、同語反復であるか、あるいは「善のイデアとは何か」という問いに対して、「善い」と答える論点先取、ないし循環であろう。それは端的に無意味なのだ[43]。

ソクラテスは太陽と善のイデアとの類似性の根拠を明らかにすることができない。しかし、それらが類似していると「ソクラテスに思われているかぎりで」善のイデアを太陽に譬えることはできる。たとえ比喩には類似性の根拠を示すことができないにしても、「太陽の比喩」は善のイデアが「どのようなものであるか[44]」について幾ばくかはわれわれに伝えるのである。

この章において明らかになったことをまとめておこう。類比と比喩、これらが『国家』において用いられた方法であり、これらの方法は正義が、あるいは善が「どのようなものであるか」に答えようとするものであった。しかしこれらの方法は「何であるか」の問いに最終的には根拠づけられている方法である。つまり、哲学的探求は類比や比喩などの方法を用い、探求の対象が「どのようなものであるか」を明らかにしつつ、そして最後には「何であるか」の問いに収斂していくのである。

では、自由との関連ではどのようなことが言えるだろうか。われわれは第一章で、国家と魂の類比の方法がプラトンの自由についての考え方を転換させる原因となったのではないかという見通しを立てた。しかし類比の方法が短い道であり、長い道に根拠づけられているとするならば、「何であるか」の問いこそが、プラトン的な自由を確立したのではないだろうか。哲学が自由な営みであり、哲学する者を自由にするのであれば、「何であるか」の問いこそが哲学を自由な営みにし、かつ人を自由にするのではないだろうか。

その実際をみることが次章以降の課題となる。しかしプラトンが用いた類比の方法に従って、個人よりもまず先に、国家における自由について考察していくこととしよう。

第Ⅲ章　国　家

前章では『国家』で用いられている類比と比喩という方法について考察し、プラトン的自由観が成立するためには、「何であるか」の問いが重要ではなかったかというところまで考察が進んだ。次にすべきは「何であるか」の問いがどのように働くことによって人を自由にするかを解明することであろう。しかしプラトンが採用した類比の方法に従って、この章では国家と国家における自由について考察する。

プラトンの叙述は三段階に分かれ、それぞれに国家が姿を現す。それを順に、「第一国家」、「第二国家」、「第三国家」と名づけることとしよう。「第一国家」は2. 371eで完成したと言われるもので、ソクラテスによって「健康的」「真の国家」と呼ばれるが、グラウコンによって「豚の国家」だと酷評されるものである[1]。「第二国家」は「第一国家」が酷評された後、グラウコンの要望に従って、より豊かな生活や楽しい生活が許されるようになって生じた熱にうなされた贅沢国家が、あるべき守護者と補助者を音楽と体育の教育によって得ることで、再び浄められた国家である。これは第四巻までの論述で語られている「正しい」国家である。「第三国家」は守護者が善のイデアを最大の学業とする哲学教育を受け、哲学者となった国家である[2]。

それでは国家における自由のプラトン的理解とはどのようなものなのだろうか。以下、第一国家、第二国家、第三国家の特徴とそれらの関係を解明しつつ、この問いに答えていくことにしたい。

一　国家と経済

(i)　第一国家

大きな文字である国家のうちに正義を探るべく、国家を言葉のうちで造営することが始まる。まず確認されるのは、われわれ人間の本性である。われわれは生きていくために必要なものを外から摂取しなければならない。われわれは自足していないというこの現実がまずは確認されるのである。このことに基づいて、生きていくために最低限必要なもの、つまり衣食住に関わる職人が国家の最小の構成要素として呼ばれることになる。プラトンはこの国家を最も必要なものの国家と呼んでいるから、最小国家の構成要素とも言える。

次に確認されるのは、この人々がどのように仕事に処するべきかということである。われわれの素質はそれぞれ互いに異なっている。ある人は農作業に向いているが、またある人は家を建てることに才能を発揮する。しかも仕事が人を待ってくれることはなく、人が仕事に合わせなければいけない。これらに基づいて、人は一人一人の素質に応じたものを仕事として互いに引き受け、その成果をみなに分配する方が、一人の人がすべての仕事をこなすことよりも遥かに都合が良いと結論される（cf. 2. 370c）。一人に一つの仕事を課すという分業体制が敷かれることになるのである。

われわれが自足していない本性を持ち、互いの素質が異なるということを基盤に、この後も言葉のうちにおける国家の造営は続く。だがその次第を見る前に、ここで次のことを指摘しておくことは無駄なことではないだろう。それは本性と訳された語と素質と訳された語とはどちらも φύσις という同じギリシア語であることである。ということは言葉によって造営されているこの国家はφύσιςに基づいていると一言でまとめることができよう。その国家はわれわれの人類としての本性（φύσις）というキャンバスに、個人個人に付与された様々な素質（φύσις）によって色付けられているのである。それが一枚の絵として、つまりは全体としてどのようなものになるのかは、これから明らかにされるべきことがらである。

一人に一つの仕事を割り当てるという原則によって、農夫が農作業に用いる農具を作る職人は、農夫その人とは別でなければならないということが帰結する。こうして国家に必要とされる職人の数は飛躍的に増大する。次に、様々な職人が作り出した産物を交換する手段として商業の必要性が議論に浮上し、そこで産物を商品として扱う商人が国家のうちに招じ入れられる。それも他国と取引する輸入業者、国内で活躍する小売り商人と様々である。続いて、両替商、そして賃銭労働者が入ることになる。

こうして国家が成立したと言われ、はたしてこの国家のどこに正義と不正とが存在しているのだろうかとソクラテスはアデイマントスに問う。アデイマントスは正不正がどこにあるかは分からず、ただ、おそらくは取引のうちにあり得るのではないかと指摘するにとどまる（cf. 2. 371e-372a）。

このように作り上げられた第一国家とはいかなる国家なのだろうか。

しかしまず第一国家を国家として認めてよいかどうかを疑問にすることができるかもしれない。はたして第一国家は国家の名に値するのだろうか。支配に関して何も語られていないことを理由に、国家というよりむしろ経済共同体に過ぎないのではないだろうかという解釈が時になされる[3]。他方、スコフィールドはそういった見方を否定し、第一国家を国家と見なすべきだと主張する。それは、第一国家が「真実の国家」と呼ばれていることを重要視すべきであること、かつまた、正義と不正とが国家の内でどのように成長するかを明らかにしようとしているプラトンの意図を考慮すれば、その探究の端緒がおかれる第一国家はやはり重要視すべきこと、の二つの理由からである。[4]

われわれも第一国家を国家とみなそう。だがその国家に対する批判は厳しいものがあるようだ。[5] たとえば、アリストテレスはこの国家が「あたかも立派なことのためというより、むしろただ生活に必要なことのためにのみ構成されているかのようである」[6] と批判している。よく知られているように、アリストテレスによれば国家は「生きるために生じてきたがよく生きるために存在している」[7] という。この観点からするならば、「ただ生活に必要なことのためにのみ構成されている」第一国家は、生まれてきた理由はそれなりにあるにしても、存続する理由はなさそうである。第一国家では善き生が展開されないと思われるからである。

だが他方で、第一国家の素朴さや「健康」さにある種の郷愁をみる解釈もある。[8]「健康な、真実な」国家と言われた第一国家は、人々は平和にかつ[9]「楽しく (2. 372b7)」暮らすと語られているが、このような生活を、実際にわれわれが選択することはないとしても、[10] 他方でわれわれにある程度の羨ましさを抱かせる。

プラトンはそのような過去への郷愁から、当時のアテナイの状況を憂え批判し、『国家』においてあるべき国制を考案したとする解釈がある。[11] しかしバーニーはかつての社会はより慎み深く、正直だったという道徳的郷愁 (moral nostalgia) はプラトンには無縁だと主張する。[12] そしてバーニーは、第一国家に郷愁を感じる解釈を批判し、第一国家を次のように批判する。国民のうちには軍人も哲学者もいない。[13] 哲人王のような理性的支配者がいないのに、第一国家の成員全員の欲望が適切に統御されているという想定がなされているが、この想定そのものが誤りである。さらにまた、軍人も哲学者もいないということは、国民の中にはその魂が気概的部分や考量的部分に支配されている人が一人もいない[14] ということになるが、バーニーによれば、この想定も誤りなのである。なぜなら魂が考量的部分に支配されている優れた人間がいない国で、人々の欲望が適切に抑制されるということはあり得ないからである。したがって、第一国家は郷愁を誘うような、古き良き時代の国家ではなく、それは端的に存在不可能な国家なのである。[15]

こういった批判に対して、より穏健な解釈として田中美知太郎のものがある。田中は第一国家を原始国家というよりも、「基体国家」と呼ぶ。第一国家はそれがなければ、他のあらゆる国家があり得ない sine qua non としての性格を持つからである。そして田中は「豚の国家」とグラウコンによって酷評されるこの第一国家、つまり基体国家は、どのような贅沢国家においても潜在しているのであり、戦争や内乱、災害などによって文化的営みができなくなる時に直ちにその姿を現すと述べる。[16] さらに田中は、第一国家を特徴づける生存のための必要性は、善き生という善のための必要であると説く。何らかの目的が設定されてはじめて必要性が生じるからである。

確かに田中の解釈の、第一国家を「基体国家」とし、あらゆる国家の基となるものと見る解釈には、傾聴すべきものがある。しかしその点をあまりに強調すると、第一国家は国家の名に値しないのではないかという疑念が復活しかねないであろう。なぜならもし第一国家が基体国家だとすると、通常の国家はそれに加えて他の様々な要素を持つのであり、逆に言えば、基体国家があらわになる時は異常な事態の場合ということになるからである。むしろ第一国家にはそのような基体国家という性質があるにしても、それだけで存立する国家だと考えるべきであろう。プラトンはまさにこの国家のことを健康で真実の国家だと述べているのであり、その他の国家の異常事態においてあらわになるようなものと考えてはいないからである。田中は否定しているが、やはり第一国家はいわゆる原始的な国家と考えてよいように思う。[17]

高度に文明化された社会に住むわれわれにはなかなか想像し難いことであるが、プラトンの描く第一国家のような社会が存在するのは文化人類学の教えるところであろう。たとえば、太平洋南西部に浮かぶ総面積５平方キロのティコピア島に住む千二百人の人々からなる社会がそうである。ティコピア島の人々は、人口を維持するだけの食糧供給を確保し[18]、社会を維持するために人口の増加を抑制している。この社会にも首長がいるが、しかしその権限はきわめて弱く、一般人と同様自ら食糧を作るという[19]。人間からなる社会であるから島民の中に全く争いがないとは言えないだろうが、他の島に戦争を仕掛けることなどは、島のあまりに孤絶した環境から考えられない。彼らは総じて平和に暮らしているのである。

それゆえプラトンの描く第一国家はバーニーの言うように道徳的郷愁ではなく、現実である。われわれは第一国家についてプラトンの述べていること、つまり第一国家が「健康」であり、「真実の国家」であることを文字通り真剣に受け取らなければならない[20]。

ではいったい、なぜ第一国家は「健康」であり「真実の国家」であるとプラトンは評価するのだろうか[21]。そのことを考えるために、「支配」に着目してみたい。すでに述べたように、第一国家には支配がどのようなものであるか語られていないが、語られていないからといって、直ちに第一国家には支配被支配関係はなく、したがってまた支配者や被支配者がいないと速断はできないだろう。第一巻では、もし正しい人だけからなる国家があるとすれば、その国家では人々は、今とは逆に、競って支配者にならないようにするだろう（cf. 347d）と言われている。正しい人だけからなる国家は現実にはあり得ないだろうが、そのような国家においてさえ、支配者の存在が想定される。それゆえ支配関係や支配者について言及がなされないとしても、第一国家においても何らかの支配関係は支配者と被支配者とが存在すると見なしてよいと思われる。

支配と一口に言っても、苛烈な支配と穏やかな支配があろう。いかにして支配者と被支配者との間が穏やかなものにするかに政治の要諦がかかっているとも考えられる。理想国の守護者や補助者が「外に対しては剛、内に対しては柔」であることを求められるのもそのゆえである（これは第二節以降の課題である）。そして第一国家における人々が楽しく暮らすという描写（cf. 2. 372b-c）を読むかぎり、その支配は穏やかな支配と言ってよい。

このような穏やかな支配を可能にしているのは、平等だと思われる。どのような意味での平等なのか。それは人間としてのその本性の平等である。この国家の造営の最初に、われわれの本性が自足しておらず、また互いに素質が異なっていることが確認された。生きるためにはこの第一国家に招じ入れられた人のどの人が欠けてもいけない。なぜならわれわれの素質が異なっている以上、互いが互いにとってかけがえのない存在だからである。どの人が欠けてもわれわれは必要とするものを手に入れることはできなくなり、そしてその結果、必要とするものに欠けてしまうことになる。誰かが欠けることによって自足していないというわれわれの本性が露呈する。この本性の前ではわれわれは互いに完全に平等である。[22] このように、互いが互いに依存しているという平等のゆえ、支配は穏やかなものと考えられる。

だが、この平等が実現しているのは、この国家に生きている人々のどの人々も自らが持つ欲望を肥大化させていないからでもあろう。グラウコンが豚の国家と酷評するごとく、彼らの生活水準は当時のギリシア人から見ても決して高いものではない。それで幸福であり得るかどうか。グラウコンは疑問視するのに対して、ソクラテスはどうやらあり得ると考えているようだ。もし富の不均衡な分配の原因が、自足するのには必要以上の財が国家のうちに蓄積されることによるとするならば、自足を知り、それに満ち足りている第一国家の人々は幸福であると考えられるからである。そしてもしそうであるならば、第一国家は健康かつ真実の国家と言えるのではないだろうか。

だが、富について詳しく論ずることは（ii）にまわしたい。ソクラテスがグラウコンに妥協して贅沢国家の建設に取り組み、熱でふくれあがった贅沢国家を考察することが正義と不正がどのように生まれてくるかを観察することができるからである（cf. 2. 373e)。

贅沢国家がどのように生成するか、そしてその国家がどのように第二国家に変容していくかを見る前に、「健康で真実な国家」と呼ばれる意味に関わるもう一つ別の点を指摘しておきたい。「楽しく食べ、楽しく一緒に暮らす」第一国家の人々の生活は、平和であり、かつ質素なものである。そして彼らは楽しみとして神々への讃歌を歌うという。[23] いささか先走った話ではあるが、理想国におけるある種の人々の暮らしもそのようなものではないだろうか。

理想国からは詩人が追放されるが、しかし頌歌と讃歌は受け入れられる（cf. 10. 607a)。そして真似をこととする詩が受け入れられない以上、詩人のみならず作品を上演するために必要な俳優や歌手などもまたいないだろうと思われる。[24] つまり、頌歌と讃歌を歌うのは理想国に住まう国民なのではないかと考えられるのである。そしていわゆるエンターテイナーがいないのであれば、楽しみは自分たちで作るしかあるまい。頌歌と讃歌を歌うのは理想国の人々にとって楽しみなのである。[25] このように考えてくるならば、理想国には第一国家と共通するものがあると言えるのではないか。理想国における言わば第一国家的要素とは、人々が歌うことによって得られる快楽を味わうということである。[26] その快楽は提供してもらう快楽ではなくて、自分たちで作り出す快楽である。[27]

真実で、健康なと第一国家が呼ばれるのは、ノスタルジアではない。理想国に第一国家が構成要素として含まれ得るからこそ、そう呼ばれるのである。

（ii） 理想国における経済

第一国家が成立直後に、「豚の国家」と酷評されたため、ソクラテスは熱でふくれあがった贅沢国家の誕生を見ることになる。グラウコンはなぜソクラテスが健康で真実と呼ぶ第一国家をそれほど酷評したのだろうか。それは普通に認められていること、つまり寝椅子の上に横になったり、人々が食べている料理やデザートを食べたりすることができないからである。その批判を受け入れたソクラテスは、建設中の国家にご馳走や香料、絵画や刺繍、金や象牙など、様々なものの侵入を認める。そしてそれらを作り、扱う人々や、さらに詩人や俳優、舞踏家たちといったエンターテイナー、子供の養育係や乳母、あるいは理髪師や料理人、肉屋や豚飼い(28)が必要となる。一言で言えば、言葉のうちに造営される国家の人々はいわゆる文化的生活をするようになるのである。

しかしながらこれだけの人々が国民として招じ入れられることになると、一人一仕事の原則を守る以上、農夫たちが生産しなければならない食糧の量は飛躍的に増大させなければならなくなる。そのために必要なのは土地である。かくして領土を拡張することによって他国との軋轢や紛争、さらには戦争が勃発する可能性が無視できなくなってくる。そこで必要とされるのは戦士たちである。

さらに戦士たちは国を守る人々として、ふさわしい教育を受けなければならないことが確認される。その教育は音楽と体育という伝統的なものでありながらも、不備な点は議論において適宜修正される。その一例が語られるべき詩の内容や語り方であるが、その文脈で、「自由」をテーマに『国家』を読み解こうとするわれわれにとって、きわめて重要なことが述べられる。以下に引用してみよう。

もしわれわれが最初の原則を守ろうとするならば、つまり、われわれの守護者たちは他のすべての職人仕事を離れて、国家の自由の厳格な職人でなければならないし、またこれに寄与しない他のことには何であれ従事してはならないとするならば、彼らは他のことを行ってはならないし、真似をしてもならないということになろう（3. 395b9-c3）。

守護者と呼ばれる戦士たちについても一人一仕事の原則が守られなければならないとプラトンは語る。厳密に言うならば、一人一人が自分の素質にふさわしい仕事だけをするという原則が確認されたとき、守護者はまだその姿を現していない。したがって、ここでプラトンは国家造営にあたって確認した原則を、その姿を現しつつある守護者に適用していると言える。そしてその守護者たちの仕事は「自由の厳格な職人」として国家の自由を作ることに他ならない(29)。

守護者が「自由の職人」であるとは、つまり、国家の自由は作り上げられるべきものであることを意味しよう(30)。国家の自由は所与ではない。守護者たちによって作り上げられるべきものなのだ。ということはこのとき自由とは目的である。つまりプラトンの言う自由とは「目的としての自由」なのである。これに対して、現代の自由というのはそうではない。自由主義国家が標榜するのは、各人に自由（ないし諸権利）が与えられている、ということである。これは「条件としての自由」と言えるだろう。

この「条件としての自由」が無制限に認められると社会は成り立たなくなるので、ある仕方で制限する必要が出てくる。これに対してプラトンの場合は「目的としての自由」であるからその目的を達成するためにどのような手段がとられるべきか、というように考察が進むだろう。だがそれはともかくとして、理想国の達成する「目的としての自由」は現代における「条件としての自由」とどのような関係にあるのだろうか。

一つの可能性は条件としての自由を確保することが目的としての自由に導くというものである。これはおそらくJ・S・ミルのそれである。なぜかといえば、人々の思考や嗜好について政府が口を出すべきではないとするミルの主張の背後には、言論の自由が行き渡れば多くの様々な意見が出されるだろうが、その中から人々はより優れた意見を選ぶに至るだろうから、というものであると考えられるからである。功利主義者ミルは、幸福を「快の現在と苦の不在」であると規定する。この快と苦に質的な差異をミルは認める。そしてミルによれば、質的な差異を有する二つの快楽を経験した人は、いずれ高い質を持つ快楽を選択するようになるという。[31]もしミルの言う通りであるとするならば、選択の幅の広さが質の良い選択を保証することになるだろうし、よい選択がなされるためには選択肢が多い方が望ましいだろう。したがって、選択肢の確保のためにまずは「条件としての自由」が保証されなければならない。やがてその自由を行使する人々は、よりよい選択をすることを経験によって学び、上質の快楽が選ばれることとなる。このようになった時、国家の全体は優れた選択をなし得るという、単なる「条件としての自由」とは異なる自由の段階に達したと言えよう。これを「目的としての自由」と呼ぶことは確かに可能である。こうして、ミルに従えば、「条件としての自由」の確保が「目的としての自由」の確立につながるのである。

しかしプラトンがこの考え方に与しないのは明らかであろう。人間に質の異なる快楽を与えた時、いずれは必ずや上質の快楽を選ぶに違いないとプラトンは考えもしなかったからである。むしろ逆に、あまりに激しい快楽を経験することによって、人は堕落するというのがプラトンの観察であった。[32]

他の可能性は「条件としての自由」を制限することが「目的としての自由」に導くというものである。プラトンはそのように考えたのだろうか。教育に適切ではない詩句の削除や、音楽の調の制限などは、「条件としての自由」の制限であると解しうるので、プラトンはそうすることで「目的としての自由」を作り上げようとしたとも思われる。

だがわれわれの見るところ、プラトンはもっとラディカルである。彼の選択は「あれかこれか」であって、プラトンにとってはこれら二つの自由は互いに排他的である。プラトンによれば、もしわれわれが「条件としての自由」を望ましいものとして選択するならば、われわれは「目的としての自由」を選ぶことはできない。逆にもし「目的としての自由」を選ぶならば、「条件としての自由」を選ぶことはできない。というのもプラトンはどちらの自由をわれわれが選ぶかということが富に対してどのような態度をわれわれが取るかを決めると考えていたからである。

プラトンの理想国の支配者たちは自らの固有な財産を持つことが許されていない。彼らは家や土地、金銀を所有する権利を持たない。ソクラテスのこの驚くべき提案に対して、アデイマントスはもし彼ら支配者が私有財産を持つことが禁じられるならば、彼らは決して幸福ではあり得ないだろうと反論を提出する。すると、ソクラテスは国家の創設者はいかにして国家の一部分が幸福であるようにではなくて、いかにして国家全体が幸福であるようにするかを考察しなければならないと答える。それはちょうど画家がモデルの目だけを美しく描くのではなくて、モデルの全体を美しく描くようなものだとソクラテスは言うのである(33)。その後を引用してみよう。

同様に、今この場合も、守護者たちを守護者たちではないあらゆるものに作り上げるようなそういう幸福を守護者たちに与えるよう、われわれを強制しないでほしい。実際、われわれは知っているのだ、農夫たちにローブをまとわせ、黄金を冠にし、好きな時に土地を耕すよう命じることや、陶工たちには左から右へ寝椅子に横にならせ、火のそばで宴会を催して酒を飲み交わし、ろくろは傍らに打ち捨てて、彼らがそうしたいという時だけ陶器作りを命じたり、他のすべての人々をこのような仕方で幸せにし、そうして国全体が幸福になるようにすることを、知ってはいるのだ。しかしそのようにはわれわれには忠告しないでほしい。もしわれわれが君に従うならば、農夫は農夫でないだろうし、陶工は陶工でないだろうし、他の誰一人としてそこから国が生じる特性を何一つ持たないだろうから（4. 420d6-421a3）。

このテキストは通常、プラトンの政治思想が全体主義的でありかつ反自由主義的であることの証拠の一つとして見なされてきた[34]。しかしわれわれにとって重要なのはその解釈が正しいかどうかではない[35]。むしろわれわれが注意を促したいのは次の事実である。つまりプラトンは「農夫たちに豪華な礼装をまとわせ、黄金の冠をかぶらせて、どうにでも好きなように土地を耕すよう命じたり」して、「その他すべての人々をこうした仕方で幸せにすることによって、国家の全体を幸福にするというやり方があること」を知っていると述べている――この事実に注意すべきであると思われる[36]。

この言葉はプラトンが彼自身の考える幸福とは違う種類の幸福があることに気づいていることを示している。これら二つの幸福のうちでプラトンは一つを選び、それを理想国に実現しようとする。ではなぜもう一つの種類の幸福をプラトンは捨てるのだろうか。もしそちらが実現されたならば、農夫や陶工は彼らがそうしたい時だけ働くようになり、もっと贅沢にもっと楽しく生きることができたであろう。プラトンはこのような幸福をもしそれを受け入れたならば陶工がもはや陶工でなくなるという理由で拒否する。しかし何がいったい問題なのだろうか。プラトンの関心は金銭にあるように思われる。プラトンは生産者たちの経済状況に支配者たちが注意すべきだと、その重要性を強調している。支配者たちは生産者たちが貧乏にも金持ちにもならないように注意しなければならない（cf. 4. 421d-422a）。もし生産者たちが金持ちになったならば、彼らは怠け者になるだろう。もし貧乏になったならば、彼らが使う必要な道具すら購入できず、したがって彼らは働くことができなくなる。過度の富も過度の貧も職人をもはや職人ではないものにしてしまう。もし国家が職人を持たなければ、その国民は衣食住の必需品をどのようにして手に入れることができるのだろうか。ほとんどできないだろう[37]。それゆえ、プラトンによれば、富の過剰も過少も国民の生活の基盤、つまり衣食住の必需品を作り出すべき職人の生活を破壊するのである[38]。

しかしながら、プラトンの議論に対して二つの疑問が提出されるかもしれない。一つは彼の議論は、生きるために誰も働く必要がないほど富んだ国家が存在しうるかのように論じている点であまりにも極端である。しかしそれほどの豊かな国は存在しうるはずがない。もし国家のあらゆる農夫がもはや農夫でなくなり、かつあらゆる市民が贅沢に暮らすことができるとするならば、いったい彼らが必要とする食糧を誰が生産するのだろうか。しかもプラトンは農夫や陶工のみならず、すべての市民が贅沢にかつ幸福に暮らすことができるようにする手だてを知っていると言っているのである。いったいどのようにしてそんなことが可能なのか。どこから彼らは自分たちの暮らしを支える財を獲得するのだろうか。第二のわれわれが抱くであろう異論は、もしそのような贅沢な国家が存在しえたならば、それは政治家にとっては大きな達成であろう、なぜなら貧困こそ国家からなくさなければならないが、富はむしろ歓迎すべきものだから、というものである。

第一の異論に答えることにしよう。守護者たちは極端な貧困も極端な富も国家に侵入することを防がなければならないと主張した後も、ソクラテスは理想国の経済的側面について議論を続ける。ソクラテスはたとえ理想国が莫大な富を有していないとしても、守護者と補助者が私有財産を持つことを禁じられているが故に戦争を比較的楽に遂行することができると主張する。というのも守護者たちは彼らが戦っているまさに当の相手の国家の一集団と交渉することが可能で、かつ勝利した暁にはすべての金銭を与えるとの約束によってその集団を味方に付けることが可能だからである。つまり、守護者たちが戦わなければならないのは国家全体ではなくてその一部であり、しかも他の一部とはまさに戦っている相手国の一部でありながら、守護者たちに味方するのである。

それでもアデイマントスは心配から抜け出せずにこう言う。

もしありとあらゆる国家の富がただ一つの国家に集められることになったとしたら、その国家はそれほど裕福でない国家を危険におとしいれるのではないでしょうか（4. 422d8-9）。

彼の心配は実は夢物語ではなくて、その当時現実のものであった。プラトンの祖国アテナイはデロス同盟の指導国として他の国家から莫大な金銭を集めていた。デロス同盟自体はもともとペルシアの脅威からギリシアを防衛するために結成されたが、次第にアテナイが自国に都合の良い組織へと変えていった。つまり、それは実際はアテナイの帝国主義であった。ソクラテスの答えはデロス同盟に言及してはいない。しかしアデイマントスの言葉をアテナイ帝国主義への暗示だと解釈するのは可能であろう。

もしこの解釈が正しければ、第一の異論に対する答は次のようなものになるだろう。たとえその成員がいかなる仕事もせずに生きることができるような国家は存在しないとしても、それでもアテナイのようなきわめて豊かな国家は存在したし、また存在しうる。他のあらゆる国家の富を集める、あるいは集めようとし、それによって国家の成員が（あくまで一部分であるが）あまり働かなくてよいような、そういう国家は存在したし、存在しうるのである。

では続いて、誰も働かなくてよいきわめて豊かな国家が存在すると仮定しよう。そのような国家を作り上げることは政治家にとって偉大な達成ということにならないのだろうか。おそらくそのように考えるのが一般の考え方なのかもしれない。しかしわれわれはプラトンが『ゴルギアス』において、当時偉大と見なされていたアテナイの政治家たちを手厳しく批判していることを知っている（cf. 515c-517a）。彼らは政治家ではなくて、国家の召使いとして有能だったにすぎないのである。

『国家』においてはそのような仕方でプラトンは議論を進めず、国の一性に焦点を絞る。つまり、上に引用したアデイマントスの疑問に対するソクラテスの答は、現に存在している国家は一つの国家ではなくて、多くの国家の集合体、少なくとも二つの国家の集合体であるからこそ、豊かな国家を作り上げることは政治家の重要な達成ではないことを示している。ソクラテスはそういった国家について次のように言う。

それらのそれぞれは多くの国々なのであって、決して一つの国家ではない、戯れに言うように。それがいったいなんであろうと、互いに敵対する二つの国家が、つまり貧困者の国と富裕者の国とがあるのだ。そしてこれらのそれぞれのうちに、きわめてたくさんの国があるのだ（4. 422e5-423a2）。

贅沢な国家はそれ自体のうちに統一性を有することができない、なぜならばそれは一つの国家ではなくて、金持ちの人々の国と貧乏な人々との国とから成っているからである。

プラトンの国家の一性への好みは人の一性への好みと同じく彼の議論において特徴的なものである。人ができる限り《一》でなければならないように、国家もまたできる限り《一》でなければならない。個人はお金を稼ぐために多くのことに手を出すことによって分裂してしまってはいけない。そしてまた国家も必要以上に財を獲得することによって分裂してはならないのである。それは莫大な富が国民に適切に分配されることはきわめて珍しいことであり、富の不均衡な分配が社会の不均衡をもたらし、一つであるべき国家が豊かな人々の国と貧しい人々の国という二つの国家に分裂してしまうからであろう。

ここでわれわれはいったいプラトンの言う一性とはどのようなものなのかを考えてみる必要があるように思われる。個人の一性がプラトンの理想国を一つにする理由は、すべての市民が同じ一つのことをするからではなくて、市民のそれぞれの素質が異なり、それゆえ仕事が異なり、善く生きることができるのに国家をふさわしく作り上げるために、互いに協力するからこそである。個人がより緊密な一性を持てば持つほど、国家はより多様な素質を有する個人を必要とする。なぜならわれわれの誰も自足せず、それどころか、多様な人々からなる国家のみが供給することのできる多くのものを必要としているからである。こうして各人は、「自分自身のものである仕事をすることで、多ではなくて一になり、そしてこのような仕方で国家全体もまた多ではなくてそれ自体自然本性的に一であるようになる（4. 423d4-6）」のである。[39]

他方で、もし個人が、自分自身の仕事を放擲し、金銭獲得人となり、消費者となってしまうならば、彼は自らの職人としての個性――これこそ彼自身の素質に適合していたもの――を失ってしまう。各人は互いに似通ったものになってしまう。誰もが同じこと、金儲けと消費とを行うからである。

誰もが金儲けを目指すことが各人を互いに似たものにするというのは、第一巻における報酬獲得術が述べられる箇所が関連していると思われる。正義とは強者の利益に他ならないというトラシュマコスに対して、ソクラテスは技術とはそれが持つ機能によって、さらにそれが提供する利益によって互いに異なるものとして区別されることを認めさせる。それゆえそれぞれの技術が提供する利益は、その技術に固有のものだということになる。たとえば、医術が提供するのは健康、建築術が提供するのは家である。ところで医療行為を為した者も建築をした者も報酬を受け取るだろう。しかしそれぞれの技術が提供する利益はそれぞれの技術に固有のものなのだから、報酬を獲得するための技術があるはずである。それは何か「報酬獲得術」と呼べるようなものである。

労働の対価を求めるのが当然であるならば、この議論は何か奇妙であり、受け入れ難いであろう。(40) しかしここで視点を人に移そう。医術を駆使する人は医者である。建築術を駆使する人は建築家である。この二人はそれぞれが固有の技術を持つことによって区別されている。それぞれは《技術者としての個》として把握されるのである。ところが、両者が技術を駆使することによって何らかの報酬を受け取るその時、そのどちらもが報酬獲得術を駆使する報酬獲得者になっている。そこには一方が医者であり、他方が建築家であるという《技術者としての個》はどこにも見当たらず、どちらもが同じ報酬獲得者に過ぎないのである。ところでプラトンは、そのような《技術者としての個》こそ国家を造り上げる特性だと考えていた。その特性を失った人々からは国家は生成しえず、また存立しえないのである。したがって、報酬獲得者は《技術者としての個》ではないという意味で、個の特性を失っているのであり、そのような者が多数を占める国家は統一性を失ってしまうことになる。

以上の議論をまとめておこう。

われわれが生きていくために国家が生まれてきたものである以上、国家における経済的基盤は必須のものである。しかし必要な限度を超えている状態、あるいはその限度に達しない状態は、国家を滅亡に導きかねない。富、あるいは貧は、国家の成員のおのおのに素質にしたがって課せられている仕事をあるいはおろそかにし、あるいはできなくさせ、その仕事の専門家を消滅させるからである。そのようになってしまった国家は一性を失い、そこには競争という名の争いが生じるのである。

それではそのような国家にならないように、プラトンが考案した工夫とはいったい何なのであろうか。おそらくはそれが「国家の自由の職人」である守護者に課せられたことであり、かつそれによって国家の自由が確立されると思われる。節を改めて考察することとしよう。

二　理想国の自由

この節では理想国がある意味で自由な国家であることを考察したい。その出発点は、すでに前節で引用したテキストであるが、重要性に鑑み、もう一度引用する。

僕たちの守護者たちは他のすべての職人仕事を離れて、国家の自由の厳格な職人でなければならない（3. 395b9-c1）

ここでプラトンは守護者たちの関わるのが国家の自由であることを明白に述べている。ではいったい守護者たちが作り出す「国家の自由」とは何を意味するのであろうか。その自由とはいったいどのような自由なのだろうか。

古代ギリシアにおいて自由、それも国家の自由がどのようなものとして受け取られていたかと言えば、それは国家の独立のことであった[41]。したがってここでも同じようにそう考えることがまずは妥当な解釈であると考えられる。守護者と補助者とが未だ厳密に区別されていない[42]三巻におけるこの議論の段階では、守護者が戦争において敵国から国と国民を守ることのみがその「仕事」であることも国家の自由が国家の独立を意味するという解釈を支持する[43]。

とはいえこの解釈は『国家』の重要なテーマの一つが自由であるというわれわれのテーゼを示すにはいまだ十分ではない。独立した国家は他国からの干渉から自由であったとしても、その国それ自体は独裁的な国家でありうるからである。『国家』の批判者たちは自由な国家とは自由な人々が暮らしている国家であるのにプラトンの理想国の人々は自由ではないという理由によって、守護者たちは国家の自由の職人なのだとしても国民の自由の職人ではないと主張するだろう。もちろん国家の独立が保証されているとき、国民もまた奴隷ではなく、自由人としてその国において生きることが保証される。だからこそ国家の独立が国民にとって重要であった。それゆえ国家の独立としての自由を守る守護者は国民の自由人としてのありようを守るものでもある。しかし、独立国でありながら国内における自由人がきわめて少数であったスパルタのような国もあった。はたしてスパルタは自由な国と認めることができるだろうか。ほとんどできないだろう[44]。スパルタにあって自由であった人々は、支配権に与る少数の人々のみであった。国家の独立としての自由が保証するのは、支配権に与る人々の自由なのである。そしてプラトンの語る理想国はまさにこのような国なのではないだろうかと疑われる。守護者と呼ばれる支配者たちだけが自由であって、養育者と呼ばれる被支配者たちは彼らの奴隷であって自由な民ではないのではないか。守護者たちは優れた職人として国家の自由を守るが、それはとどのつまり自分たち選ばれた少数者の自由の確保のためであり、その自由は多くの人々を隷属化することによって成立している、これがプラトンの理想国に向けられた疑惑、いや非難なのである[45]。

それでは守護者が職人として作り上げるべき自由の意味をある注釈家が言うように、プラトンが独自の意味を付与していると解釈すべきなのであろうか。すなわち、アダムによれば「真の自由は、私的な行動においても公的生活においても、より低き者のより高き者への服従のうちに存する[46]」のであって、この箇所以降で用いられる自由はこの意味である。このように解釈することができるならば、確かに、守護者たちが「国家の自由の厳格な職人」と言われる意味を十全に把握することができるのかもしれない。

ところがこのような考え方がアイザィア・バーリンによる批判にさらされるのは言うまでもないことであろう。バーリンは自由の概念には「消極的自由」と「積極的自由」の二つのものが区別されることを指摘する。前者は「からの自由」とも呼ばれ、他者からの干渉を受けないことを意味する。後者は「への自由」であり、自己を理性的に支配しようとする試みから生まれてくる概念であるが、これが結局は本当の自己を知らない劣った者と見なされる人々を支配することとなり、その結果、「への自由」が「からの自由」を滅ぼしてしまう、という[47]。このバーリンの指摘に先に挙げたアダムの自由についての解釈はまさに当てはまると思われる。アダムもまた真の自由を措定し、それを服従と同一視するからである。

ではやはり守護者がその職人であるといわれる「国家の自由」とは、国家の独立を意味するだけであり、自由な国家や国民の自由は問題にされていないと考えるべきなのであろうか。しかし、ここで引用部分の置かれている文脈が「国家の自由」の解明のための手がかりとなるのではないかと考えられる。そこにおいては守護者は真似を事とする人であるべきではないが、もし真似をするのであれば自らにふさわしい人々を真似すべきであると言われ、その真似すべき性格の一つに「自由な人々」というのが含まれている（cf. 3. 395c）。周知のようにプラトンが真似について厳しい制限を設けるのは、しかじかの性格の人やものを真似することによって真似する人がそのような人に自らを形作ることになるからである（cf. 3. 395c-d）。それゆえ守護者が真似すべき人として自由な人が挙げられていることは守護者が自由な人であるべきことを意味している。事実、守護者となるべき人が自由な人でなければならないことは、何度となく確認されている[48]。

守護者が自由な人々であるとするならばその人々が支配する国もまた自由な国家であると考えられるのではないだろうか。というのも、一般的に言って結果はある仕方で原因に似ているからであり、また国家と国民の性格に関して言えば、国民がある性格を持つからこそそのような人々からなる国家もまた同じ性格を分け持つからである[49]。したがって、守護者が自由な人々であるのだから理想国もまた自由な国であると見なさなければならず、そしてまた守護者がその職人である理想国が自由なものであるならば、守護者以外の人々も何らかの仕方で自由に与るのではないだろうか。自由な人々である守護者が造る国は自由であり、国民もまた何らかの意味で自由な人々だと考えられるのである。

それでは理想国はいったいどのような意味で自由な国なのであろうか。守護者たちに金銀の所有など私有財産を持つことを禁じた後に、次のように言われている箇所において答を考えるヒントが与えられている。

彼ら自身が私有の土地や、家屋や、貨幣を所有するようになり、国の守護者ではなくて家財の管理者や農夫となり、他の国民たちのために戦う味方ではなくて他の国民たちの敵たる主人となるときには、憎み憎まれ、謀り謀られながら、全生涯を送ることになるであろう――外の敵よりもずっと多くいる国内の敵を、より恐れながら（3. 417a6-b5）。

財産を所有する支配者たちの恐怖が語られているこのテキストから明らかなのは、私有財産を持つことを禁じられている守護者たちの治める理想国は、恐怖から自由であるということである。守護者たちは養育者たちを恐れることがない。また養育者たちも守護者たちを恐れることはないだろう。なぜならば、互いに憎み憎まれることなく、また謀り謀られることがなければ、恐れることもまたないからである。こうして守護者が財産を持たないということによって理想国においては憎しみが除去され、守護者と養育者の間での友愛が成立すると考えられる。理想国は恐怖から自由であり、友愛に満ちた国なのである。

理想国を恐怖からの自由な、友愛に満ちた国であるとする解釈に対しては次のような反論が考えられる。まず第一に、恐怖からの自由というのはいささか消極的な自由ではないか。このような意味での自由ならば理想国でなくとも享受しているのではないかと思われる。また第二に、友愛が成り立つためには対等の関係があらかじめ成立していなければならないが、守護者と養育者とは対等とは言えないのではないか。守護者は選りすぐりの人々であり、体力や知力において養育者よりも遥かに優れた人々だからである。

まず第一の反論に応えることにしよう。第一の反論とは、理想国において実現されている自由が恐怖からの自由だとするならば、それは理想国以外の国々にも見られる消極的な自由ではないかというものである。確かに恐怖からの自由とは恐怖からの解放という消極的な自由である。しかしながら消極的な自由であるからといって、価値がないということにはならないだろう。現代の自由な民主主義国家において認められている諸権利も、国家を含む他者からの干渉や侵害を免れているという意味での消極的な自由である。消極的な自由は価値がないどころかむしろ消極的であるがゆえに価値があるのである。

また恐怖からの自由は理想国以外の国々においては享受されることができるのだろうか。もしされないのであれば、恐怖からの自由という理想国の持つ自由の価値は高まろう。順に四つの国制を見ていくことにしよう。名誉支配制国家では支配者は知者が支配権を持つことを恐れる（cf. 8. 547e1）。寡頭制国家ではその成立の時に武器による強制や脅迫がなされ（cf. 8. 551b2-5）、支配者は大衆を恐れる（cf. 8. 551d10-e1）。僭主独裁制国家では、支配者である僭主は「多くのありとあらゆる恐怖に」満ちている（cf. 9. 579b4-5; e4）。では残された民主制国家ではどうだろうか。民主制国家における恐怖とはどのようなものなのだろうか。

多数が支配し、その多数の中での権力の交替によって特徴づけられる民主制(50)においては支配者といえども被支配者を恐れる必要はなく、民主制国家は恐怖から自由な国であるとあるいは思われるかもしれない。国民を支配者と被支配者とに分かつ権力が移動するがゆえに支配者と被支配者は同一の人々であり、それゆえもし支配者が被支配者を恐れるならば、それは自らが自らを恐れるということになってしまう。だがもちろんそのような必要はないだろう。このように民主制国家においては支配者と被支配者との間には、彼らは同一の人々なのであるから、恐怖は存在しないのであり、したがって理想国と同じように恐怖から自由な国だと考えられる。

しかしそうではない。民主制国家には恐怖が顕在化しない「からくり」――とあえて言おう――があるため、一見したところ民主制国家も理想国と同じように恐怖から自由な国に見えてしまうのである。恐怖が顕在化しないとはつまり国民によって恐怖が意識されていないということであり、言い換えれば恐怖することを恐怖しているということである。プラトンの民主制国家批判の一つの論点はこの点にあると思われる。

その「からくり」とは次のようなものである。理想国において支配者は「守護者」と呼ばれ、被支配者は「養育者」と呼ばれると語られる箇所（cf. 5. 463a-b）において、他の国々における支配者、被支配者のそれぞれの呼び名が確認される。それによれば、民主制国家以外の国においては被支配者は支配者を「主人」と呼ぶが民主制においては「支配者（執政官）」と呼ぶ。この呼び名の違いは民主制国家が他の国とは異なり、支配者が「主人」の名にそぐわないと考えられていることの証拠であろう。他の国々の支配者は絶対的な権力を持つ存在として意識されているのだが、民主制国家においてはそうではない。支配者が絶対的な存在ではないと見なされているのは、支配者が交替するという民主制国家の仕組みそのものから由来すると考えられる。ところが支配者は被支配者を何と呼ぶかということになると、民主制国家においても他の国々と同じく「奴隷」と呼ぶことが確認されている。支配権力を有する人間から見れば、被支配者とは自分たちの「生きた道具」に過ぎないのである。このように支配者は他の国とは違って絶対的な権力を持たないと思われているが、しかし被支配者は他の国と同じく隷属状態にあること、これが「からくり」の第一段階である。

以上のような議論に対して、支配者の交替によって憎しみと恐怖は弱められるのであり、だからこそそれらは顕在化せず目立たなくなっているのではないか、とそのように考えることはできない。なぜならば、支配者の交替という民主制国家を特徴づけているこの制度のあり方は、理念的なものに過ぎないと断ずるのは行き過ぎだとしても、実質上はそれほど機能しているわけではないからである。むしろ民主制国家の支配者は固定している。プラトンの分析によれば、民主制国家は「現にそうであるように（8. 564d1）」雄蜂族、持てる階層、大衆の三つの構成集団に分けられる。そして実際に政治を牛耳るのは雄蜂族である。彼らは他の意見が述べられることを許さず、「わずかばかりのことを除いてすべての事柄がこういった者たちによって管理される（8. 564e1-2）」のである。支配者の交替があると思われていながら、実はそうではないということ、これが「からくり」の第二段階である。

以上の考察が正しいとするならば、民主制国家は支配・被支配という点に関して、そして恐怖に関して次のように特徴づけられるだろう。民主制国家においては支配者の持つ権力の大きさは他の国々と変わらないのに、支配者の交替という制度は権力の大きさをそれほど感じさせないという誤った認識をもたらす原因となる。さらに、この支配者の交替があるのは政治のわずかな部分に過ぎず、実際は支配者は民主制国家においても固定している。したがって、支配者の持つ権力の大きさは民主制国家においては二重に隠蔽される。まず被支配者が自分も支配者の一員であると思うことによって支配者と被支配者とのいわば距離が近いと思われている。次に、民主制が誇る「支配者の交替」は実質上、機能していないのにもかかわらず、事実あるかのように思われている。そして民主制国家における「からくり」によって権力の大きさが二重に隠蔽されているのに応じて、支配者と被支配者との相互の恐怖もまた二重に隠されている。民主制の支配者は実際には固定しており、支配者は被支配者への恐怖を他の国制においてと同じく持つ。が、制度上は支配は交替するがゆえに、恐怖を持つことはありえないとされる。これこそ民主制国家における恐怖を恐怖するという事態に他ならない。

こうしてようやくにして理想国を除く他の国々が恐怖から自由ではないことが明らかになった。理想国の享受する恐怖からの自由とは、それゆえ、極めて貴いものなのである。(51)

次に、第二の反論に答えることにしよう。守護者と養育者との間の素質の優劣は否定すべくもなく、守護者がより優れた人々であることは論をまたない。さらに友愛が対等の人同士の間で成り立つものであることもまた言うまでもない。しかしながら、優れた者が劣った者を支配すべきであるという点に関する「同意」は双方から得られなければならない。そして双方が「同意」するというまさにこの点に関しては、両者は対等ではないだろうか。守護者と養育者との間で守護者が国を治めるべきであるという「同意」こそが節制であり、理想国はまさにこの節制ある国家である（cf. 4. 432a）。したがって、守護者と養育者とはより優れた者が支配すべきであることに「同意」するという対等な仕方で国家を節制あるものとし、まさにこの「同意」するという点において対等なのである。

支配に関する同意を重要なことと われわれが考えるのは、プラトンが悪しき国制と考える他の四つの国制においてはそれがまさに欠如しているからである。名誉支配制国家は理想国において認められていなかった支配者たちの財産の所有が妥協によって認められたとき成立するが、このとき「それまで自由人として彼らにより守護されていた友や養い手たちをいまや隷属化(8. 547c1-2)」する。隷属化されることに同意する人はおそらくはいないだろう。寡頭制国家は名誉支配制国家の支配者たちのうち、一定財産を有しない者に支配権を認めないことによって成立する(cf. 8. 551b)。支配権を奪われる人々がそのことに同意することはないだろう。民主制の成立とは革命による大衆の少数富裕階級の支配の成立のことである(cf. 8. 557a)。このときも支配の座にあった人々がその地位を追われる。また上に述べた「からくり」がある以上、同意は欺瞞的なものだということが言えよう。主が国を支配すべきだと同意する人々がいないこともまた明らかだろう(cf. 8. 568e-569a)。このように理想国を除く現実に生起している国家においては、支配に関する同意が国の内にないと言わざるを得ないのである。

同意においてこそ守護者と養育者との間に友愛が成り立つとするならば、理想国以外のその他の四つの国においては支配に関する同意が得られるべくもないのだから、友愛としての自由もまた存在し得ないということも予想されるところであろう。こうして引用した箇所に言われていたように、支配者が財産を持つことを許されている国においては、友愛はなく、支配者と被支配者とは互いに憎み憎まれ、双方とも恐怖を持ちながら暮らしを続けていくことになる。すなわち、支配に関する同意がないその他の国々は恐怖から自由ではないのである。

プラトンの理想国が全体として享受する自由とは、恐怖からの、内乱の危険からの自由である。

三　同　意

前節でプラトンの理想国が恐怖から自由であることを述べた。恐怖からの自由を有する国家は、別の言い方をすれば、友愛に満ちた国家であると思われる。なぜなら、プラトンによれば正しい人は自己自身の友となって、自らの魂の三つの部分の間の友愛を保つのだが（cf. 4. 443d）、これを国家に適用するならば[52]、国家の三階層が友愛を保つということになろう。これはつまり、支配者と被支配者との間で誰が支配すべきであるかの同意が存立していることだとも言える。

しかし同意という点に関して疑問が生ずるかもしれない。被支配者たる生産者が支配されることに同意するのはなぜだろうかという疑問である。何らかの合理的な理由がない限り、その同意は強制と異なるところはないのではないか。守護者が圧倒的に優れているとされている理想国においては強制による服従は容易いことであろう。しかしそれでは友愛に満ちた国になるはずもなかろう。同意が強制によってはならないのであれば、同意はあくまで説得によらなければならない。ではどのようにして理想国の支配者は被支配者を説得するのであろうか。

この疑問に答えるために、この節ではまず『クリトン』の一節を取り上げて解釈したい。そしてそこで得られたものを用いて、『国家』における同意の意味を探っていきたい。

（ⅰ）　『クリトン』からの一節

『クリトン』はソクラテスに脱獄を勧めるクリトンに対して、ソクラテスがそれを拒否する言説を述べる対話篇である。その言説はクリトンその人に対してのものと、擬人化された諸法（法律は複数である）と国家とが登場し、彼らがソクラテスとクリトンとを論駁するものと、二つのものがある。前者を前半部、後者を後半部と呼ぶことができるだろう。そしてこの前半部から後半部への移行の際、『クリトン』の解釈のためにもまたわれわれの議論のためにも重要な次のような一節がある。

人は、とりわけ弁論家であるならば、一旦判決として下された判決こそが有効であると命ずる、今まさに廃棄されそうになっているこの法律のために、実に多くのことを弁ずることができるだろう（50b6-c1）。

ここでは一旦下された判決が無効とされてはならないという「法」が述べられている。「一旦判決として下された判決こそが有効であると命ずる」法とはいったいどのような「法」なのであろうか。この「法」はどのように位置づけられるべきなのか。つまり、この「法」は諸法とどのような関係にあるのか。そしてこの「法」の擁護のためには、「とりわけ弁論家は」[53]あらゆる議論をするだろうと言われている。

弁論家という語にこだわらずに[54]「法」の位置づけを考えてみよう。この「法」は擬人化される諸法とは異なり、単数形である。このことの意味は何だろうか。それは諸法を支える「法」ということではないだろうか。

クリトンがソクラテスに勧めている脱獄によって破られることになる法は、諸法を支える法であると考えられる。司法の役割とは諸法のいずれかが犯された時に、法に則って正義を回復することであろう。そして司法の裁きによって刑が確定し、罪ありと定められた人は法によって定められ、かつ裁きによって適用された刑に服することとなる。それゆえ刑とは諸法の言わば最後の拠り所であろう。とするならばソクラテスが勧められている脱獄は、その最後の拠り所、つまりは「諸法の法」を破壊しようとする行為なのである。一度下った判決が守られなければならないなどという「法」は書かれえないであろう。いったいどこの国の法律に「ここに書かれた諸法は守られなければならない」と書いてあるだろうか。そのようなことをしたら無限後退に陥る。なぜなら書かれた諸法を守らなければならないという法が書かれているならば、また、その法を守らなければいけないと書く必要が出てくるからである。それゆえ、諸法を守らなければいけないという法は書かれえない。しかし法は守られなければならないということがなければ、諸法は法ではないだろう。別言すれば、その法を守らなければ諸法と国家とは滅んでしまうのである。まさに諸法の主張する通りである。とするならば、この法、つまり一旦下された判決がその通り守られなければならないという法は、諸法の礎となっているのである。(55)

脱獄が破壊する法は「書かれざる法」である。そのことを『クリトン』を解釈する諸家は指摘していないが、しかし『国家』の民主制批判を思い起こすならば、判決が無視されることがいかなるものであるかは了解できよう。民主制国家は法によって禁じられていても人がその気になりさえすれば、支配しようと裁判しようといっこうに差し支えないという指摘の後、ソクラテスは次のように語る。

有罪とされた人々の優美さは洗練されているのではないだろうか。それとも君はまだ見たことがないだろうか。こういった国制下では死刑や追放刑に票決された人々が、にもかかわらずそこにとどまって公然と歩き回っているのを。まるで目に見えない英霊のように誰も注意せず見もしないかのようにうろつき回っているのを（8. 558a4-8）。(56)

民主制国家にしばしば見られるという判決の無視は、「度を過ぎた自由（564a3）」の現れであり、その結果は「最後には法律をさえも、書かれた法であれ書かれざる法であれ、かえりみないようになる（563d6-7）」のである。

このように判決に服することの意義は重大なのであるが、ではなぜこのことを諸法は、あるいはソクラテスは、諸法とソクラテスとの対話の最初に確認しているのだろうか。

それはおそらく、諸法への同意を迫るまえに、必要だからだろう。ソクラテスがアテナイの諸法に満足していることはソクラテスのこれまでの生活態度に如実に現れていることが諸法によって指摘される。この満足こそ、諸法とソクラテスとの間に「同意」が成り立っていることの証拠だと諸法は語る。しかしその同意を引き出すためにこそ、諸法の礎となっている「法」――法は法でなければならないという法――への同意が、まずは求められなければならないのである。その同意があってこそ、諸法とソクラテスは諸法の定める一つ一つの規定の内容についてそれにソクラテスが満足していたかどうか、同意していたかどうかの確認が可能となる。ソクラテスが諸法を法として認めるからこそ、相互の対話が成立するのである。

このような考察が示しているのは、諸法への同意と法を法として受け入れる同意とが区別されなければならない、ということである。われわれはこのことを『クリトン』の考察から得られた成果として携え、『国家』の解釈に戻ることとしよう。

（ii）　『国家』における同意

『国家』に戻ろう。われわれの疑問は次のようなものであった。

二節でプラトンの理想国が恐怖から自由であり、支配者と被支配者との間で誰が支配すべきであるかの同意が存立している友愛に満ちた国家であることを明らかにした。しかし被支配者たる生産者が支配されることに同意するのはなぜだろうか。何らかの合理的な理由がない限り、その同意は強制と異なるところはない。しかしそれでは友愛に満ちた国になるはずもなかろう。同意はあくまで説得によらなければならない。ではどのようにして理想国の支配者は被支配者を説得するのであろうか。これがわれわれの疑問であった。

この疑問に答えるためには四巻までに語られている国家（以下、第二国家と呼ぶ）と五巻以降に語られる哲学者が王となる国家（以下、第三国家と呼ぶ）との違いについて考察しなければならない。第二国家は「優れたものが支配すべきである」という同意に基づいて成立しているが、第三国家は「哲学者が支配すべきである」という同意に基づいて成立している。だが優れたものと哲学者との結びつきは必ずしも自明ではない。哲人王がパラドクスなのはまさにそのゆえである。以下、この（ii）では二つの国家の違いについて考察する[57]。また第二国家の守護者を「非哲学者守護者」、第三国家の守護者を「哲学者守護者」と呼ぶことにする。

第二国家と第三国家の違いを理解するには次のパッセージが重要である。アデイマントスが第二国家は哲学的素質にふさわしいかどうかを尋ねたとき、ソクラテスは肯定しさらに次のことを付け加える。

> 国家には立法者である君が法を制定した時に持っていたのと同じロゴスを持っている要素が常に存在している必要がある（6. 497c8-d2）。

後にこの「要素」は哲学者守護者であることが明らかになる。だからこそ非哲学者守護者は善のイデアを学び、哲学者守護者にならなければいけないのである（cf. 6. 504a）。

なぜ哲学者守護者が常に国家のうちに存在していなければならないのだろうか。上に引用したテキストは哲学者が存在しうる国家はどのようなものかという問いに対する答である。ところが、「立法者が有しているのと同じロゴスを持つ要素」とは第二国家における守護者が善のイデアを頂点とする哲学教育を修めることによってその要素になると後に語られる。とするならば、これは循環である。哲学者が存在しうる国家とは哲学者が王として存在している国家であるということなのだから。したがって、哲学者守護者が国家のうちに存していなければならない理由は他に探さなければならない。

直ちに考えられるのは、哲学者守護者のみが国家の法体系全体を守ることができるのであって、非哲学者にはできないということを意味するのではないだろうか、ということである。ではこの直感的な答は正しいのだろうか。この問いに答えるために、上に引用したプラトンの言葉のうちにある《同》と《異》とについて考察しなければならない。第一に、立法者は哲学者守護者たちとは異なる人々である。立法者（ソクラテス、アデイマントス、グラウコン）が法が作られたあとにも国家の外にいるのに対して、哲学者守護者たちは国家の内にとどまらなければならない。これが銘記すべき《異》である。そして、しかし第二に、哲学者守護者は立法者が持っているのと同じロゴスを持っていなければならない。これが続けて検討したい《同》である。

立法者と守護者との区別は、単に『国家』という対話篇の構成上に由来する当然の、そしてそれほど意味のないことだと思われるかもしれない。しかし言葉の内に国を造るという方法を採用したのはプラトンその人なのだから、立法者と守護者との区別はプラトンの意図によるのであって、それゆえその区別について考察することは十分有意義なはずである。ではその区別はどのような意味を持っているのだろうか。

《異》は法の脆弱さに関係していると思われる。法をしっかりと保つためには立法者は国家の外にいなければならず、彼らの代わりに法を変えないようにする何者かが国家にいなければならない。このことの意味を闡明にするために、最も不正な人である僭主が最も不幸であるという第一の判定のある部分（9. 578c9-579c3）を検討しよう。

第一の判定においては国とそれに対応する人との類似という方法が採用され、まず僭主独裁制国家が最も不幸な国家であることが確認される。次に人について最も不幸な人は誰かと尋ねられたグラウコンは、僭主独裁制国家に対応する僭主独裁制的人間がそうだと答えるのだが、ソクラテスはその答は正しくないと拒絶し、最も不幸な人間は現に僭主となった者であることを指摘する。グラウコンはこの指摘を正当なものと受け入れるが、ソクラテスはさらに考察が必要だとして次のような思考実験をする。国の中に富裕な私人としてたくさんの奴隷を所有している人が、もしある神によって、誰も助けに来ないような寂しい場所へ置き去りにされたとしたらどうなるか（以下、この富裕な私人を「荒野の金持ち」と呼ぶことにする）。「荒野の金持ち」がまだ荒野に置き去りにされる前、つまり国家の内に暮らしていたときは奴隷たちを恐れることはなかった。国家が法によってそのような国民を保護しているからである。だが誰も助けてはくれない場所では「荒野の金持ち」は奴隷たちを非常に恐れる。なぜならば、彼の財産（権）と生命（権）とを守る法体系の外におかれたためである。そこで彼は死の恐怖から自分の所有する奴隷たちの何人かを自由な身分に解放し、媚びへつらうことになる。また「荒野の金持ち」が現にそうしているように人を隷属化することを許さない人々[58]が彼の周囲を囲んでいたとするならば、よりいっそう「荒野の金持ち」の恐怖は増すことになる。

ソクラテスが言うようにこの「荒野の金持ち」は僭主のことである（9. 578d3-6）。僭主は「荒野の金持ち」と同じように誰からも助けを得ることができない場所で生きていかなければならない。僭主が誰からも助けを得られないのは次のような理由による。国家の内に暮らす富裕な私人は法による国の保護を受けているために安全である。この場合、私人と国家及び法とは別の存在である。これに対して僭主は自らと別のものとして国家や法があるのではない。僭主は僭主独裁国家に似ているのみならず、それと同一の存在なのである。だからこそ僭主は自らを自らで守らなければならない、つまり誰からも助けを得られないのである。僭主は自らが国家であり、法であることによって、自らを危険にさらしているのである。これはおそらくいかなる国家の立法者にも妥当するだろう[59]。

以上のような考察は、国家の法は立法者が国家に内在している限り常に崩壊する危険があることを示しているように思われる。立法者は国家を超越しなければならない。この超越こそが法体系全体に権威を与えるからである。しかしながら、立法者が国家の外にあるとしても、法は依然として脆弱で不安定である、国家のうちに法や立法者に対して権威を帰する支配者がいない限り。そしてこの支配者は法が変更されることのないように保とうとしなければならない。支配者が法を変更するならば、彼らは支配者であるばかりか立法者でもある。さらにまた、ひとたび支配者が法を変更するならば、法は安定性を失う。この変更によって法の脆弱性が暴露されるからである。法は国民の同意に基づいて制定されている限り、その同意が覆されたときには簡単に崩壊するほど弱い[60]。それゆえ、法体系全体を守り、法が変更されないよう注意を払う「要素」が国家のうちになければならないのは当然である。

このことは第二の点《同》の考察へと導く。この第二点の《同》に関してはアダムの次のようなコメントを引こう。

支配者は国家の基本法を、もし元の立法者の精神がその死後も存続すべきであるならば、単に立法者の権威によって受け入れるだけでなく理解しなければならない。「正しい信念（オルテー・ドクサ）」では十分ではない。国家の建設者の場所を埋めるためには彼ら支配者は「知識（エピステーメー）」を持たなければならない(61)。アダムによれば、支配者が国家の基本法（体制）、つまり法体系全体を受け入れるのには、立法者の権威によるだけでは足りない。支配者が知識を持ち、それによって国家建設者の位置を埋め、立法者の精神を現実化し続けなければならないのである。

この注は、正しい思いなしと知識との間のプラトンによる厳密な区別に基づいていて、説得的である。そしてアダムはもし支配者が立法者が持っていたのと同じ、基本法（体制）についての知識を持っているならば国家と法は確固として変化することはないと解釈していたようである。この見解に従えば、《同》もまた法の脆弱性に関わることになる。

しかしながら、第四巻の終わりでプラトンは「この国家の法律のうち語るに値するどれ一つとして変更されないだろう、もし彼（非哲学者守護者）がわれわれが述べてきたような養育と教育とを用いるならば（4. 445e1-3）」と言っている。プラトンが述べた教育システムで育った守護者たちは法を変更しない。この守護者とはまだ善のイデアを学んでいない非哲学者守護者である。それゆえ、われわれは第二巻から第四巻までに述べられた非哲学者守護者が法が変更され廃棄されることを防ぐに十分だと認めなければならない。真なる信念は法を確固としたものにするのに十分である。知識は余計である。

むしろ、知識は余計であるばかりか、害悪をもたらす危険すらある。なぜなら、哲学は美や正義や善について、それらがいったい何であるかについての正しい思わくの保存にとっては危険だからである。だからこそ若者は哲学的議論に取り組むことが禁じられる。三十歳以上の選ばれた人々のみが議論における訓練を受けることが許されるのだ。そして非哲学者守護者は五十歳になって善のイデアへの登攀を開始する。プラトン自身、哲学の危険性に気づいていた。

哲学に取り組むことが三十歳以上、ないし五十歳以上の最も優れた最も鋭敏な人々に制限されているので、哲学者ではない人たちの持つ美とは正義とは善とは何かについての正しい思いなしはそのまま保存され、だからこそ法や国家の崩壊について心配はいらないという反論があり得るかもしれない。この反論は一理あるし、プラトンが哲学を秘教的に見なしていたことも確かである。しかしこの反論は、第二巻から四巻で現れる非哲学者守護者が法を確固としたものに保つのに十分であるのに、なぜ哲学者守護者が理想国のうちにいなければならないかの説明にはならない。上に言われたように、真なる思いなしは法を確固として保つのに十分であり、非哲学者守護者は立法者に権威を帰するのである。さらに第二国家は正しい国家である。それゆえ非哲学者守護者は、法を確固として保つのだから、第二国家を正しく支配するはずである。

それでは、なぜ立法者と同じロゴスを有する「要素」が理想国のうちにいなければいけないのだろうか。プラトンによれば、法体系全体を守る「要素」が国家の内にいる必要があり、このような「要素」は、『国家』における以下の論述から明らかなように、哲学者守護者である。しかし、他方でプラトンは法を守るためには非哲学者守護者で十分であるとも語っているのである。これはアポリアである。われわれはこのアポリアを解くことが求められている。はたしてこれら二つの発言はどのような関係にあるのだろうか。

この問いに答えるために、（ⅰ）で『クリトン』の一文を考察することによって得られた知見を思い起こそう。

それは「諸法への同意と法を法として受け入れる同意とが区別されなければならない」というものであった。これに基づけば、われわれは法に関して二つの同意があることを指摘することができるだろう。そしてその二つの同意が認められれば、アポリアを解くことはできると思われる。

二つの同意の一つは立法者間での同意であり、もう一つは支配者と被支配者との同意である。支配者はあるいは立法者はどのような法を制定するかについてお互いに同意する。支配者たち自身の間でのこの同意が破棄されると、法は変更されることとなる。このことを避けるために、プラトンは立法者と守護者、つまり支配者を区別し（これが《異》であった）、支配者が法を変更しないように教育する。

しかしながら、立法者により法が制定され、支配者が被支配者にそれを課したあとでも、もし被支配者が法を法として認めず、それを拒否したとしたらどうだろうか。そのときにもまた、法は無視され、崩壊する。それゆえ法が確固としてあるためには二つの同意が必要である。立法者の間での同意と、支配者と被支配者との間での同意である。前者がなければ、いかなる法も制定され得ない。後者がなければ、いかなる法も尊重されず存続し続けることはできない。

立法者と守護者との区別という《異》は守護者間での同意を、つまり制定された法が変更されず存続し続けることに寄与するというのが、これまでの議論が示すところであった。とするならば、立法者が持っていたのと同じロゴスを持つ「要素」が国家のうちに存在しなければならないという《同》の要求はもう一つの同意に関わるのではないだろうか。もう一つの同意とはすなわち、支配者と被支配者との間の同意である。理想国が保たれ、その法体系ができる限り確固としたものでありかつ存続するものであるためには、哲学者守護者と生産者との間での同意も必要とされるのである。これが《同》の意義である。

では、同じロゴスが理想国の存続のためにどのように有効なのであろうか。そして哲学者守護者は立法者が持っていたのと同じロゴスで何をするのであろうか。ここでわれわれは『国家』の探究の方法が国家と魂との類比を思い起こさなければならない。考量的部分が魂全体とともに、生成するものからまさにあるもの（イデア）へと向き直らなければならないと言われる（cf. 7. 518c）。このことを国家に当てはめるならば、守護者もまた国家全体とともに哲学者守護者とならなければならないということになろう。そして立法者の持つのと同じロゴスを持つことによって守護者が哲学者守護者になるのだから、そのロゴスが国家全体の変容に関係すると解することは十分可能であろう。より具体的に語るならば、このロゴスは非哲学者守護者たちを哲学者守護者たちに変えるだけでなく、生産者たちが哲学者守護者たちこそ理想国を支配すべきであると同意するという意味で生産者たちも変えるのである。生産者たちは非哲学者守護者たちとともに変容する。これが国家全体が変容するということに他ならない。

生産者の変容とはどのような事態なのかを理解するために、われわれは第六巻の次のパッセージを参照すべきである。

> 国家も体制も完全なものとはなり得ないだろうし、個人もまた同じように完全にはなり得ないだろう、悪意を持たないわずかな哲学者たちが、今こそ彼らは役立たずと言われているが、何らかの強制によって国家に責任を持つようにさせられるまでは、たとえ彼らが望もうとそうでなかろうと、そして国家もまた彼らに従うように強いられなければ（6. 499b3-7）。

これはプラトンがいわゆる「哲人王」を主張する二度目の箇所である。ここでわれわれは、プラトンが支配者のみならず、被支配者をももちろん含む国家全体に言及していることに注意すべきである。というのも、プラトンが初めて第五巻（cf. 473c-e）で「哲人王」が支配しなければならないと主張している時には国家については言及されていなかったからである。真の哲学者とは誰であり、哲学的素質とはどのようなものかを論じたので、プラトンはいまや国家の哲学者守護者に対する服従が理想国の本質的条件であることを主張する。こういった議論の推移は、生産者たちが哲学者守護者に従うようになること、そしてこの生産者たちの変化は非哲学者守護者が哲学者守護者に変容することによって引き起こされるということを強く示唆するだろう。言い換えれば、立法者が持っていたのと同じロゴスを内在化することによって非哲学者守護者は哲学者守護者になり、そして彼らは生産者に同意してもらうためにこのロゴスを用いるのである。哲学者守護者は生産者が同意するように説得する。これは「布地を清めること」つまり国家と人間の状態を改善することに他ならない。

生産者は哲学者守護者のロゴスを受け入れられないし説得され得ない、なぜなら彼らは哲学的議論を理解する知性を持たないと想定されているからであるという批判がなされるかもしれない。ある解釈者たちは生産者たちがイデアを知ることができないということに基づいて、彼らは本当の徳を持たないばかりか、欲望的部分に支配されている人間、利得を愛する人間であると論じている。(62) 確かに生産者たちはイデアを解しない人々であろうし、それゆえイデアの認識に基づく真正の徳を持たないという評定も正しかろう。しかしながら、だからといって彼らが欲望的部分に支配されている人間であるとは言えない。なぜならば、彼らは寡頭制的人間にも民主制的人間にも僭主独裁制的人間にも似ていないからである。そもそも理想国の守護者たちは、生産者たちが過度の富に（そして貧乏に）与ることはないように注意を払うのだから、蓄財に勤しむ生産者は存在しないはずである。民主制的人間はその時々の欲望に支配されているが、生産者は自らの仕事に勤しむ人である。善き法秩序の下にある国民たちは、一生病気の治療をする暇などなく、なさねばならぬ仕事があることを知っているので、長期療養を必要とする病気に罹ると、治療を拒否し、仕事に戻り、体力が続かなくなった時には、死んで面倒から解放されると言われている（cf. 3. 406c-407a）。理想国が善き法秩序の保たれている国であることは言うまでもなかろう。とするならば、理想国の職人たち、つまり生産者たちもまたなさねばならぬ仕事に勤しむ人であって、その時々の欲望を満たす財の消費者ではないと考えられる。いわんや不法行為を行ってまで金銭を獲得し、それを直ちに浪費してしまう僭主独裁制的人間でもありえない。

また生産者の知的能力に関して言えば、イデアを解しないことと哲学者守護者の語ることを理解しないこととは別であろう。たとえイデアを把握することができなくとも、哲学者守護者の語ることを理解することはありうる。生産者に向けて語られる事柄はイデアについてではなくて、哲学者が国を支配すべきだということなのである。理想国の現実性が問題になったとき、ソクラテスとともに現実性について議論しつつも同時におそるおそる多くの人々は彼らと同じような意見を持たないのではないかと疑念を挟むアデイマントスに対して、ソクラテスは答える。

大衆にそのような厳しい非難をしてはならない。必ずや彼らは違う意見を持つに至るだろう。もし君が彼らと言い争おうとする代わりに彼らをなだめ、学びへの愛をないがしろにすることをやめさせるならば。君が哲学者とはいったい誰のことを言おうとしているのか、そして今なされたように、哲学者の素質とその行為の特徴とを指摘することによって、大衆は君が言っている哲学者とは自分たちが思っている人のことだとは思わなくなるだろう（6. 499d10-500a2）。

ソクラテスは大衆が哲人王の提案に驚き、必ずや拒否するだろうと認める。しかしそれは大衆が本当の哲学者とは誰かを知らないからである。もしアデイマントスが彼が言おうとしている哲学者とは誰のことなのかを明らかにするならば、「必ずや彼らは違う意見を持つに至るだろう」つまり、彼らは哲学者が支配者になるべきだという提案を受け入れるようになるだろう。[63] 理想国の生産者たちはここで言及されている「大衆」と異なることはない、そのどちらも哲学者ではないが哲学者の話を聞く寛容さを持ち合わせかつ真の哲学者こそ王であるべきだという哲学者の提案を理解し受け入れるのに十分の知性を持つ。生産者は哲学者守護者のロゴスによって説得されるであろう、ちょうど「大衆」がアデイマントスによってそうされるように。[64]

他方で、もちろんプラトンは理想国実現の困難さについてはっきりと意識していた。彼は言う。

国家のうちの十歳以上の人々は皆、国家の外へ追放されるだろう。[65] そして彼らの子供たちを受け取り、彼ら（理想国を造ろうとする哲学者）は子供たちを養育するだろう――彼らがその親から受け継いだ今の習性からずっと離れて――僕たちが以前述べたような彼らのやり方と法のもとで。そして、国家と僕たちが語っていたような体制は、こうして最も速やかにかつ容易に造り上げられ、その国家はそれ自体、存在しうる限りにおいて最も幸福で最も有益な国家となるだろう（7. 540e4-541a7）。

十歳以下の子供を両親から引き離す。プラトンによればこれこそ理想国が最も速やかにかつ最も容易に造り上げられる方法である。なぜなら子供たちは両親から受け継いだ性質を失い、立法者が持つのと同じようなありようと法とにもっとも適した性質を持つに至るだろうからである。子供たちを両親から引き離すことによって哲学者守護者たちは「布地を清める」ことに成功することができるのである。

この方法はきわめて暴力的であるという批判が正当にもなされよう。あるいは理想国の建設者（たち）[66]が子供たちを両親から簡単に引き離すことができるとプラトンは本当に信じていたのだろうか[67]。もしプラトンがそれほどの夢想家であったならば、洞窟の比喩のなかで、洞窟にとどまり続ける人々は、ある人の縛めを解き、洞窟の外に導こうとする人を殺してしまうに違いないなどと書くことはなかっただろう。子供たちの両親からの引き離しについて語ることは、理想国の実現可能性が極めて低いことを示唆していると思われる[68]。

もっとも次のようなことを言うことはプラトンのテキストに基づいて可能であろう。つまり、布地を清めるためには子供たちを両親から引き離すことが唯一の方法ではないということである。われわれはプラトンが理想国はその建設者たちが子供たちを両親たちから引き離したあとで彼らの流儀と法律に従って養育するときに「もっと早くかつ最も容易に」建設されるだろうと言っていることに注意すべきであろう。この表現はもちろんこの方法が唯一の可能な方法なのではなくて、少なくとも理想国を建設するのにもう一つ別の方法があることを含意している。では、そのもう一つの選択肢とは何であろうか。

少なくとも二つの種類の分離があるだろう。一つは説得なしのものであり、もう一つは説得を伴うものである。もし建設者が両親を説得せずに子供たちを引き離すならば、それは必ずや暴力的であろう。しかしもし彼らが自分たちの持つロゴスによって説得することで引き離すならば、それは暴力的ではなくなり、少しばかり実現可能性が増すであろう。『法律』では浄めの手段として追放や死刑といった過酷な方法と、植民という穏やかな方法が語られるが、さらに「言論の上で（『法律』5. 736b5）」国家が建設されているのだから、「あらゆる説得と十分な時間をかけて（5. 736c2）」人々が市民にふさわしいかどうか吟味すると語られている。『国家』ではプラトンはもし本当の哲学的素質を持つ人が生まれ「説得された国家」を有するならば、そのときにはその人は今は疑わしいと思われているすべてのことを成し遂げるのに十分である（cf. 6. 502b）と強く主張している。この真の哲学者が「説得された国家」を有するのは彼自身のロゴスを用いての説得であることは言うまでもない。

さらに、説得の成功を疑いがちな人々に対してプラトンはロゴスによって説得されることは生産者たちにとっても受容可能だと言う。

> 支配者が法を制定し僕たちが語ってきたことを実行するとき、市民たちがそれらを実行することを望むのは確かに不可能ではない（6. 502b6-8）。[69]

被支配者（生産者）は支配者（哲学者守護者）たちが定めたことを喜んで行う、ちょうど哲学者守護者が立法者、つまりグラウコンとアデイマントスとソクラテスの命令に従って洞窟に喜んで戻るように（cf. 7. 519d-521b）。ここで言われている「僕たちが語ってきたこと」とは何だろうか。それは『国家』において理想国について語られているすべてのことがそうだとしなければならないだろう。すなわち、素質のある者たちが守護者や補助者になり、彼らは私有財産を有することを認められないこと、彼らの間には妻子が共有されるべきこと、そして哲学者を守護者とすべきことなどである。そしてそのようなことを市民たち（生産者たち）が実行することを望むのは、哲学者守護者の説得による以外にはないだろう。強制されてであれば、実行することを「望む」ことなどあり得ないからである。市民たちが実行するのを望むように、哲学者守護者が「ロゴス」にしたがって法を制定し、かつ「ロゴス」を用いて生産者たちを説得するのである。

最後に、議論をまとめておこう。プラトンは立法者が持っていたロゴスが理想国のうちにあることを要求する。このロゴスは非哲学者守護者を哲学者守護者に変容し、かつ生産者が哲学者守護者に従順であるようにする力を有している。こうして第三国家である理想国は実現され、第二国家よりも強固なものとなる、なぜなら生産者は真の哲学者とは誰のことであるかを理解し、哲学者守護者の支配に同意するからである[70]。

四　権　利

二節において理想国が恐怖から自由な、また友愛に満ちた国であること、そして友愛の基礎である同意が成立している「節制ある」国家であることが明らかになった。そして三節において哲学者が守護者となる理想国では、守護者と生産者との間の同意が第二国家よりも確実であること、養育者もまた守護者とともに変容することが明らかになった。それではそのような国の国民はどのような意味で自由な人々なのだろうか。

この点に関しては、国家の節制について論じる文脈で次のように語られている箇所を引用すべきである。

たくさんの様々な種類の欲望と快楽と苦痛が、子どもたち、女たちや召使いたち、そして自由な人々と呼ばれている多くのつまらない人々のうちに、見いだされるだろう（4. 431b9-c2）。

このソクラテスの言葉は、彼らが言論によって造り上げてきた国のうちには多数のつまらぬ人々つまり養育者の持つ欲望を、少数の優れた人々つまり守護者の持つ欲望が統御しているので、この国は節制のある国だと論ずる中で語られている。養育者が「自由な人々と呼ばれている」という言い方には、一方で彼らが奴隷ではなく自由な人々であると認められることが、しかし他方で彼らの獲得している自由は守護者の持つ「本当の自由」ではないことが含まれていよう。したがって、理想国においては養育者の持つ自由と守護者の享受する自由という二種類の自由があることになる。

前者の自由は、われわれが権利の名で理解している自由、つまり国家をも含む他者からの侵害・干渉から解放されているという意味での自由のことであると思われる。[71] 確かに『国家』には養育者の有する権利がリストアップされているわけではない。だがいくつかの権利については認められていることが確かめられる。まず第一に、守護者が財産を持つことを禁止されているのに対して、養育者には許されている。すなわち当然のことではあるが、養育者には財産権がある。そもそも守護者や養育者の生産するものを必要な分だけ受け取るのであるから、養育者に財産権がなければ守護者も生きていくことはできず、したがって理想国は存続しえない。養育者はそういう仕方で国家に寄与しているのである。[72] 生存権もあるだろうし、[73] 正しい国なのだから権利が侵害されたときには回復の措置がとられるだろう。移動の自由もあると思われる。[74] 職業の選択は素質に基づくものであり、必ずしも自由の制限とは言えない。

言論の自由について『国家』の中では展開されていないと思われる。[75] それに対して民主制では言論の自由（パレーシア）が認められていたのだから、この点に関しては理想国の方が遅れをとっていると言われるかもしれない。しかしながら政策決定の場ではわずかな人々のみ発言し、他の人の発言を許さない（cf. 8. 564d-e）と言われていることは重く見るべきであろう。言論の自由は国制に関係のないことに限られていたのである。

国のありようや具体的な個々の政策などの決定に参与する政治参加の権利についても、理想国の生産者には制限されていると認めざるを得ないかもしれない。しかしながら、第七巻の末尾で守護者になるべき若い人たちが洞窟へ帰還して実際の仕事をするように求められるとき、その理由として「経験において他の人々に遅れないように（7. 539e6-7）」と言われる。この他の人々とはいったい誰だろうか。「戦争に関する事柄などの若いものにふさわしい仕事」に従事するのだから補助者の他の人々、ということだろうか。しかし補助者（将来の守護者候補）が補助者に遅れることのないようにということはそれほど意味のある言明だとも思えない。それでは守護者に遅れをとってはならないということだろうか。だが、守護者が果たすべき仕事は日常的な業務ではなくて、むしろより大局的な、国制のあり方に関わる事柄であろう[76]。したがって残るところは生産者ということになる。とするならば、戦争以外の仕事、つまりは行政の実務に関して彼らが関与するということになるのかもしれない[77]。

もっとも生産者が行政上の細々したことに関わるかどうかはそれほど重要ではない。そしてまた、プラトンの語る理想国はその隅々まで規定されているわけではない。しかしながら、すでに指摘したように、優れたものが支配すべきであるという同意を与えるという点では、具体的な政策決定に参与しないとしても、生産者たちもまた国のありようの決定に関わっていると言えるのではないだろうか。もし支配に関する同意が何らかの制度に反映されているとするならば、生産者もまた政治参加の権利を持っていることはより鮮明になると思われる。そのような制度についてはプラトンは何一つ語らないが、支配に関する同意が他の国々においては見られないことを考慮に入れるならば、生産者たちが支配に関して同意を与えるということは、国のありようを決めるという政治的権利――あるいは最高の政治的権利かもしれない――を有していると見なしうると思われる。

自らのあり方や具体的な行為の選択を自分で決める自己決定権についてはどうであろうか。おそらくこれこそ自由という語によってわれわれの多くが、プラトンが批判している民主制国家に生きている人々とともに、了解しているものであろう。そしてこの点に関しては、魂の最善の部分が生まれつき弱く、他の部分を支配することができない人は、最善の人でありかつ自己自身のうちに神的な支配者を持つ人の「奴隷とならなければならない(9. 590c9)」と言われている箇所が、プラトンの反自由主義的態度の証拠として引用されるのは確実である。そしてこの箇所に基づいて、プラトンは自らのあり方や具体的な行為の選択を自分で決めることをある人々に認めていないと批判されることになろう。

この点に関しては次の二つのことを指摘しておきたい。第一に、この箇所は正しい国と正しい人との類似という方法による正義探究がすでに終わった後のものであるから、「奴隷とならなければならない」という語は理想国の養育者たちに直ちに適用されるわけではない。それゆえすべての生産者が守護者たちの「奴隷とならなければならない」と言われているのではない。生産者たちを奴隷化するのはむしろ名誉支配制国家成立の時である(78)。次に、「最善の部分の弱さ」を理性的能力の欠如と読み替えてよいのであれば、プラトンの議論は差別的なニュアンスにもかかわらず現代の自由理解とほとんど変わらない。自由であるためには一定の理性的能力が求められる。もちろんその能力なるものがどのようなものであるかの決定は別の問題ではある(79)。

以上の議論が示すように、生産者たちにはいくつかの制限があるとしても権利としての自由が様々に認められているのである(80)。

次に守護者たちについて考察してみよう。彼らには養育者に認められているような財産権はなく、その他の権利としての自由は認められていないと思われる。政治に携わるのはむしろ義務である。では守護者は自由ではないのだろうか。

この問いに正確に答えることこそこの後の章の課題であるので、ここでは守護者たちの自由について大枠だけを描いておこう。彼らは「死よりも隷属を深く恐れる自由な人々(3. 387b5-6)」であり、「国家の自由の守護者(3. 395c1)」である。彼らの精神は狭量ではなく(6. 486a4; b3-4)、隷属とともに学ぶことなく(7. 536e1-2)、哲学という自由な営み(cf.『テアイテトス』172c8-d2)のもたらす一般の人々が味わうことのできない自由な言論を知っている(6. 499a4-9)。こうして彼らは「洞窟」から解放されて、地上の世界、真実の世界を観照するという自由を享受することができるのである。

最後に指摘した「洞窟」に関連して、守護者たちに「洞窟」への帰還を求めることが問題と感じられるかもしれない。洞窟からの脱出が解放であるのだから、帰還は不自由な状態に戻ることではないかと疑われるのである。(81) この点に関してもまた後の章で詳しく検討したい。

最後に、現代の代表的な自由主義者であるジョン・ロールズの見解を紹介しておこう。ジョン・ロールズはある講演において「リベラルな社会」と国教を究極的な権威とする「階層社会」とを対比させ、「階層社会」が次の三つの条件を満たすならば正義の理念が「リベラルな社会」と共有しうることを述べている。その条件とは(1)階層社会が他の社会と共存可能なこと、(2)階層社会の法体系が共通善的構想によって導かれていること、(3)階層社会の成員は、生存権や財産権など諸権利の侵害を受けることはないこと、である。ロールズの言う「階層社会」はもちろんプラトンの理想国を念頭に置いたものではないが、上の三つの条件はすべて理想国においても認められるだろう。とするならば、プラトンの理想国は現代の自由主義的理論から見ても十分に「折り合いのつく」ものではないだろうか。(82)

議論をまとめよう。理想国の国民は、現代の自由主義国家の国民と比較すると、権利が制限されているかもしれない。しかし全くないわけではない。つまり僭主独裁制国家の国民のように隷属化して恐怖のうちに暮らしているわけではない。むしろ、守護者の作り出す自由によって、哲学者が王となることに同意し、かくして最大の政治的権利を行使しているのである。

第Ⅳ章　魂

前章では国家における自由について考察した。これによれば、理想国は支配に関する同意に基づいて内乱の恐怖からの自由を享受している国であった。ではこれに対応する人間の自由とはいかなるものなのか。この章ではこの問いに答えるために、善の三区分（一節）と魂の三部分（二節）との理解に努めた上で、不正な人間の魂のあり方について分析し（三、四節）、人が自由な営みである哲学によって自由になるその次第（五節）を述べていきたい。

一　第二巻冒頭――探究の方向を定めるもの

(i)　善の三区分の基準

第二巻はグラウコンによる次のような善の三区分によって始まる。

どうか私に言ってください。あなたには次のような善があると思われませんか。つまり、われわれがそれらから生じてくる様々なものを目指してではなくて、それ自体のためにそれを受け入れ、持ちたいと願うもののことです。たとえば、喜んでいることや、害のない、それを享受して喜ぶこと以外の別のものが後になってそれらから何一つ生じることのない様々な快楽です。

確かに、と僕は答えた、何かそのようなものがあると僕には思える。

ではどうでしょう。それ自体のためにも、かつまたそれから生じるもののためにもわれわれが愛するようなものは。たとえば、思慮を持つことや見ることや健康であることです。というのはそういったものはおそらく両方の理由でわれわれは受け入れているのですから。

そうだ、と僕は言った。

では、善の第三の種類にお気づきになりますか。そこには身体を鍛えることや病気の時に治療してもらうこと、医療や他の金儲けの仕事が含まれるのですが。というのもわれわれはそれらを苦痛なものではあるが、われわれの利益になると言うでしょうし、それら自体のためにではなくて、報酬とかそれらから生ずる別のもののためにわれわれはそれらを持つことを受け入れているのです。

確かに第三の種類として、と僕は言った、そのようなものがある（357b4-d3）。

第二巻の始まりを告げるグラウコンの善の三区分はいったいどのようなものであろうか。彼によれば、善は次の三つに分けられると言う。すなわち、（一）それから生じる結果のゆえにではなくてそれ自体としてわれわれが受け入れ、迎え入れる善、（二）それから生じる結果のゆえにも、そしてそれ自体としてもわれわれが愛好するもの、（三）それ自体のゆえにではなくて、それから生じる結果のゆえにわれわれが受け入れるもの、の三つである。例としては（一）喜ぶこと、害を伴わない快楽、（二）はグラウコンが挙げる例、それ自体としても結果からも「われわれが愛好するもの」、知恵を持つこと、ものを見ること、健康であること、（三）は身体の鍛錬、治療、金儲けの仕事、などである。

「結果する」の意味が必ずしも明瞭ではないため、この三つの区分には様々な解釈がある。たとえば、N・ホワイトは、正義が人を幸福にしたり、最上の快楽をもたらしたりすることは、一般的には「正義から生じる結果」として考えられるが、プラトンはそのようなものを「正義それ自体」についてのみ論ずるとしている部分において論じていることを指摘する。[1] そして結局のところホワイトは、「それ自体」とは「正義それ自体がもたらすもの」であり、「それから生じる結果」とは「状況の作用を通じてそれから次第に生じてくるもの」と理解した。[2] しかしこの区分が結局のところ何を意味するのかは不明瞭である。アナスは義務論的解釈も帰結主義的解釈もこの区分に当たらず、正義がそこに数え入れられるべきだとソクラテスが主張する第二の善は「義務論的でもなく、帰結主義的でもない善」だとする。[3] しかしこの理解は現代の通念をあてはめているだけだろう。T・アーウィンはあるものxが他のものyのために善いということを、（1）xがyの道具的手段としてであるか、（2）xがyの構成要素であるか、の二つに分類したうえで、正義はその両方を有していると解する。[4] しかしこの区別が正義に適用されるかどうかは分からない。[5]

これらの解釈を批判したR・ハイナマンは

（1）第三の善（ただそれから結果するもののためにだけよいもの）はそれ自体としては悪であり、[6]（2）因果性による結果（causal consequences）のある種のものをプラトンは「それ自体として」と呼んでいると解釈する。[7]

しかし（1）について言えば、グラウコンが「つらいもの（επίπονα）」と呼んでいる第三の善をそれ自体として悪と解釈するのは、快苦と善悪とを同一視する快楽主義を前提としているが、それは『国家』では見られないとするのが妥当であろう。[8] また（2）は、不正それ自体が善であることをトラシュマコスと彼の立場を継いだグラウコンらが主張しているという解釈に基づいているが、彼らは不正それ自体ではなくて、不正行為が善だと述べているのであり、それゆえハイナマンの解釈は不十分である。[9]

では善の三区分の基準は不分明であり、無意味ということになるのだろうか。グラウコンが一般的な考えを述べただけのものであって、プラトンの他の対話篇に同じ区分が見られないことから考えて、プラトンの考えではないという理解がせいぜいのところなのだろうか。だが、もう少し広い文脈で見てみることにしよう。

グラウコンが語る三つの論点はおおよそ次のようなものである。まずグラウコンは人々に思われている正義の本性とその誕生の次第について語る。それによれば、正義とは不正を行うことにより得られる利益と不正をなされることにより被る害悪とを天秤にかけたとき、害悪の方が利益よりも大きくなると考える多くの力のない人々によって、妥協の産物として誕生する。次にグラウコンは、羊飼いであったギュゲスが自分の姿を人々に見えなくする不思議な力を持つ指輪を得て王位を簒奪したという話を披露し、そのような指輪を手に入れたならば誰もが不正の限りを尽くすだろうと主張する。最後にグラウコンは、最も正しい人と最も不正な人とを対比することによって、不正こそ幸福に寄与すると論ずる。グラウコンの言う最も正しい人とは、本当は正しい人だけれども人々には不正な人と思われている人のことであり、最も不正な人とは本当は不正な人だけれども正しい人と思われている人のことである。グラウコンのこれら三つの論点のうち、最初の正義の本性こそ異なるが、ギュゲスの指輪も、最も不正な人と最も正しい人との対比も、人々にどのように見えるか、人々にどのように思われるかに焦点を当てている。同じようにアデイマントスは、実際に正しいかどうかではなくて、評判、つまり正しいと思われることが重要であり、しかもそのように国家社会全体が詩人たちによって教育されているのだと主張する。

このように、プラトンの二人の兄の言説は、正しくあることではなくて、正しいと思われることこそ肝要だという点で一致している。したがって、正義それ自体をその結果から区別するというのは、正しい人であることと正しい人と思われることから生ずる結果との区別ではないだろうか。

では、『国家』の議論の終わりではどうなっているか。ソクラテスの言葉を引用してみよう。

> 正義のためにその点の返還を要求する。つまり正義が神々からも人間からも受けている評判を、われわれもまた正義について認めるべきだ。そうすれば正義は、正しいと思われることから獲得して正義の持ち主に授ける報償もまた、確保するだろう。正義が、正しくあることから由来する数々の善きものを与えるということ、正義を本当に自分のものとする人々を決して裏切らないことは明らかになったのだから（10. 612d4-10）。

ここでソクラテスが返還を求めているのは、正しい人と思われることから生ずる報償である。この点でグラウコンとアデイマントスの要求に対するソクラテスの議論の進め方は完全に一致している。それ自体とそれから結果することとの対比は、プラトン哲学において基底的な「ある」と「思われる」との区別によってなされているのである。(10) したがって、正義の場合は、それ自体とは正しくあること、結果から生ずるとは正しいと人々に思われることによって生ずるもの、だと理解しよう(11)。

この区別で重要な点は、正義が外的な行為としてではなく、内的なものとして把握される布石になっていることである。なぜなら、人々に正しいと思われることは、正しいと見なされている行為を人々の眼前で行うことから由来するだろうからである。人々の眼に隠されている正しい行為からは、正しい人であると「思われる」ことは生じない。だからこそ正しい（と見なされている）行為は人々の眼前で行われなければならず、逆に不正な（と見なされている）行為は隠されなければならない、と一般に考えられているのである。そしてこのような人々の思わく（＝人々にそう「思われ」ていること）から離れて、正義それ自体の善であることの証明がソクラテスに求められたのである。それに対して、人は他人の内面を知ることはできない。自分の内面は、ある人は、あるいはある時には、知ることができる。したがって、たとえどのように他人に思われようとも、いやむしろグラウコンが最も正しい人を描写したように、不正な人であると他人に思われ、その結果として、一般に悪とされていること（死刑、拷問、国外追放、財産没収など）を受けたとしても、正義はそれ自体として魂のうちに存在しうる。それは他人における思われからそれ自体として区別されている。そのような正義それ自体を愛することができるか、というのが、グラウコンとアデイマントスの問いかけだったのである。

(ii)　問いと答のずれ

善の三区分は少なくとも正義に関する限り、以上のように「ある」と「思われる」の区別によってなされていると考えられる。しかしこの三区分をめぐっては、まだ論じられていない別の問題があるように思われる。グラウコンは「われわれが受け入れる（δεξαίμεθα, 357b5, c9）」とか「われわれが愛する（ἀγαπῶμεν, 357c2）」、という言葉を用いて善を区分し、その上で、正義はどれに属するかを問う。

これらのうちのどのようなもののうちに、と彼は言った、あなたは正義を入れるのですか。

僕としては、と僕は言った、最も美しいもの、つまり、それ自体のゆえにもそれから生じてくるもののゆえにも幸福であろうとする者が愛さなければならないもののうちに、と思う（357d4-358a3）。

二人のこのやり取りに問題を見て取った解釈者は管見の限り今までいないようである。だがこの箇所はとても重要だと思われる。私にはグラウコンの善の三区分とソクラテスの答とのずれがその後の『国家』の思索を導き出しているとすら思える。そのずれとはすなわち、ソクラテスの答がグラウコンによる善きものの分類と微妙に異なっているということである。それは二人の言葉を対比させる事によって明確になる。

グラウコンは「われわれ」がある善いものをそれ自体のゆえにもそれから生じる結果のゆえにも愛するという「事実」を述べている。主語は「われわれ」であり、語られているのは事実である。それに対してソクラテスは「幸せになろうとする者」が正義をそのようなものとして愛さ「なければならない」という「要請」ないし「必要性」を述べているのである[12]。主語は「幸せになろうとする者」であって、その人が「それ自体のゆえにもそれから生じてくるもののゆえにも愛さなければならない」ものとして正義が捉えられている。主語と述語のどちらもが微妙に異なっているのである。

これだけの説明では、あるいは些末な違いだと思われるかもしれない。より詳しく見ていこう。

まず主語の違いについてである。「幸福になろうとする者」とは幸福になろうとしない者がいることを言外に意味しているのであろうか。だがソクラテスは常々「誰も不幸であろうとする者はいない」と言っていたのではないだろうか。たとえば『メノン』では「誰も惨めで不幸でありたいと思うものはいない」ということが確認されている[13]。

では誰もが幸福になろうとしているのだから、人間一般のことを幸福になろうとしている者と言い換えているのだろうか。だがもし人間は誰でも幸福になろうとしているとソクラテスが考えているのならば、ただ単に「人は」、あるいは「われわれはみな」とそのように表現すれば済むだろう。プラトンがソクラテスにこのように述べさせているのには何か意味があると考えなければならない。

その意味とは、幸福になろうとしている者だけではなく、幸福になろうとしていない、あるいは不幸になろうとしている者がいる、ということが認められているということだろうか。もしそうだとするとプラトンはソクラテスと立場を異にしたということになる。だが、不幸になろうとする者がいるとプラトンは本当に考えたのであろうか。『国家』においてそのようなことを直接、あるいは間接に述べているテキストはない。また不正を讃える人は「自らすすんで間違えているのではない（9. 589c6）」と言われている。この言葉は正しい人と不正な人のどちらが幸福なのかという『国家』全体の議論が対象としているまさにその判定がなされる文脈に出現する。不正を礼賛している人は、正義と不正とがそれぞれ魂の状態をどのようなものにするかを知らずに思い違いをしている。この思い違いは致命的である。これによって人の幸・不幸が分かれるからである。ここでの「自らすすんで間違えているのではない」とは、「誰もすすんで不幸であるものはいない」というソクラテス以来の確信の変奏だと考えることができる。こういったことからするとプラトンが不幸になろうとする人がいると考えたとは思われない。

したがって、上の文は別の仕方で、つまり人々は幸福になろうとしていると思っているが、実はそうではないというように解釈されるべきであろう。人は皆、幸福になろうとしているのだが、その目指すものが正しくない。それゆえその人は幸福になろうとしている者ではない。そのようなことをソクラテスは言おうとしているのではないだろうか。

もう一つの違いは、グラウコンの善の三区分には見られない言葉がソクラテスの答には付加されているということである。ソクラテスは正義を「それ自体のゆえにもそれから生じてくるもののゆえにも……愛さなければならない」と言っていた。なぜ、「なければならない」のだろうか。グラウコンによれば「知恵をもつこと」や「ものを見ること」などは言わば「自ずから」意欲される。「人間は本性上知ることを欲する」[14]と述べたアリストテレスならば、これらが自ずから意欲されるのは人間の自然本性に基づくと主張するだろう。しかし正義はそのようなものなのだろうか。少なくともソクラテスの言葉には人々が自ずから求めるようなニュアンスはない。そしてこのことはグラウコンの評定とも一致する。グラウコンによれば正義とはやむを得ないもの、なのであって、「自ずから」求められるものではない。それどころか、正義とは結果のゆえに、仕方なく愛さなければならない、強制的なものなのである（cf. 2. 358a4-6）。

幸福になろうとするものは正義を愛さなければならない、というソクラテスが付け加えた「ねばならない」をどのように解すべきなのだろうか。「もしXであろうとするならばYでなければならない」という条件的必然性であろうか。しかし条件的必然性で解釈するならば、この場合正義への愛は正義それ自体ということにはならないだろう。それはグラウコンの言うように、多くの人々が正義について持つ考えと変わりはしない。なぜ正義それ自体を愛さなければならないのか。それ自体愛好されるものには「なければならない」という要請は必要ないのではないだろうか。あるいはそぐわないのではないだろうか。それ自体として善きものは自ずから愛好されるのではないだろうか。

はたして正義は幸福であると明らかになり、そのことをわれわれが知った時に、では、正義もまたそれ自体として善きものであるのだから、自ずから愛好されるものになるのだろうか。ソクラテスは、『弁明』（cf. 32c1）において、法と正義とともに危険を冒さなければならないと言っている。このことは、正義それ自体に「ねばならない」という強制力が働いているとは言えないにしても（なぜなら法と正義にソクラテスはいわば寄り添うのだから）、正義を行うには何らかの強制力が働く（この場合であれば、危険を冒さなければならない）ということを示していよう。これはグラウコンがあげるその他のそれ自体として善きもの、あるいはそれ自体としてもまた結果からも善きものの実例とは異なる点ではないだろうか。

このようにグラウコンの善の三区分とソクラテスの答とは微妙に異なっているのである。必要性を言うならば、結果のゆえに、であろう。正義はそれ自体としては辛いものだが、善い結果をもたらすから愛さなければならない、これが一般の、そしてグラウコンの善の三区分から出てくることのはずだ。ところが、ソクラテスはそれ自体としても正義は愛さなければならないと要請する。ここに見られる自体性と結果との不思議な融合は、正義が自由に意欲されるものでありかつ最も必然的なものだということを示しているのではないだろうか。ソクラテスによれば、正義という善いものは幸福への意欲[15]とともに、ある意味での必然性を帯びつつ意欲されるのである。

このことに着目すると、人が何を意欲するのかの解明のためには魂の三部分説の何らかの検討が必要だと考えられる。なぜならば、三部分がそれぞれどのような固有の「欲求」を自然本性的に持つのかということと、人が現にどのような人として何を「意欲」するのかということとは、別のことだからであり、そしてまた魂のどの部分が支配するかによって人はどのような人として何を意欲するのかが決まるからである（cf. 9. 580d-581e）。言うまでもなく、魂のどの部分が支配するかどうかは自然本性によって決まることではない。それは何らかの言説の採択ないし受容によるのである。

第九巻の叙述によれば、魂の三部分のそれぞれの欲求の対象は、知恵、名誉、金銭である。正義はない。これは正義が自然本性的に求められるものではないことを示唆していると思われる[16]。言い換えれば、全体としての意欲の成立は魂の各部分のそれぞれの欲求では説明がつかない。では正義への意欲はどこにおいて成立するのであるか。そしてそれはわれわれのテーマである自由とどのように関係するのであろうか。

以上のような問いを解くためにわれわれの以下の論述は次のようなものになる。どのようにして三つの部分からなり、しかもそれぞれ別の欲求を持つ部分からなる魂を持つ人が、一つのものを意欲するに至るのかが解明されなければならないのだから、まず魂の三部分説を解明する必要があるだろう（二節）。その上で、不正な人を検討する（三、四節）。プラトンは不正な人については四種類の人をあげ、より生き生きと描いているので、われわれもまた意欲の成立を解明しやすいからである。そして正しい人として哲人王を取り上げるべきことを確認し（五節）、正しい人の意欲の成立がいかなるものであるかを解明したい（六節）。それによって意欲の成立が自由の成立であることを明らかにできると考えられるからである。

二　魂の三部分

（i）　問題の所在とボボゥニッチ説批判

魂の三部分説とはわれわれの様々な行為は互いに還元できない魂の働きを原理としており、その原理が三つあるという主張である。プラトンによれば魂は考量する機能、怒る機能、欲望する機能を持っているが、同じ魂がそれぞれの機能を果たすのではなくて、魂の異なる部分がそれぞれそれを行うという。すなわち、「われわれがそれによって考量する部分」「われわれがそれによって怒りを抱く部分」「われわれがそれによって欲望を持ち、快苦を

づける[18]。

この第四巻での魂の三部分説の議論は「同一のものが、同一の側面において、同一のものとの関係において、同時に、相反することをしたりされたりしない」といういわゆる「矛盾律」を使ってなされている。このことは魂の内に互いにその働きを他に還元できない何かがあることを明らかにしている。

この主張はこれだけのことであれば、それほど理解には困難でないだろう。しかしながらこの三部分説を用いてプラトンが正しい人はどのような人であるかを第四巻で述べ、様々な不正な人の分析を第八・九巻で行い、第九巻で三部分の捉え直しをすることによって、三部分に様々な記述が重ねられるため、かえってその理解がはなはだ困難になっている。

三部分の捉え直しとは次のようなことである。プラトンは第四巻で魂の三部分のそれぞれを考量的部分、気概的部分、欲望的部分と名づけたが、それらを第九巻の議論では知を愛する部分、勝利を愛する部分、利得を愛する部分と名前を変更している。第四巻での名称は、すでに述べたように、われわれがそれによってしかじかのことをなすものとしてそれぞれの部分が析出されていることに基づいている（cf. 4.439d-e）。これに対して第九巻での命名はどれも「愛する」という接頭語によってまとめられ、快との関連で考察されるのにふさわしいものとなっている。すなわち、各部分は固有の快楽を持っており、欲望的部分は利得を目指しているがゆえに「利得を愛する部分」と、気概的部分は勝利と名誉を目指しているがゆえに「勝利を愛する部分」、あるいは「名誉を愛する部分」と、「考量的部分」は真実がいかにあるかを知ることへと向かっているがゆえに「学びを愛する部分」、あるいは「知を愛する部分」と呼ばれることになるのである（cf. 9. 580d-581b）。愛は何らかの対象へ向かい、それに到達したときに得られるのが快である。[19] それゆえ第九巻での名称は、それぞれの部分が動きの観点から捉え直されていると言えよう。ただし、欲望的部分に関してはそれまでにおいても第九巻においても「金銭を愛する部分」という共通の名が与えられている（cf. 9.580e-581a）ことが示すように、初めから動きの観点から捉えられていた。いやむしろ欲望が何かへの欲望である限り、欲望的部分は動きの観点からしか捉えることはできないだろう。

このような多様な記述によって描かれる魂の各部分は、いったいどのようなものとして理解されるべきなのであろうか。たとえば、C・ボボゥニッチによれば魂の各部分は、欲求や認識能力、快を持つという。このうち認識能力とは具体的には、信念、実践的目的、ある種の推論能力、他の部分を説得する能力のことである。そこからボボゥニッチは各部分が「行為者のように（agent-like）」理解されるべきだとする。[20]

このボボゥニッチの解釈は妥当であろうか。まずテキスト上の論拠がはっきりしているのは各部分が欲求と快を持つことである。魂に三つの部分があるのに応じて、快楽についても欲求についても一つ一つの部分がそれぞれに固有のものを持つと第九巻で言われている（cf. 9.580d）。すでに述べたように、そもそもこのことに基づいて三部分は「を愛する」を付加された名によって呼ばれるのであるから、各部分がそれぞれ固有の快と欲求を有することはそのまま素直に受け取られなければならない。

問題は認識能力や信念、そしてこれに関連するものである。これらのものを魂の各部分が有していると解釈すべきなのだろうか。ボボゥニッチはそう主張し、次のような箇所を典拠に挙げている。[21] それをひとつひとつ検討していこう。

まず「信念」については、二箇所（cf. 4. 442b5-d1と9. 574d1-575a7）が挙げられる。[22] 前者については「説得と同意」の典拠としても挙げられるのでまとめて論ずることにして、後者についてみてみよう。これは「美醜に関する子供の頃から持っていた信念を、隷属から解放された恋の親衛隊を努める様々な信念が征服する」といったようなことが述べられている箇所である。はたしてこの考えが変わってしまうという事態は、欲望的部分が信念を持つことの典拠たりうるだろうか。この事態は民主制的人間の両親の下で育てられた若者が、激しい欲望を提供する一群に影響を受けて僭主独裁制的人間になってしまう過程の一こまである。とするならば、信念を変えてしまうのは、あくまで若者であって、若者の魂の部分とはならないだろう。たとえどこかの部分であったとしても、それが欲望的部分が持つと解釈しなければならない必然性はこのテキストだけからは生まれない。

次に「説得と同意」であるが、これについては442b5-d1の他に8. 554c11-e5（Slings: 8. 554c11-e6）が挙げられているが、後者は、寡頭制的人間が一見端正な人間として現れはするが、実は様々な欲望が内に充満しているのであり、それらのうちたちのよくない欲望をかろうじて抑制していると語られる箇所である。その抑制に関連して、確かにテキストには「説得によらない抑制」というように説得という語が用いられているのであるが、抑制するのは寡頭制的人間であって、それゆえもし説得による抑制があるとするならば、その抑制はやはり人によってなされるはずのものであろう。これも欲望的部分が説得をしたり、されたりすると解釈する典拠とはなりえない。[23]

最後に「目的手段連関」に関しては、580e2-581a7が挙げられる。これは欲望的部分が金銭欲を持つことが認められ、金銭を愛する部分と別の名を与えられる箇所である。ボボゥニッチは解釈を示していないが、この箇所が欲望的部分のうちに目的手段連関を了解する能力を認めるべきだというのは、例えば廣川やアナスの議論から理解されるであろう。つまり、金銭欲は思わくなしにはあり得ず、したがって何らかの仕方で信念を持ち、さらに金銭を獲得するための手段までも考案することになるはずだ、というのである。[24] しかしこの解釈も決定的とは思えない。というのも欲望的部分が金銭を愛する部分と名づけられるのは、考量的部分が知を愛する部分と、そしてまた気概的部分が勝利を愛する部分と言われる場合と、事情が異なるからである。考量的部分が知を愛する部分と言われるのは知を愛するからであり、気概的部分が勝利を愛する部分であると言われるのは勝利を愛するからである。これに対して欲望的部分の欲求は、食や性に対するものが際立つとはいえ、多種多様であり、一言では言い尽くせない。そこでそれらの様々な欲求が満たされるのには金銭が必須のものであるということに基づき、金銭を愛する部分と対話者によって名づけられることになる。このことは金銭が食や性への欲求を満たすための手段であることを明らかにしている。金銭に対する欲望的部分の言わば態度は、金銭をそれ自体として、あるいはまた、金銭を手段として欲求するという、二重のものなのである。(25) そしてここで大事なことは、欲望的部分の欲求が満たされるために金銭が必要であるという指摘は、欲望的部分それ自体が行うことではなくて、それについて論じているソクラテスらが行っているということである。金銭を愛する部分という名称はそれゆえ言わば反省的な名称である。そのような名称から欲望的部分それ自体に目的手段連関を読み解く能力があると判断するのは軽率であろう。そしてまた別様の解釈を支持するテキストもあるが、それについては後に示すこととしよう。

　こうして、ボボゥニッチの挙げるテキスト上の論拠として残るは442b5-d1（Slings: 442b5-d2）だけである。そのテキストのうち、信念や説得と同意に関連する部分だけを引用しよう。

> 節制ある人とわれわれが呼ぶのは、それらの部分の友愛と協調とによるのではないだろうか。その時、支配する部分と支配される二つの部分とは、考量的部分こそ支配すべきであると意見が一致し（ὁμοδοξῶσι）、これに対して内乱を起こさないのだ（442c9-d2）。

人が節制のある人となるのは、魂の中の三つの部分が、考量的部分こそ支配すべきであると「意見が一致」した時に生じる友愛と協調によるのだ、と述べられている。

この「意見が一致した」という言葉は文字通り受け取るならば、確かに、魂の三部分のそれぞれが意見を持っていることを明らかにしているだろう。だが文字通り受け取るべきなのだろうか。比喩的な解釈も可能なのではないだろうか。つまり、考量的部分が魂全体を支配している状態を、「意見の一致」と比喩的に表現したのではないかとも考えられるのである。

ボボゥニッチはその解釈の可能性に言及しつつも、文字通り受け取るべきであると主張する。その理由は主に二つある。まず魂の部分は『国家』全体にわたって「行為者のように（agent-like）」に描かれており、しかもそれが比喩であるとはどこにも断られていない[26]。第二に、もし文字通りでないとすると、わざわざそのような agent-like に語る理由、つまり説明価値（explanatory-value）が不明だからである[27]。

しかしながらボボゥニッチの挙げる理由はそれほど説得力のあるものだとも思えない。まず、比喩だとプラトンが断っていないから文字通りに受け取るべきというのは理由にならないだろう。たとえば、寡頭制的人間の成立の場面を思い起こそう。そこでは欲望的部分が他の二つの部分を侍らせて、王として君臨し、その王は王冠や首飾りや短剣で飾られると語られる。このような描写も文字通り受け取るべきなのだろうか。いったいどのような王冠を魂の一部分である欲望的部分は戴くのだろうか。この箇所は支配を比喩的に述べていると解せざるを得ないだろう。そもそも魂のある部分型の部分を支配するということも比喩であろう。とするならば、ボボゥニッチの挙げる第一の理由はわれわれが検討している箇所を比喩的に解釈してはいけない理由にはならないだろう。第二の説明価値がないという理由に対しては、比喩による叙述は説明の生彩さを増すという説明価値がむしろあると答えることができる。[28] プラトンの卓抜な比喩により、目に見えない魂がその三部分の細部に至るまで生き生きと描かれ、われわれの理解を助けているのである。このことはとりわけ不正な人の様々なタイプが描かれる第八・九巻で顕著であろう。

とするならばこの意見の一致は、気概的部分と欲望的部分とが適切な教育によって、考量的部分がその人の魂全体を導いている状態を表現しているという解釈も可能なのではないだろうか。[29]

このように、文字通りの解釈をすべき理由としてボボゥニッチが挙げているものは説得力がなく、それゆえ文字通りの解釈を受け入れる必然性を明らかにしているとは言い難い。とするならば、魂の三部分について、また別の理解の可能性をわれわれは探すべきであろう。その可能性とは、考量的部分以外には信念や同意、説得の基盤となる認識能力を認めない、という解釈である。

（ii） 魂の三部分の機能的解釈

それでは認識能力に関して、魂の三部分について検討していこう。はたして気概的部分や欲望的部分は認識機能を持っていると言えるのだろうか。

もし白血球が病原菌と戦うとき、あるいはゾウリムシが食べ物を取り囲むとき、どちらもその対象を「認識している」と言うことができるならば、気概的部分も欲望的部分もそれぞれ名誉や金銭を認識していると言うことができるだろう。すなわち、白血球やゾウリムシはそれぞれの機能を果たすためにその機能の対象に向かうが、ちょうどそれと同じように、それぞれの部分はその部分が愛する対象へと向かうのであり、対象へ向かうためにはあらかじめその対象を把握していなければならないからである。この把握を認識と呼ぶことは確かに可能ではあろう。
とは言いながら、このような認識は考量的部分が持つ認識とは明らかに異なっている。はたして考量的部分以外の二つの部分はこのような認識しか持たないとするべきなのか、それともそれ以上の、例えば、既に右で触れたことだが、多くの論者が言うように、金銭を愛する部分は金銭を獲得するための手段をも考慮するのであろうか。（1）それぞれの部分の欲求を言語化するのはどの部分なのか、（2）それぞれの部分の欲求の善悪を判断するのはどの部分なのか、という二つの観点から考察したい[30]。

われわれは欲望を持ち、怒りを覚える。それらは言語によって表現することが可能である。ではその欲望や怒りを言語化するのはいったいどの部分の働きなのだろうか。われわれは「私は怒っている」とか「私は飲み物を欲している」とか「私は名誉のために戦列から離れない」と語りうるが、そのように語ることが可能なのは三つの部分がそれぞれその固有の機能を言語化するからだろうか。それらをどれか一つの部分が行うのだろうか。それとも魂全体がそれを行うのだろうか。

プラトンがこの答を明確に述べているテキストは『国家』には見当たらないようだ。しかし欲望や怒りが言語によって表現されるとき（つまり、「私は飲み物を欲している」とか「私はあの人に怒りを覚える」など）、それは判断であり、判断である以上、少なくとも考量的部分が全くそれに関わらないというのは考えられない。では欲望的部分や気概的部分はそれ自体の欲求を言語化する機能を持つのであろうか。

まずテキストから言えることであるが、飲み物へとむかう欲望的部分の働きは第四巻では導くとか引っ張るという語が一貫して使われている[31]。ボボゥニッチはこれらをみな言語活動だと見なしているが[32]、これらは必ずしも言語とは関係がなく、むしろ欲望的部分の力の激しさを表していると考えられる[33]。

欲望的部分がその機能を持つと見なしうる典拠は次のテキストである。

その人たちの魂の中には飲むことを命じているものがあるが、他方では、それとは別のものとして飲むことを禁止しているものがあり、これが命じているものを支配していると言えるのではないだろうか（4. 439c6-8）

このテキストは魂の中に考量的部分と欲望的部分とが区別される文脈で出てくる。人が喉は渇いているけれども飲むことを望まない時があるという事実が確認された後、そのような事実をどのように解するべきかをソクラテスがグラウコンに問うている問いである。

ボボゥニッチはこの箇所を「欲望が概念的ないし命題的内容を有している」と解釈する。[34] 確かに、命ぜられた命令はもちろん、言語によって表現されうる。その意味で欲望的部分は命題的内容を有しているとは言えるだろう。しかし内容を有していることと、その内容を言語によって表現することとは別であり、欲望を抱くことと欲望を表現することとは別である。[35]

気概的部分についてはどうだろうか。その部分が欲望的部分と異なることを示すためにはレオンティオスの言葉[36]が用いられており、考量的部分とは異なることを示すためにはホメロスの詩句が引用されている。このことは気概的部分の欲求が気概的部分によって言語化されることを意味するのだろうか。確かに気概的部分を析出する時に使われているのはレオンティオスが自分へ語る言葉であり、ホメロスの詩句である。つまり言語である。しかしこの言語を発するのはあくまで人なのではないだろうか。魂の一部分である気概的部分ではない。ホメロスの例は、本来果たすべき機能を果たしていない気概的部分を考量的部分が叱咤しているものである。それゆえこの語句は考量的部分が発している。レオンティオスの例はなるほど欲望に屈してしまった自己への自暴自棄とも言える言葉であるが、その際、気概的部分は考量的部分とともに働いているのであって、その語句が気概的部分の働きによると考えなければいけない必然性はない。とするならば、善し悪しを判断する機能を持つと言われている考量的部分の働きと見る方が一貫した解釈であると言えるだろう。

それでは第二の点、すなわち欲求の善悪を判断するのはどの部分なのかという論点に進もう。どの部分が善悪を判断するのであろうか。

まず欲望的部分は、善し悪しを判断しない。そのことは、渇きに対する欲望は飲み物であってよい飲み物ではないという箇所[37]が示している。プラトンによれば渇きそれ自体は善い飲み物を欲望の対象とするのではなくて、飲み物自体を対象としているのである（cf. 4. 439a）。それゆえ欲望的部分は善し悪しの判断に与らないということになる。もちろん、人がある飲み物を欲求しているとき、その飲み物が善いものであることは当然あり得るだろう。プラトンはそのことを否定しているのではない。論点は欲望的部分が善悪の判断をするのではなくて、考量的部分がするということである。飲みたいという欲望がありながら、その欲望を押しとどめる動きがある場合、その動きは考量的部分によるのだが、これこそ考量的部分が善悪の判断をしているということに他ならない。ある飲み物が善いものであるとか悪いものであるとか判断するのは考量的部分なのである。

次に気概的部分が善悪を判断するかどうかについては、どのような時に怒りを感じるかが述べられている箇所（cf. 4. 440b-d）が重要であろう。つまりその箇所によれば、不正をしたと思っている場合、その人が気高くあればあるほど、怒りを感じない、他方、不正をされたと思っている場合、怒りは収まらないという。これは怒りと正不正とが関わることを述べている。とするならば、正不正とはまさに判断なのであるから、気概的部分は判断を持つと考えるべきなのだろうか。必ずしもそうはならないと思われる。なぜならば、不正をした、ないし不正をされたと意識しているのは「人」だからである[38]。

ではこのことは人、つまり魂の全体が認識しているという帰結を導くのだろうか[39]。確かにわれわれもまた検討して来たように、「人」が前面に出てくるテキストは多い。しかしながら、この解釈は誤りでないとしても[40]不十分であると思われる。というのも魂の三部分とはまず何よりも互いに他に還元できない「機能」として析出されたのであるから、認識が何によってなされているのかを問うことは必要だからである。さらに、魂の部分について考察しなければならないという問題の出発点を告げるソクラテスの言葉は、魂の内に三つの別々のものがあって、それぞれによって別々のことを行うのか、それとも「魂の全体によって（ὅλῃ τῇ ψυχῇ, 4. 436b2）」行うのかを問うものであった（4. 436a-b）。そして三部分が析出されたことは後者が否定されたことを意味するのは言うまでもないだろう。したがって、われわれは人は自らの魂のどの部分によって判断しているのかを問わなければならない。

この問いに答えるために考量的部分の機能について考察しよう。

まず、魂に三つの部分が区別されるかどうかに関わる問いは次の通りである。

> われわれは、われわれの内なるある一つのものによってものを学び、また別のものによって気概にかられ、さらにまた第三のものによって、食べたり生んだりすることや、すべてそれに類することにまつわる様々な快楽を欲望するのであろうか。それとも、われわれが行動を起こす時にはいつも、われわれは魂全体によってそれらのひとつひとつのことをするのであろうか。（4. 436a8-b3）

ここではそれと名指されてはいないが、「それによってものを学ぶ」ものが考量的部分であることは明らかである。つまり考量的部分は学ぶという働きを有している。

それに対して、考量的部分がそれと名づけられる箇所では「魂がそれによって考量するものは、考量的部分と呼ぶ（439d5-6）」のがふさわしいと言われる。ここでは何かを学ぶことではなくて、何かについて考量することがその働きだとされている。この働きは、正しい人や善い人の魂だけが有しているのではなくて、すべての人の魂が有しているものであろう。人は人である限り、何らかのことをあれこれと考量して、善いと思われたことを行動にうつすだろうからである。

では、ものを学ぶことと考量することとどちらがこの考量的部分の本来の働きなのであろうか。だがこのように問うことは無意味かもしれない。なぜならば、ある働きが魂の一つの部分のみによってなされることから部分が析出されるのであるが、その部分に複数の働きが帰属していることは問題ではないからである。

とはいえ、第九巻では考量的部分は「人間がそれによってものを学ぶところの部分（580d9）」と言われ、これを根拠に「知を愛する部分」と別の名を与えられることになる。さらにこの部分については

誰にも明らかなように、その全体が常に、真実がいかにあるかを知ることへと向かっていて、金銭や評判のことなどには、三つの部分のうち最も関心を持たない部分なのだ（581b6-8）

と言われている。この新たな名称の付与は、第九巻と第四巻の文脈の違いを明らかにしているが、名称の変更を可能にしたのは善のイデアを学ぶべきだとされたことによるのではないだろうか。「それによって学ぶ」という規定

が可能なのは、考量的部分がイデアを学ぶとされる中心巻の議論を受けているからこそではないだろうか。はたして、すべての人の魂の考量的部分が真実がいかにあるかを知ることへと向かっている、と言えるだろうか。そのようなことはないだろう。真実がいかにあるかを知るよう努める者を哲学者というのであり、哲学者は少数派なのであるから。それにもかかわらず、プラトンが考量的部分をこのように特徴づけているのは、この第九巻の叙述が、三部分のそれぞれを論じているのではあるが、あくまでそれらがいわば十全にその素質を開花させたものとして、つまりそれらのうちどれか一つに支配されている人間のその部分について述べているからだと考えられる。では哲学者ではない人の魂の考量的部分はいったい何をするのか。それは善悪を判断することであると思われる。

考量的部分のみが善悪を判断する。気概的部分が考量的部分と区別されるべき論拠として、ソクラテスはホメロスの「彼は胸を打ち、こう言って心をとがめた」という詩句を引用した上で、

この箇所でホメロスは明らかに、善悪を勘考する一つの部分が、非理性的に憤慨する別のもう一つの部分を叱りつけていると描いているのだ（4. 441b6-c2）

と述べる。善悪を勘考する部分が考量的部分であり、非理性的に憤慨する部分が気概的部分であることは明らかであろう。気概的部分の抱く怒りは、善悪の判断に基づくものではない。怒りが善いものであるかどうかは、あくまで考量的部分の働きによるのである。

しかし善悪とはいったい本当のところ何であるかをすべての人の考量的部分が知っているわけではない。だか

らこそ考量的部分の判断が、人がどのような行為をなすか、そしてどのような人であるかに関して、決定的に重要なのである。このことを具体的に寡頭制的人間の誕生の次第に立ち会うことによって確認しよう。欲望的部分が他の部分を支配するとき寡頭制的人間が誕生するのだが、その支配について次のように言われている。

考量的部分にはどうすればお金がより増えるかということ以外には計算し考えることを許さず、他方、気概的部分には富と富者以外賛嘆し重んじることを許さず、そして金銭の獲得とそれに役立つ何かでなければ、誇ることのないようにする（8. 553d1-7）。

欲望的部分は金銭を愛する部分であるが[41]、いかにして金銭を溜め込むか、蓄財するか、ということを「計算し、考察する」のは考量的部分であることが明白にここに語られている[42]。欲望的部分は考量的部分の働きが金銭についてのものであることしか許さないのである。この「許さない」というのは、今までの議論に従えば、欲望的部分には言語化する働きも判断の働きもないのであるから、欲望的部分が考量的部分を説得するというようなものではありえない[43]。それは考量的部分が金銭に関することのみを考察するようにするある種の力とでも言うべきものであろう。考量的部分は、金銭への欲望が最も強烈であるために、他のことについて考慮することができなくなっているのである[44]。

ある部分がある人の魂を支配するというプラトンの表現方法には注意が必要であるようだ。つまり、ある部分、たとえば欲望的部分が支配している場合、他の二つの部分は支配されているために働かないかのように解釈されるべきではない。上の引用に明らかなように、欲望的部分が支配していても他の部分はその機能を働かせる。ただそれは果たすべき機能ではない。イデアを極めるべき考量的部分はその仕事をせず、金勘定だけをする。これが欲望的部分による魂の支配の実体である。このとき、考量的部分は真理を学ぶものではあり得ない。学ぶことがあるとしても、それは金銭をいかに稼ぐかということについてのみであり、その学びは真理がいかにあるかの学びではない。したがって、どのような人であるかに応じて、それぞれの部分がどのようなものになるかが変わってくるのである。寡頭制的人間の考量的部分は、それによって万有がいかにあるかを学ぶ部分ではない。それによってその人にそう思われる限りでの善悪を考量する部分ではあっても。

かくして自分なりに定めた善をどのように獲得するかを考量するのが考量的部分の働きである。もしその部分がふさわしい教育を受けたならば、その部分の本来的な欲求が覚醒し、万有がいかにあるかを知る働きを果たすことになり、そのとき「知を愛する部分」となる(45)。これらの働きのうち、前者の働きは魂全体に関わるとも言える。なぜなら、考量的部分が行う目的手段連関に則った考察の結果は魂の全体に及び、かくして人は考量の結果、行為するからである。

ではあるべき考量的部分の働きとはどのようなものであろうか。第四巻までの記述によれば、それは欲望的部分の「引っ張る力」に抵抗することと、自己の全体を把握することである。以下、順に述べていくことにしよう。

考量的部分の一つの働きは欲望に抵抗することである。欲望的部分と考量的部分のそれぞれが析出される過程の議論を振り返ろう。「矛盾律」によって欲望に抵抗する部分として考量的部分（cf. 439c-d）が、対立するものとして気概的部分（cf. 439e-440a）が析出される。この分析の過程で欲望への対応にのみ追われるのではなくて、それに抵抗するべきときには抵抗すること、これが考量的部分の一つの働きとして語られている。次の文を見られたい。

そういったものを禁ずるものは、それが内に生じるときには、考量に基づいて内に生じるのであり、導き引っ張るもろもろのものは情態と病とを通じて傍らに生じる[46]（4. 439c10-d2）。

導き引っ張るもろもろのものは状態と病とを通じて生じるのに対して、禁ずるものは「それが内に生じるときに……内に生ずる」。導き引っ張るものについては付加されていない条件が禁ずるものについては付加されている。これは導き引っぱるものが生じた場合に、禁ずるものが生じるときと生じないときがあること、あるいは生じる人と生じない人とがいることを表現している。こうして欲望への対応にのみ追われるのではなくて、それに抵抗するべきときには抵抗すること、これが考量的部分の一つの働きなのである。

この働きが考量的部分の持つ知への愛好という欲望とどのような関係にあるのかはにわかには判定しがたい。しかし少なくともこれが人における正義と関係すると考えられる。欲望を抑制するのは欲望ではなく、また抵抗するのが考量的部分の働きであるとするならば、この抵抗と正義は関連する。

抵抗するというのは考量的部分だけの働きではなくて、気概的部分にも共通する働きではないかという異論がなされるかもしれない。この異論は、気概的部分を欲望的部分から区別するのに言及されているレオンティオスの話に基づくものであるが、確かに気概的部分が欲望的部分と戦っているのは抵抗であろう。しかしこのような抵抗があり得るには、一つの条件を満たすことが必要なのである。それは考量的部分が教育されなければその機能を正しく果たすことができないように、気概的部分もまた善く教育されなければならないということである。つまり、「悪しき教育によって損なわれない限り（4. 441a3）」気概的部分は考量的部分の補助者となるのである。プラトンによれば、「理性が選択しているのに（4. 440b5）」気概が欲望に与することはない。気概的部分は単独で欲望的部分に抵抗するのではない。考量的部分の補助者としてそれとともに欲望的部分と抵抗するのである。

このことに関連して、人は自らが不正をしていると思っている場合、その人が気高くあればそれだけ怒りを発動させない、というテキストにある「気高くあればそれだけ」というのは重要である。このテキストは人によっては不正をしている場合でも怒りを感ずることがあることを認めているからである（これはおそらくある人が不正を行っていてそれと同じような不正をされた場合に、あるいは他人に対してそのような不正がなされた場合に、ということであろうと思われる）。ということは自らが不正をしていたかどうかという判断は、つまり自己認識は、これを持たない人もいる、ということであろう。このような自己認識は反省的な自己認識である。それに対して、不正を被ったという認識はもちろん他ならぬこの私が不正を被ったという認識である以上、自己との関わりを含むが、この自己認識は直接的である。そして自らが不正を犯したという判断を持つ人が怒りを発動させることがないのは、そのような怒りは不当である、善くないものであると判断しているからであろう。それによって怒る部分が怒りの正当性を判断するのではない。自己認識を持つか持たないかは怒りそのものとは別だからである。怒りが不正を判断するのではない。「人」が自ら考量的部分によって判断するのである。

ここで注目すべきは、自己へのまなざしがあることである。つまり、単に不正を被ったことを認識するのみならず、そのような不正をかつてしていた、あるいはしかねないという自己を省みる視点があることである。この意識は、直接的なものではなくて反省的な意識である。これは自己を全体としてとらえていなければ不可能であろう。この機能は考量的部分に、優れた考量的部分にのみある。なぜなら、もし気概的部分にあるとするならば、怒りとそれをおさえるという相反する働きがその同一の部分にあることになり、これは矛盾律に反するからである。

だからこそ、自己へのまなざしは考量的部分に帰属する、それも優れた考量的部分であれば、反省的自己へのまなざしを持つことができる。これが四巻で正義が内的行為とされることに関連する。

考量的部分のもう一つの働きは、その認識機能に関わる。考量的部分はそれ自体の欲求のみならず、他の部分の欲求を言語化したり、判断したりすることはすでに述べた。だが考量的部分の働きはそれだけではない。魂全体に関わる働きを有しているのである。プラトンは考量的部分が優れたものとなって人の全体が「知者」と呼ばれる時、

三つの部分のそれぞれの利益と、それら三つの部分からなる共同の全体にとっての利益についての知識を持つ（4. 442c5-7）

と語る。考量的部分は各部分の利益だけでなく、三つの部分からなる共同の全体の利益についても知識を持つ。考量的部分こそが人の全体の利益を知るという自己反省的な機能を有しているのである(47)。ただし、どのような考量的部分にもそれが可能なのではなく、考量的部分のうちに知恵という徳が成立している時、人の全体が「知者」の名で呼ばれる時だけである。知恵のみが魂の全体を考慮するのであり、逆に、考量的部分の優れていない魂、つまり知恵を持たない人は全体を顧みることができず、自らを反省的に考量することができないのである。

今までの議論をまとめておこう。魂には考量的部分、気概的部分、欲望的部分の三つの部分があり、それぞれの部分が固有の欲求と快を有する。しかしそれらをあるいは言語化し、あるいは判断するのは考量的部分である。考量的部分は、そして気概的部分も同じく、適切に教育されなければその固有の機能を働かせることはできない。その時には欲望的部分に引っ張られ、考察する対象が善から善ではないものへと換わってしまう。もししかるべ

き教育を受けたならば、補助者としての気概的部分とともに考量的部分は、必要があれば欲望的部分の欲求に抵抗し、またそれ自体のみならず魂全体をも配慮することができる。

それではわれわれの主題である自由と、以上のような魂の三部分説はどのように関連するのであろうか。まず欲望的部分の欲求に抵抗できないならば、その人は不自由な人と言えるのではないだろうか。なぜならば、そのような場合、その人の考量的部分は欲望的部分の欲求を満たすという対応に追われているに過ぎないからである。また、自己を知らない人は不自由ではないだろうか。なぜなら自己を知らずして、自己の欲することを知ることはできないからである。(48)

しかしこれらのことはいまだ予測にとどまる。以下の節で、不正な人が不自由なこと、正しい人となるために洞窟からの脱出と帰還とが必要なこと、そして正しい人こそ自由な人であること、をみていくことにしよう。

三　様々なタイプ

前節での魂の三部分説の検討によれば、考量的部分のみが判断するのであるから、その部分の堕落が様々な悪、不正を生み出すということであった。ところでプラトンによれば不正な人は名誉支配制的人間、寡頭制的人間、民主制的人間、僭主独裁制的人間、の四つの典型に分けられる。そしてこれら四類型は順に悪化・堕落していくものとして捉えられている。その次第を分析し、自由との関連で不正な人がどのような状態にあるのかを考察するのが本章の課題である。プラトンは国家と魂の類比という方法に則り、不正な国家をまず語り、それと対応する不正な人を述べているので、ここでも名誉支配制国家、寡頭制国家、民主制国家、僭主独裁制国家について述べ、それからそれぞれに対応している人間について述べていくことにしたい。

（i）　名誉支配制国家と名誉支配制的人間

名誉支配制国家の成立　守護者にふさわしくない素質を持った、銅の種族の人々が守護者になることによって次第に支配者層が変容してくる。この支配者の変容が国家体制の変容を引き起こす。このことは以降のすべての国家体制の変化に共通である。

素質の異なった人々が加わることによる守護者階級の変容の次の段階は、教育の変容である。彼ら支配者はまずは音楽を、続けて体育を蔑ろにするようになる（cf. 546d）[49]。こうして守護者の中に金の種族と鉄の種族とが混在し、その種族同士での争いが生じることとなる。金の種族は徳を重んじようとするが、鉄の種族は金銭の所有を主張する。その綱引きの結果、支配者間に妥協が成立し、自らに金銭の所有を許すようになる。これが名誉支配制国家の誕生の次第である。

この名誉支配制国家が誕生する時、理想国とは決定的に違うことが生ずる。奴隷の誕生である。理想国の守護者のうちに金の種族と鉄の種族とが混在し、争いが起こると、次のような事態が生じると言われている。

> 互いに争い抗争し合っているうちに、彼らは妥協し、土地と家屋を分配して私有化することに同意し、以前は自由な友かつ養育者として彼らに守護されていた人々を、その時隷属化して従属者や家僕として所有し、彼ら自身は戦争とその人たちの監視に専念することにした（8. 547b7-c4）

理想国において禁じられていた財の所有を認め、「自由な友かつ養育者」であった人々を隷属化する時、この時こそ決定的な時である。堕落の過程にあった理想国が名誉支配制国家に変わるその瞬間だからである。

　理想国にも奴隷はいたと思われる[50]。しかし名誉支配制国家の奴隷はもと守護者の友であり養育者であった生産者たちである。守護者たちは守護者であることをやめて、名誉支配制国家の支配者となり、国家に寄与している生産者たちを隷属化（δουλωσάμενοι）し、家僕として所有する。彼ら支配者のしたことは国家の私物化である。なぜなら国家の一部であるべき人々、理想国では養育者と呼ばれる人々を自らの財産として所有するからである。すでにこれは不正な国家である。

名誉支配制的人間の成立

　名誉支配制国家の誕生が金の種族と鉄の種族との綱引きの結果として中間での妥協の産物であったように、名誉支配制的人間の誕生もまたそのように捉えられている。ある若者が正しい父親の言葉を聞く一方で、他方、母親や召使いたちの言葉をも聞く。母親は夫が国の役職を占めず、また金銭に淡白なことを託つ。召使いは誰かが息子の父親からお金を借りっぱなしにしているなどの不正を働いているのに父親は訴えない「男らしくない」人だとこっそりと批判する。息子は周囲を見ても自分の仕事をしている人間ではなくてそれ以外のことに忙しい人間が尊重されていることに気づく。こうして息子の魂は二つの言説に引っ張られ、妥協の結果、中間である名誉を求める気概的部分が支配することとなる。

　ここに見られるように、若者の魂を決定づけるのは二つの言説の綱引きである。一つは正しい言説であり、もう一つは金銭への誘いの言説である。母親や召使いの言説は国家の役職や不正などに触れるがしかしその裏には金銭欲が透けて見える。不正とはお金の貸し借りに関わることである。名誉とは国の役職に携わること。これらは自分自身の仕事をすることではなくて、多くのことに手を出すこととしてプラトンは捉えている（cf. 8. 550a）。こうして若者を名誉支配制的人間に仕立て上げるのは正しくない言説の受容である。この言説の受容による人間のタイプの成立というのは以下、すべてに共通する。[51]

（ii）寡頭制国家と寡頭制的人間

寡頭制国家の成立　名誉支配制国家から寡頭制国家への移行は、ある意味で避け難い。名誉支配制国家の支配者たちはその名の示す通り名誉を重んじる人々が支配している国家であるが、しかし彼らは金銭の所有を自らに許した人々であったから、それ自体のうちに限度を持たない金銭欲に引きずられ、蓄財に励むことになる。そして富の獲得競争はこれまた避け難いことではあるが、勝者と敗者とを生む。そしてより富裕になった勝者が新たに成立する寡頭制国家の支配者となる。すなわち、寡頭制国家の成立は富裕層のみが支配権を持つと定められた時である。この国家の成立も支配者の変容・分裂によるのである。

こういった支配者の分裂について、プラトンは零落した人々も実はそれ以前になにか「仕事」をしていたわけではないという診断を下している（cf. 8. 552b-c）。この診断は重要である。というのも支配者の立場から転落して貧乏になった人々は、支配者であった時も国家にとって有用な人間であったのではないことを意味するからである。とするならば、財貨獲得競争に勝ち残り、寡頭制国家の支配者となった人々といえども国家にとって有用な人間であったわけではないし、また有用な人間であるわけでもないということになろう。すでに名誉支配制国家の支配者は国家を私物化していたことを指摘した。支配者たちの誰が富裕者となるか、あるいは零落するかは国家にとっては何の違いももたらさない。どちらの人々も自分のことをせず、多くのことに手を出す人々なのである。また名誉支配制国家において隷属化された人々はもちろんそのままであろう。それゆえ名誉支配制国家よりもさらに少数の人々が国を支配することになる。

このように名誉支配制国家から寡頭制国家への移行はある意味避け難い。というのも、財の獲得を一旦許してしまえば、その獲得の成功が新たな財の獲得の欲望への火種となるからである。金銭への欲望には、それ自体のうちには、限度がない。

寡頭制的人間の成立　寡頭制的人間は名誉支配制的人間である父親の息子が、父親の突然の失脚を目の当たりにして恐怖にかられ、「金銭を愛する欲望的部分を魂の王座に据え（8. 553c4-6）」「考量的部分と気概的部分とを両側に座らせ、奴隷としてはべらせる（553d1-2）」時に誕生する。

三部分説を用いた寡頭制的人間の魂のエックス線撮影は見事である。しかし、その見事さに感嘆するあまり、欲望的部分を王座に据えたのは何かという問いを立てることはできない。なぜなら三部分を自由に扱う別の部分が存在するわけではないからである[52]。寡頭制的人間として誕生する若者本人はそのように三部分を駆使しているのではなかろう。彼は恐怖にかられ、絶望し、決して父と同じ轍を踏まないようにと決意し、「身を守るのは財産のみ」というロゴスを信じるに至るのではあるまいか。勝利を愛するか金銭を愛するか、彼なりの思いに基づいて富のみをよしとする生を地滑り的に選択するのである。こうしてこの若者の考量的部分はいかにして金銭を獲得するかということだけを考察することになる。これが欲望的部分の支配である。

この寡頭制的人間の成立は、必然的なものか。つまり名誉支配制的人間を父に持つ若者にはそのような傾向性が抜き難くあるのであろうか。父親の突然の失脚という事態は予測し難く、偶然的なものであろう。その限りにおいて若者が寡頭制的人間になるのは偶然的要素が働いていると言えるかもしれない。だがプラトンはこのような父親の失脚による若者の寡頭制的人間化は、最も速やかになる例として述べている。最も速やか、とは他にもそうなる可能性があるということだろう。その可能性は具体的にはどのようなものかは語られていないが、それはここでの問題ではない。問題とすべきなのは名誉支配制的人間の父親の下で育てられた若者の選択肢が、知恵を愛することができない以上、名誉と金銭の二つしかないということである。名誉を善とすることができなくなれば金銭を選ぶしか無くなる。その意味でこの選択はやむを得ない、必然的・強制的なものだと言えるだろう。

われわれはここで「恐怖」という言葉に着目することができる。この若者の父親は名誉を求める人間である。名誉とは本来勇気が宿るべきところの気概的部分の欲求の対象である。若者もまた父親の後を追い、名誉を求める生を歩み出していた。そこに父親の失脚が襲い、若者は恐怖にかられた。したがって、若者の魂は勇気を持っていなかったのである。つまり、魂全体を支配しているかに思われた気概的部分には勇気が宿っていなかった。彼は恐れるべきものとそうでないものについての真なる思わくを有していなかった。こういった若者の魂の状態は考量的部分と気概的部分が適切な教育を受けていなかったために生じた事態である。それゆえ勇気を持たぬ若者は恐怖にかられると金銭以外のものを選ぶことはもはやできなくなっているのである。その意味でこれはある種の必然性を持っていると言えるだろう。

(ⅲ)　民主制国家と民主制的人間

民主制国家の成立　寡頭制国家から民主制国家の成立は必然的なものだとプラトンは考えている。寡頭制国家が国是とする富への飽くなき追求が、必然的に雄蜂と呼ばれる困窮者を産み出す。彼らは国の不安定要因となり、体制崩壊を望むようになる。そして外部からの勢力を引き入れるか、あるいは彼らだけで内乱を起こし、「貧困者たちが勝利して、敵対する勢力の一部を殺し、一部を追放し、残りの人々に平等に国制と役職とを分与する時、民主制が生まれる。そして多くの場合、その国の役職は籤によって決められる（8. 557a2-5）」のである。

自由と放任に満ちている民主制国家は最も美しい国家であると言われる（8. 557c4-9）。いったいそれはなぜだろうか。それは国制と役職が平等に、かつ籤で決められるため、多種多様な人々が支配者になりうるからである。他の国制の場合はそのようなことはない。名誉支配制国家の支配者は名誉を重んじる人々であり、寡頭制国家の支配者は金銭を重んじる人々であった。ところが民主制国家は支配者にふさわしい人にもふさわしくない人にも平等に役職が与えられる。役職を与えられるとは支配者となって国政の一部を担うことであろう。それゆえ民主制国家の任に就く人々は多種多様であることになる。だからこそ民主制国家は「国制の見本市（8. 557d6）」であり、「最も美しい国家」なのである。[53]

民主制的人間の成立　寡頭制的な人間は必要な欲望によって支配されているのに対して、民主制的な人間は不必要な欲望によって支配されている（cf. 8. 559c-d）人間である。それゆえ彼らは欲望によって支配されているという点で共通するが、その欲望の種類が異なるのに応じて異なっている。その移行は次のようなものとして語られる。寡頭制的人間を父に持つ息子が民主制的人間になるのは、あらゆる種類の快楽を提供することのできる雄蜂と呼ばれる集団との交際から始まる。その後、その息子の魂の中で父親たちの助ける寡頭制的なものと雄蜂たちの助ける民主制的なものとの抗争が始まり、後者が勝利することによって民主制的人間が誕生する。その際、雄蜂たちの言説を若者は受け入れる。その言説は傲慢を育ちの良さ、無統制を自由、浪費を度量の大きさ、恥知らずを勇敢と呼ぶ（560e4-561a1）ような言説である。こうして必要な欲望をよしとする言説は、不必要な欲望をよしとする言説に魂の「アクロポリス（8. 560b7）」を譲ることになる。ある種の欲望が別種の欲望に取って代わられることによって人のありようが変化するのである。

それでは寡頭制的人間から民主制的人間へのこの移行は、国家の場合と同じように必然的なものであろうか。寡頭制的人間のうちにすでに民主制的人間への芽は含まれているのだろうか。この問いに答えるために欲望についての検討が必要である。

プラトンによれば必要な欲望と不必要な欲望は次のように区別される（cf. 8. 558d-559c）。必要な欲望とは払いのけることができない欲望や、われわれを益するような欲望のことであり、具体的には生存のために必要なパンへの欲望や、健康を維持するのに有益なおかずへの欲望などが挙げられる。これに対して不必要な欲望とは訓練によって取り除くことができる欲望や、場合によっては害をもたらす欲望である。はたして寡頭制的人間とはこのような意味での必要な欲望に支配されているというべきであろうか、疑問が出されるのも当然であろう(54)。テキストを検討してみよう。

それではこれらの欲望がどのようなものであるか、類型によってそれらを把握するために何らか実例となるものを選び出してみようか。

そうしなければなりません。

健康と良い状態を保つための範囲での食欲、パンそのものとおかずへの欲望は「必要な欲望」ではないだろうか。

そう思います。

パンへの欲望は、双方の意味で必要な欲望である、すなわち、有益であるためにも（もし満たされないならば）生命を終わらせることができるという意味でも。[55]

はい。

他方、おかずへの欲望はよい状態のために何らか有益であるかぎりにおいて、（必要な欲望）である。

その通りです。

ではこれらの限度を超えて、その他の種類の食べ物への欲望はどうだろう。それらは若いときから矯正され、教育されることで多くの人々からは取り除かれることが可能であって、身体にとっては有害であり、魂にとっては思慮と節制を保つことのためには有害なものなのだが。その欲望は不必要な欲望と呼ばれるのが正しいのではないだろうか。

この上なく正しいです。

それでは僕たちはその欲望を浪費的な（ἀναλωτικάς）欲望と、そして先の欲望の方は仕事に有用であるがゆえに金儲けに役立つ（χρηματιστικάς）欲望と言うことにしようか。

はい、確かに（8. 559a8-c5）。

必要な欲望と不必要な欲望との区別は陳腐に見える。しかし引用したうち最後のところで二つの欲望がそれぞれ金儲けに役立つ欲望と浪費的な欲望とも言われていることが重要である。

必要・不必要はある目的によって区別される[56]。健康という目的によって必要な手段が決まり、その手段を欲するときその欲望は必要なものである。したがって、寡頭制的人間の目的である富を基準にして彼にとっての必要な欲望が決まる。ところで寡頭制的人間がいくら蓄財に励もうとも、彼とて生きていくためには「必要な」ものがある。パンやおかずに対する欲望がそれである。彼はこれら以外のものは蓄財のために、浪費を恐れて欲望しない。こうして、富の蓄積を基準に決まる必要な欲望と生存を基準に決まる必要な欲望とはその対象に関しては重なることとなる。正しい人が迎え入れる欲望と寡頭制的人間を支配している欲望とは同じものを対象としている。だがなぜそれらが必要であるかの基準は異なる。言わば、正しい人の持つ欲望と寡頭制的人間の持つ欲望とは、外面的には同じであるが、内面的には異なるのである。

それゆえ必要な欲望と不必要なそれとを区別するとき、プラトンは二つの基準に従って区別している。一つには対話相手のアデイマントスに対して生存や健康の維持のために必要な欲望を規定する。一つには寡頭制的人間を支配している欲望が対象としては正しい人と同じ「必要な欲望」であるが、必要性の基準としては全く異なる「金儲けに役立つ欲望（8. 559c4）」であることを明白にする。必要な欲望を「金儲けに役立つ」欲望と呼びかえ、不必要な欲望を「消費的な（8. 559c3）」欲望と呼びかえることによって、プラトンは二つの基準を用いていることを示しているのである。寡頭制的人間が端正な人間として現れはする（8. 554e4-5）が、その実は極めて多くの不正に満ちた人間であることはまさにこのゆえである[57]。

必要な欲望に支配されているこのような寡頭制的人間の原理（目的）を否定し、不必要な欲望に支配されている民主制的人間は、では、いったい、何を欲望するのであろうか。それは何か特定のものへ向いてはいない。秩序なくその時々でよいと思ったものに向き、「ときによって誰かある軍人たちを羨ましく思うと、そちらの方へ動かされるし、商人たちが羨ましくなれば、こんどはまたそちらへ動かされる（8. 561d5-6）」のであり、時には「哲学にときを費やす（8. 561d2）」ことさえある。名誉や知も民主制的人間の欲望の対象となりうるのである。[58]もちろん、だからといって、民主制的人間が勝利を愛する人間であったり、知を愛する人間であったりするわけではない。一時的な欲望はその人のありようを決めはしない。善悪の区別があるのですべての欲望を平等に満たしてはならないという正しい言説を受け入れない民主制的人間は、一時的な欲望に支配され続けるというありようを有するのである。

(iv) 僭主独裁制国家と僭主独裁制的人間

僭主独裁制国家の成立　寡頭制国家からの民主制国家の誕生がプラトンにとってはある種、必然的であったように、民主制国家からの僭主独裁制国家の誕生も、また必然的である。寡頭制国家が金銭を原理とし、その過度な金銭への追求が国家を滅ぼすように、民主制国家は自由を善として規定し、その過度な自由への追求が今度はその対極の過度の隷属へと至ってしまうからである。自由が国の隅々まで行き渡ると、人々はほんの少しの強制にも自由の侵害を感じ我慢ができなくなるようになる。その状態で、雄蜂と呼ばれる連中が一人の男を指導者として立てる。そしてこの男に民衆が圧倒的な支持を与えることによって、彼はやがて僭主独裁者となっていく。民主制からのこの変遷は一方の極から他方の極へという必然的な変遷である。だがそもそも寡頭制国家からの民主制国家への変遷もまたある種、必然的なものであったから、寡頭制国家から民主制国家を経て僭主独裁制国家へ至るこの一連の変遷もまた、必然的なのだと言えよう。

僭主独裁制的人間の成立

民主制的な人間は不必要な欲望によって支配されていたが（cf. 8. 559c-d）、僭主独裁制的人間は恋を指導的独裁者として不法な欲望に支配されている（cf. 9. 574d-575a）。民主制的人間を父に持つ息子が僭主独裁制的人間として誕生するのは、当の父親が民主制的人間となるのと同じく、雄蜂と呼ばれる集団の言説を外から受け入れることによる。ただしこの場合は、父親の魂において寡頭制的なものと民主制的なものとの間で生じたような抗争が生じるのではない。不必要な欲望から不法な欲望への変化は、不法な欲望へと誘う言説を有する誘惑者たちが巨大な雄蜂に譬えられる恋を若者の魂に植えつけ、それを指導者として立てることによる。若者の魂のうちには父親に与えられた教育によって不法な欲望へは赴かないように押し止める「節制(9. 573b4)」がわずかにはある。しかしながら、民主制的人間である父親の持つ言説は「すべての欲望は平等である」という言説であったので、巨大な力を持つ雄蜂が植えつけられてしまうと、欲望それ自体にはそれ自体を抑制する力はないがゆえに、不必要な欲望から不法な欲望に支配を譲るという事態が生じてしまうのである。

僭主独裁制的人間の誕生を民主制的人間の誕生と比べると、次のことに気づく。それは民主制的人間の誕生の時には魂における内乱があり、民主制的なものに対する抵抗があるのに対して、僭主独裁制的人間の誕生の時にはそのような内乱や抗争といった事態はなく、言わばなし崩し的に事態が推移するということである。[59] 不法な欲望と不必要な欲望とは、必要な欲望と不必要な欲望が対立するようには、対立していない。不法な欲望は不必要な欲望のうちに内包されているのである。[60]

このことは必ずしもその特徴がはっきりとはしていない不法な欲望を把握するには重要なことと思われる。プラトンによれば、すべての人のうちに生まれついている不法な欲望は、法や知性の力である人々の場合には弱まっているか取り除かれているが、しかしある人々の場合には力強い。この欲望は、夢の中で目覚めるような欲望[61]であって、何を食べようとも誰ないし何と交わろうと恥じるところがないと言われる。したがって不法な欲望とは飲食や性に対する強烈な欲望を法（ノモス）を超えてまで満たそうとする衝動と言えよう。

われわれが注意すべきは、すでに触れたことだが、この不法な欲望が不必要な欲望のうちに含まれていることである。このことは民主制的人間と僭主独裁制的人間の違いが、前者は不法行為をしないのに対して後者は不法行為をするという現象の違いがあるにしても、実は、魂のありようとしては違いよりもむしろ連続性、ないし親近性があることを意味しているだろう。親を殴ってでも、盗みをしても、殺人を犯しても金銭を獲得し、それを直ちに浪費する。さらにそれを諌める人があれば抹殺する。こういった行為は僭主独裁制的人間、あるいは僭主のなすこととして描かれているが、確かに民主制的人間はこのようなことは行わないであろう。むしろ彼は主観的には「快く、自由で、幸福な（8. 561d7-8）」生活、プラトンの診断では「不自由でもなければ不法でもないような（9. 572d3）」生活を送る。しかし民主制的人間がそのような生活を送るのは、寡頭制的人間である父親と誘惑者との「中間（9. 572d2）」に落ち着いたからである。そしてこの誘惑者こそ、民主制的人間の息子が僭主独裁者制的人間になってしまうのに大きな影響を及ぼす人間である。別の言い方をすれば、僭主独裁制的人間を成立させる言説は実は民主制的人間を成立させる言説と同じである。ただその受け入れ方が異なるに過ぎない。不法な欲望が不必要な欲望に含まれているというプラトンの説明はまさにこのことを意味しているのである。

こうして不法な欲望が不必要な欲望に含まれていること、民主制的人間の成立に影響の深い誘惑者と僭主独裁制的人間の成立に影響の深い誘惑者とはどちらも同じタイプであること、これら二点を考慮に入れるならば、民主制的人間と僭主独裁制的人間の連続性が明らかであろう。ではその違いはどこにあるのか。言い換えれば、不必要な欲望と不法な欲望との違いはどこにあるのか。その違いは、求められる快楽の対象の違いではなくて、欲望の強烈さの度合いである。民主制的人間の欲望に対する態度はどの欲望も平等に満たそうとすることである。彼によれば快は快である限り、平等である。だからこそ民主制的人間は欲望に善悪の区別があることを認めない。しかしこのような快に対する平等主義は、対象を選ばないということに結びつくであろう。そして何かへの欲望が強度を増せば――これが恋と呼ばれるものに他ならない――、その時こそが僭主独裁制的人間の誕生である。このようにして誕生する僭主独裁制的人間は、様々な欲望を従えた恋が支配すると語られる（cf. 9. 574e-575a)。この恋は何を対象とするか語られていない。このことは僭主独裁制的人間のもつ欲望が民主制的人間と同じようにその時々で変わりうることを示しているだろう。しかし民主制的人間とは違って不法な欲望をも目覚めさせているので、僭主独裁制的人間を支配する欲望の力は強大であり、凶暴である。だからこそそれは恋と呼ばれるのである。

以上の四種類の人間の成立を簡単にまとめれば以下のようになろう。金銭欲を満たせという言説をある程度受け入れる人が名誉支配制的人間、完全に受け入れるのが寡頭制的人間、そして欲望はすべて満たせという言説――無統制を自由と呼ぶ言説である――をわずかな制限を設けるがほぼそのまま受け入れるのが民主制的人間、完全に受け入れるのが僭主独裁制的人間である。

この四種類の人間の成立はどれも言説の受け入れによっている。このことは若者の魂の受動的な形成を意味していると考えられる。[62] われわれが必然的なと述べて来たのにはそういう理由がある。

しかしそれでもこれはある意味で生の選択と言えるだろう。というのも、それぞれの言説が立てる善きものを確かにそれぞれの人は善きものとして主張するだろうから。あるいは若者の時に受け入れた言説を保ったまま、他の言説を受け入れない、つまり選び取ることをしないで大人になっても生き続けるから。他の言説を選択しな

いということは一旦受け入れた言説を保ち続けるということであり、このことは選択に他ならないのである。(63)

四　僭主独裁制的人間

前節で、四種類の人間を分析し、不正の極みである僭主独裁制的人間は、欲望であるかぎりすべて満たせという言説に従って、不法な欲望ですら満たす人間であることを明らかにした。ところで、グラウコンは「より多く取ること（πλεονεξία）」こそ善きものとして追究するのが自然本性に適ったことであるとして、不正こそ人々の求めるものであり、不正な人こそ幸福なのだという主張を展開してみせていた。不正な人の極みは僭主独裁制的人間であるのだから、「より多く取ること」はまさにこの僭主独裁制的人間に特徴的なことであろうと考えられる。そして「より多く取ること」は、「もっと多く」と、「人より多く」の二つのことを意味し、前者は欲望的部分に、後者は気概的部分に割り当てられる特徴であると思われる。(64)

それではいったい「より多く取ること」のこの二つの側面はどのような関係になっているのであろうか。僭主独裁制的人間において気概的部分と欲望的部分は、つまりは魂はどのような状態にあるのか。この点をこの節で考察したい。その手がかりとなるのは次のテキストである。

ある人々の魂においてはこの部分が支配し、また他の人々の魂においてはあれらのどちらかが支配する、どちらかがそうなるように（9. 581c1-2)。

このテキストは、正しい人と不正な人とのどちらが幸福なのかという問いに答えるために、プラトンが『国家』第九巻で提出する三つの議論のうちの二つ目の議論に出てくるものである。文脈から明らかなように、「この部分」とは知を愛する部分であり、「あれら」とはそれゆえ勝利を愛する部分と利得を愛する部分である。

さて「他の人々の魂においてはあれらのどちらかが支配する、どちらかがそうなるように」という部分については二つの解釈が可能である。つまりまず、

（1）「他の人々」のうち、ある人については勝利を愛する部分が、別の人にとっては利得を愛する部分が支配する

と考えることもできるし、

（2）「他の人々」においては、あるときは勝利を愛する部分が、そしてまた別のときには利得を愛する部分が支配する

と読むことも可能である。[65]

文脈を考慮すると（1）の解釈の方をとるべきであるのはほとんど明らかであるようにも思われる。というのも上に一文に続いて直ちに、しかもそれに基づいて、知を愛する人、勝利を愛する人、利得を愛する人の三種類の人がいることが確認されているからである。しかしながらこの確認のために上の一文が述べられたのであれば、

なぜプラトンはこのようなまわりくどい言い方をしたのかが説明されるべきである。「ある人々においてはこの部分が支配し、また別の人においては勝利を愛する部分が、そしてさらに別の人においては利得を愛する部分が支配する」とでも言えば、その意を尽くすことは十分可能だったはずだからである。しかもこちらの表現の方がより明確である。にもかかわらず、そのような表現をプラトンがとらなかったことは、ある人においては勝利を愛する部分と利得を愛する部分との、言わば「王朝交代」があるという（2）の可能性を示唆しているのではないだろうか。

とはいえ次のような反論が予想される。その時々で人が意欲するものは様々でありうるから、利得を愛する人が名誉を意欲する場合は生じうる。しかしそれは名誉から利得が得られる場合に限る（cf. 9. 581c-d）。第二の判定の問題は人のありようであって、その時々での意欲ではない。その人の生の全体がどこを向くのか（トロポス）は、どの部分が支配するかによって決まる。そしてこのことに基づいて知恵を愛する人、勝利を愛する人、利得を愛する人が析出されるのである。

以上のような反論は基本的に正しいと思われる。しかし、利得を愛する人とは寡頭制的人間、民主制的人間、僭主独裁制的人間のそれぞれを含んでの総称と考えるべきなのだろうか。寡頭制的人間から民主制的人間、民主制的人間から僭主独裁制的人間への移行が、先に述べたように、ある種の必然性を帯びているとするならば、利得を愛する人のうちに人の三類型が含まれているだろう。しかし第二の判定で問題になっているのは、何よりもまず消費や浪費に重きを置く人々ではなくて利得を愛する寡頭制的人間であるというべきである。実はテキストには「人間の基本的な三種類（9. 581c3-4）」[66]として知を愛する人間、勝利を愛する人間、利得を愛する人間が挙げられている。寡頭制的人間から民主制的人間、さらには僭主独裁制的人間が生まれるのであるから、基本的な種類としては寡頭制的人間を挙げるべきである。

以上のような議論は（1）の解釈を支持するだろう。寡頭制的人間のうちにすでに民主制的人間を経て僭主独裁制的人間へと至る傾向性が潜在的に含まれていた。それゆえこれらの人々のうち、基本的な人としては寡頭制的人間を挙げるのが正当である。そして寡頭制的人間とはまさに利得を愛する人間の名にふさわしい。したがって、われわれが問題にしている一文の解釈として（1）の「ある人については勝利を愛する部分が、別の人にとっては利得を愛する部分が支配する」という解釈こそ文脈にふさわしいのである。

それでは（2）の解釈は拒否されるべきなのであろうか。だが、拒否されるべきであるならば、繰り返しになるが、プラトンが回りくどい言い方をする必要が説明されなければならない。また、次のような疑問にも答える必要がある。つまり、利得を愛する人に民主制的人間や僭主独裁制的人間を含めるのには躊躇が感じられる。彼らは蓄財を目指すのではなくてむしろ消費を目指す。民主制的人間は「不必要な欲望に金と労力と時間を費やしながら（8. 561a7-8）」生きていくのであり、僭主独裁制的人間は「いくばくかの収入があってもたちまちのうちに消費してしまう（9. 573d10）」人である。そのような人々を「利得を愛する」と呼ぶことができるだろうか(67)という疑問である。あるいはまた、次のようなアヴェロエスの解釈にも応答する必要があるだろう。アヴェロエスは勝利を愛する部分が平衡の状態にあれば名誉支配制的人間であり、過剰な状態にあればその人は僭主独裁制的人間だとして、勝利を愛する人に僭主独裁制的人間も含めて考えているのである(68)。こういったことからすると、（2）の解釈を直ちに、議論もなしに、捨て去ってしまうことはできないだろう。

さらに民主制国家が美しい（cf. 8. 557c）ように民主制的人間は美しい（cf. 8. 561e）と言われるが、このこともまた（2）の解釈の可能性を開く。名誉支配制国家の支配者は互いに似た人々であるから、また寡頭制国家の支配者は互いに似た人々であるから、それぞれの国家には美しさの条件である多様性が生じえない。ところが民主制国家のみ国家の役職に国民が平等に与る。この国事に関与する国民が多様であるからこそ、民主制国家は多様性を持った美しい国家である(69)。

このような民主制国家に対応する人間が民主制的人間である。したがって、多様な人々の国事への関与に相当する事態が民主制的人間の魂のうちに生じているとしなければならない。そしてこの事態こそ魂を支配する欲望が様々であることに他ならないだろう。このことはまさに「他の人々においては、あるときは勝利を愛する部分が、そしてまた別のときには利得を愛する部分が、支配する」ことだと言えるのではないのか。そして民主制的人間がその時々に生じる欲望に支配されているがゆえに、「あるときは勝利を愛する部分が、またべつのときには利得を愛する部分が支配する」のであれば、僭主独裁制的人間にもまたこのことはあてはまるのではないだろうか。すでに指摘したように、不法な欲望は不必要な欲望の一部だからである。

僭主独裁制的人間を支配している恋について検討してみよう。前節でその恋については「への」という対象が語られず、ただ僭主独裁制的人間を支配する不法な欲望の暴力性に着目して「恋」という名が選ばれたとわれわれは考えた。しかし、恋そのものについては対象が語られていなくとも、プラトンの僭主独裁制的人間の振る舞いの描写を検討すると次のようなことが言えるだろう。まず僭主独裁制的人間に特徴的なのは浪費である。ありとあらゆるどんちゃん騒ぎが始まる。これは金銭によって可能なことであるから、僭主独裁制的人間は金銭欲が甚だしいことになる。だがもちろん蓄えはすぐに底を突く。そこで浪費のための金銭を得ようと、両親に対してまで暴力を振るう。「年少でありながら、自分は父母の上に立つと考え(9. 574a8-9)」るからである。かくしてありとあらゆる不法なことを行う僭主独裁制的人間は「人間のみならず神々をも支配しようと試み、その力があると夢想する（9. 573c3-5）」傲慢な人間である。したがって、僭主独裁制的人間を支配する恋とは金銭欲[70]と傲慢さによって特徴づけられると言えよう。

実はこのような人間として三巻においてアキレウスが[71]挙げられていると考えられる。詩人たちの語るところに従えば、アキレウスはヘクトールの遺体を引き渡すのに身の代を要求したり、神アポロンに向かって不遜な言葉を吐いたりする。このようにアキレウスは

金銭欲に駆られた自由人にふさわしくないいさもしさと、神々や人間たちに対する傲慢さという、二つの相反する病を自分の内に持っている（3. 391c4-6）

人間として描写されている。はたしてこのようなアキレウスはどのタイプの人間であろうか。でっぷりと太った戦争におよそ不向きな寡頭制的人間であろうか。ありえないことである。ではその時々でなりたいものがあれこれと変わる民主制的人間であろうか。それも考えられない。

では武人にふさわしい名誉支配制的人間であろうか。勇猛な武将として名高いアキレウスだけにそう考えられるかもしれない。事実、ホメロスが描くアキレウスは、確かに「気概の人」と呼ばれるにふさわしいだろう。[72]しかしながら「気概の人」とは果たして直ちにプラトンの言う名誉支配制的人間であろうか。「気概の人」と名誉支配制的人間は同一なのであろうか。A・ホッブズは次の三つの理由によって同一だと解釈している。まず第一に、名誉支配制国家の誕生の際に「内乱」が語られるが（cf. 8. 545d）、この「内乱」はアキレウスの心のうちにもある。[73]そして第二に、名誉支配制的人間は「傲慢（8. 550b7）」であるが、上で引用した箇所でもアキレウスは

傲慢と言われている。最後に第三に、名誉支配制的人間は年齢を重ねるに応じて次第に金銭欲が強くなっていくが、ちょうどそのようにアキレウスも金銭欲に駆られた人間だと上の引用文で指摘されている。このような理由で「気概の人」であるアキレウスを名誉支配制的人間であるホッブズは解釈する。

しかし、アキレウスを名誉支配制的人間だと解釈するホッブズの理由は十分ではない。まず第一に「内乱」についてであるが、「内乱」が語られるのは名誉支配制国家誕生の時だけではなくて、民主制国家誕生の時にも語られている。すなわち、民主制国家の誕生は寡頭制国家において抑圧されていた人々が他国の勢力に加勢されてそれまで支配者であった富裕層を殺したり国外に追放したりして、その支配権と財産とを奪い取る革命による（cf. 8. 556e-557a）。そもそも国家について語られる「内乱」をそのまま魂の「二つの相反する病」に当てはめるのは無理であろう。「内乱」は名誉支配制国家が誕生すれば解消するが、魂の二つの病は恒常的だからである。次に第二の「傲慢」については、なるほどホッブズが言うように名誉支配制的人間は「傲慢」であると語られる箇所もあるが、しかし他方で少なくとも支配者には「従順（8. 549a3）」であると語られている。とするならば、権威に弱い名誉支配制的人間の「傲慢」は、神々をも支配しようとしたアキレウスの「傲慢」にはほど遠いであろう。そして第三の金銭欲であるが、これは名誉支配制的人間にのみあるのではない。正しい人以外の人はみな、程度の差こそあれこれを持っている。とするならば、名誉支配制的人間の金銭欲は、金銭欲がない優秀者支配制的人間と比較すれば激しいと言えるかもしれないが、アキレウスの激しい金銭欲[75]には及ばないだろう。このように、ホッブズの挙げる理由はどれも不十分であり、それゆえアキレウスを名誉支配制的人間だと解釈することは出来ない[76]。[74]

したがって、われわれはプラトンの描くアキレウスは僭主独裁制的人間であると解釈する。そして不正の極みである僭主独裁制的人間として描かれているからこそ、このようなアキレウス像は削除されなければならないのではないか。女神の子であり、ゼウスの孫であるペレウスを父に持つ、しかも賢いケイロンに育てられたアキレウスが、そのような人間であるということは語ることも信じることも許されないのである。それゆえこのようなアキレウス像を語る詩句は削除されなければならない。もし他のタイプの人間であったならば、削除の対象とはならないだろう。

では「さもしさ」と「傲慢さ」という二つの病はどのような仕方で互いに対立するのであろうか。金銭欲に駆られたさもしさは欲望的部分の病であり、神々をも恐れぬ傲慢さは気概的部分の病である。この二つの部分のそれぞれが病的に肥大化し、闘争する様をプラトンは、魂の三部分のそれぞれを、小さな内なる《人間》、ライオン、怪物に喩えている九巻の最後の箇所で次のように述べている。

それではこのような人間にとって不正を働くことが得になり、正しいことを行うことは利益にならないと主張する人に対して、彼の言うことは次のことに他ならないと言うことにしよう。つまり、複雑怪奇な怪物とライオンとライオンの仲間たちにご馳走を与えて強力にし、他方、《人間》は飢えさせ、弱くしてしまい、そしてその結果として、かのものたちのどちらかが連れていくがままにどこへでも引っ張られていくことになり、さらに一方を他方に馴れさせることも友とすることもなく、それらが自分たちの間で噛み合い戦いあって、互いを食い合うがままにさせておくこと――こういったことがその人間には利益になると主張することに他ならないのだ、とね（588e4-589a4）。

引用文中、最初に出てくる「このような人間」とは、キマイラやスキュラやケルベロスといったような複雑で多頭の動物――しかもそれは自らを変容させ再生させることが可能である――と、ライオンと《人間》とが一つに結びつけられて、その外側が人間の似像であるような、そういう人間である。この人間は「内側を見ることができず、外側の覆いだけを見る人には一つの動物、つまり人間として現れる（588e1-2）」と規定されている。他方、飢えさせられ、弱くさせられる《人間》、小さな内なる《人間》は、言うまでもないが、考量的部分を指す。

この小さな《人間》はなすすべもなく、ライオンとキマイラなどの怪物とが相争い、互いに食いあう。このすさまじい戦いは僭主独裁制的人間、あるいは端的に僭主に特徴的なことである。なぜそう判断できるかといえば、この言葉は不正を礼賛し、僭主こそ幸福だと説くトラシュマコスのような人の言葉が何を意味しているかの解明だからである。また、寡頭制的人間に特徴的なへつらいや卑しさ（9. 590b6）、あるいは名誉支配制的人間の特徴に挙げられる強情（8. 548e4）や気難しさ（9. 590a9）は別のものとしてそれぞれ述べられている。ライオンと怪物の食い合いとは、僭主独裁制的人間の魂を戦場として繰り広げられる勝利を愛する部分と利得を愛する部分の果てしない抗争なのである。

その抗争に対して小さな内なる《人間》ができることは何一つない。プラトンによれば、「かのものたちのどちらかが連れていくがままにどこへでも引っ張られていくことになり」、かつまた「それらが自分たちの間で噛み合い戦いあって、互いを食い合うがままにさせておくこと」になるという。自分よりもはるかに巨大で（cf. 588d3）強力な怪物の戦いを静止することもできず、「互いが互いを食い合うままにさせておくこと」しかできない。そしてどちらかが勝利を収めた時には、「かのものたちのどちらかが連れていくがままにどこへでも引っ張られていくこと」になる(77)。

言うまでもなく、ここの語句の「かのものたち」とは怪物とライオンのことであり、それゆえ「そのどちらかが連れていく」とは「かのものたち」のどちらか一方が戦いに勝利したときのことに生じることであろう。つまり小さな内なる《人間》には、怪物とライオンのどちらかに強制されて動くのみであって、自由は少しもないのである。言い換えれば、僭主独裁制的人間の魂においては、欲望的部分と気概的部分とが互いに相争い、その時々の戦いで勝利を収めた部分がそれ自体の欲求を満たすべく考量的部分を強制し、全体としての人間を支配することになるのである。これが不正な人における意欲の成立に他ならない。

以上のような解釈が正しいとするならば、われわれはこの節の冒頭に引用した一文をどのように解釈することが正当であろうか。その一文とは次のようなものであった。

　ある人々の魂においてはこの部分が支配し、また他の人々の魂においてはあれらのどちらかが支配する、どちらかがそうなるように（9. 581c1-2）。

「この部分」とは知を愛する部分であり、「あれら」とはそれゆえ勝利を愛する部分と利得を愛する部分であるが、このテキストが二通りの解釈を許すことがわれわれの問題であった。その二通りの解釈とは

（1）「他の人々」のうち、ある人については勝利を愛する部分が、別の人にとっては利得を愛する部分が支配する

（2）「他の人々」においては、あるときは勝利を愛する部分が、そしてまた別のときには利得を愛する部分が支配する

という二通りの読み方のことである。

ほとんどの場合、(1)の読み方が採用されていることはこの節の冒頭で述べた。というより(2)の可能性を追った者はほぼいないと言った方がよいだろう。そしてまたこちらの読み方は、「知を愛する人」、「名誉を愛する人」、「金銭を愛する人」という人間の基本的な三類型を示していると考えられるので、自然であることも述べた。しかしながら、この節でわれわれが解明してきた民主制的人間やとりわけ僭主独裁制的人間の魂の内側は、(2)の解釈もまた十分に可能であることを示している。小さな内なる《人間》は、怪物とライオンの「どちらかが連れていくがままにどこへでも引っ張られていく」ことしかできない。そしてこの「どちらかが連れていく」とは、繰り返しになるが、欲望的部分と気概的部分のどちらかが支配することを意味している。これこそ(2)の事態に他ならない。

それではいったい、上に引用したテキストの解釈として(1)と(2)のどちらを採用すべきであるのだろうか。(1)なのか、(2)なのか。

われわれはこの選言的な問いはここでは機能しないと消極的にではなく積極的に主張したい。「消極的にではなく」とは、つまり、二つの解釈のどちらも正しいと思われる以上、どちらか一方が正しいと決めることができないから、選言的な問いに答えられないのではない、という意味である。そうではなく、われわれはこの選言的問いが「積極的に」機能しないと言いたい。つまり、この一文はどちらの解釈も許容するものとして、あえてプラトンがそのように書いたと解すべきである。プラトンは勝利を愛する人と利得を愛する人とを区分し、基本的な三種類の人間を析出する根拠を述べる。これがこの一文の言わば、表の意味である。と同時に、民主制的人間ととりわけ僭主独裁制的人間においては勝利を愛する部分と利得を愛する部分との「王朝交代」がありうることをこの言葉によって示しているのである。これがこの一文の言わば、裏の意味である。

このように一つの文章に二つの意味を込めることによって、プラトンは寡頭制的人間、民主制的人間、僭主独裁制的人間の三類型が、欲望的部分によって支配されているという点で一つの類型にまとめられると同時に、他方で、それぞれが必要な欲望、不必要な欲望、不法な欲望に支配されているという点で異なることを示しているのである。プラトンがこの一文をあえて曖昧な仕方で書いたことは、以上のような意味で解釈されなければならない。

五　正しい人とは誰か

それでは正しい人がどのようにあることがらを意欲するのかを解明していくことにしよう。とはいえ、実はこの問題はそれほど簡単ではない。プラトンは不正の人の魂の分析を精彩豊かに行ったようには、正しい人の魂の分析を行ってはいないからである。

そもそも正しい人とは誰のことなのだろうか。一般にはそれは理想国における哲人王と答えられるだろう。これは必ずしも間違いとは言えない。いやむしろ、哲人王が洞窟に帰還するとき、彼らは正しい人だから正しいことを行う、つまり洞窟への帰還要請を受け入れるとグラウコンによって言われている（cf. 7. 520e）ことからも理解されるように、哲人王が正しい人であることは認められるだろう。

しかしどのような仕方で全体としての人が正義を意欲するかを問題にしているわれわれにとっては、事柄はそれほど単純ではない。なぜならば、たとえ哲人王が正しい人であったとしても、哲人王の魂の三部分がどのような状態にあり、どのような仕方で正義を意欲するかについては、プラトンはほとんど語っていないからである。

プラトンは第七巻の末尾で次のようにソクラテスに言わせている。

> それでは、と僕は言った、このような国家とそれに似た人についての僕たちの議論はもう十分なのではないだろうか。というのもその人がどういう人でなければならないと僕たちが言うことになる（φήσομεν）か明らかだろうから（7. 541b2-4）。

ソクラテスは理想国とそれに似た人についての議論は十分だという。確かにソクラテスは哲学者が王となる理想国について縷々語ってきた。しかし、理想国に「似た人」については語っていない[78]。「僕たちが言うことになる」という未来形が明らかにしている通りである。とはいえこれはプラトンの過失ではない。『国家』の考察の方法は、国家と魂の類比であるのだから、理想国の一階層に過ぎない哲人王の魂の分析を行うことは無限後退に陥る可能性があるからである。

哲人王は正しい人であろう。しかし正しい人がすべて哲人王であるわけではない。ソクラテスが語りかけているグラウコンとアデイマントス兄弟は哲人王にはなれない。しかし幸福であろうとするには、正しい人になるように求められているのである。おそらく理想国の哲人王はわれわれが学ぶべき模範ではない。そう言って悪ければ、哲人王はわれわれが学べるような模範にはなりえない。そもそも哲人王は理想国に生まれ、理想国に育てられる人々なのだから、そのような人をわれわれのモデルとすることはできない。だが、模範になりえないものは模範であろうか。

いずれにしろ、われわれが模範とすべきなのは別のものであろう。それは何だろうか。第五巻では「正義がどのようなものであるかの探究」は正しい人の「模範のために（παραδείγματος ἕνεκα, 472c4）」なされてきたことが確認されている。その後議論は進み、哲人王が誕生し、不正な人ではなく正しい人こそ幸福であることが論証された後で、理想国は「模範として（παράδειγμα, 9. 592b1）」天上に、それを見ながら自分の内に国制を打ち立てようとする人にとってのみ存在する、と言われている（cf. 9. 592b）。こういった議論の大枠はわれわれが模範とすべきなのは理想国であることを語っていよう。われわれは哲人王に倣うのではなくて、理想国の国制に倣うべきなのである。

したがって、正しい人とは理想国の国制を魂のうちに宿している人であるということになる。これはちょうど正義の探究が一段落ついた四巻の終わりで、国家の三階層のそれぞれが「自分の仕事をする」とき正しい国家であるように、魂の各部分が自分だけの仕事をするとき、その人は「正しい人であり、かつ自分のことだけをする（4. 441d12-e1）[79]」と語られていたことと同様である。そして正義とは「内なる行為」に関わるのであり、それぞれの部分に自分の仕事をさせ、自己自身と友になり、三つの部分を調和させるものである。このような状態を保全し、作り出すような行為が正しく美しい行為であり、そのような行為を導く知識が知恵である。これに対して、調和を解体させる行為が不正な行為であり、そのような行為を導く思わくを無知であるとされる（cf. 4. 443e-444a）。

それではこの説明で正しい人がどのように正しいことを意欲するかの説明は尽きているのだろうか。そうではないだろう。なぜならば、この四巻までの国家の守護者はまだ哲学者となっておらず、それゆえ守護者に相当する考量的部分もしかるべき教育を受けていないからである。理想国に似た人は理想国と同じ構造を持っているのだから、理想国の守護者が哲学者になることは考量的部分が四巻までのそれから変容することを意味しているのではないだろうか。

だが、このように考えようとするわれわれにとって大きな障害となるのが、「考量的部分」という語が第五巻から第七巻には用いられていない事実である。その代わりに用いられているのは「知性」[80]であったり「魂の目」[81]といった語である。求められているのは、考量的部分の変容ではなくて、魂全体の向けかえ[82]なのである。だとするならば、第五巻から第七巻にかけて魂の三部分を読み込むことは、テキストにそぐわないのではないだろうか[83]。

確かに言葉が用いられていないことの意味については、あらためて考慮しなければならないだろう。しかしながら、守護者と言われる人たちが哲人王になるよう要請されていることをも、われわれは考えるべきなのではないだろうか。すなわち、四巻までの守護者は、国家を、国制や国法を守る人々である。その時彼らは魂において考量的部分に対応する者である。しかし続けて彼らは国制や国法の原理を知るように求められるに至り、哲人王となるよう要請される。その時彼らは魂において知性に対応する者である。とするならば、四巻までの守護者と哲人王とは同一人物であるが、国を守護する政治的役割を果たすと同時に、真理を観る哲学的活動を行う点で区別される。ちょうどそのように魂の考量的部分と知性との関係を理解することができるのではないだろうか。魂の全体を配慮する役割をもつのは考量的部分と呼ばれ、善のイデアを最大の学業として学ぶのは知性と呼ばれるが、そのように二つの名を持つ同一の何かがあるのではないだろうか。

もしそうだとするならば、われわれは哲人王について考察しなければならないことになる。それは哲人王がわれわれのモデルだからではない。繰り返しになるが、われわれのモデルにならないということは彼らが正しい人であることを否定しているのではない。また、理想国の守護者が理想国の構造と同じような構造をその魂のうちに有することを否定しているのでもない。彼らが正しい人である以上は、理想国を魂のうちに作り上げている人々だと考えられる。だが論点はそこにはない。理想国を魂のうちに作り上げるということがどのようなことかが問題なのである。そしてそれを解明するためにこそ、哲人王について考察しなければならない。その考察は、守護者が哲学者になることについて、そして哲学者が守護者になることについて、この双方についての考察からなる。前者が洞窟からの脱出であり、後者が洞窟への帰還である。どちらが欠けても理想国は存立しえない。それゆえ理想国を魂のうちに作り上げようとする人は、守護者に相当する考量的部分を善きものにするためには、守護者の洞窟からの脱出と洞窟への帰還の双方について考察し、それが魂において何に相当するかを考察しなければならない。

それゆえ以下の論述は洞窟からの脱出と洞窟への帰還との双方を論ずることになる。その後で、考量的部分がそのようなことをどのように魂のうちに作り上げていくかということについて考察する。

六　洞窟からの解放

哲学を学んだものは、少なくともギリシア哲学を学んだものはプラトンの洞窟の比喩を知らないことはないだろう。この比喩はプラトンの類い稀な詩的想像力と哲学的思索とが生み出した傑作である。まずはこの比喩を簡単にまとめておこう。

大きな間口の開いた険しい急な坂道（τραχείας τῆς ἀναβάσεως καὶ ἀνάντους, 515e5-6）[84]を地下へと下っていくと洞窟があり、そこに生まれながらにして手足を縛られ、洞窟の奥へ向かうよう座っており、動くことができない囚人たちがいる。彼らの背後には火があり、そして火と彼らとの間には別の人々がいて人間や動物の模像である人工物を持って移動している。中には声を出すものもいる。囚人たちは頭を固定されているので、洞窟の奥に移る影だけしか見ることができない。彼らは自分たちの影を自己と思い、様々な作り物の影をそのもの自体と思う。

自由という観点から着目されるのは、洞窟からの脱出は一種の解放（λύσις）と捉えられていることである。洞窟の様子を語ったソクラテスは次のように話を続ける。

> では考えてくれたまえ、この束縛と無知とからの解放と癒しがいったいどのようなものでありうるかを、もし自然本性によって次のようなことが彼らに生じるとするならば（7. 515c4-6）[85]。

洞窟の囚人たちの束縛と無知からの解放、つまり自由になることが語られている。囚人たちは洞窟から自由になり、知の世界へと歩み出すのである。ではその自由になることとは、いったいどのようなことなのだろうか。

それは次のようなものだとプラトンは語る。ある人が縛めを解かれ、後ろ（火のある方）へと向き直され、過ぎ去っていく事物について問われ、「何であるか（ὅτι ἐστίν）」を答えるように強制される。これらはすべて囚人には苦痛であるが、それにとどまることを許されず、さらに洞窟の外へと強制的に引っ張られる。洞窟の外へと出ても囚人は苦痛を覚えるが、次第にその世界に慣れ、周りの事物から始まって最後には太陽を観ることができるようになる。このとき、ようやくにしてその囚人は自分の身に起こったことを喜ぶ。

プラトンによれば教育とは、魂の中に内在している、それによって学び知る器官を「魂の全体とともに《なる》ものから《ある》ものと《ある》もののうちで最も明るいものとを観るのに耐えられるようになるまで導いて

(518c7-d1)」いくことである。そして哲学的問答が「ある種異邦の泥土に埋もれている魂の目を、穏やかに引っ張り、上へと導いていく(533d1-3)」のである。これが比喩的な語りによってプラトンが述べる解放と癒しの次第である。

われわれがなすべきことは、この比喩的な語りを解釈すること、すなわち、洞窟の影とは何か、模像とは何か、魂の目とは何か、それがどのように解放されるのか、といった問いに答えることであろう。このときに注意すべきは、「われわれと似た(7. 515a5)」と言われる囚人たちについて語られる洞窟の比喩は、われわれの認識を問題にしていると同時に、その洞窟はひとつの社会としても捉えられていることである。洞窟の比喩はいくつかの層が重なり合っているので、それらを解きほぐすことが解釈の勘所となる。そしてこの洞窟の比喩はそれに先行する線分の比喩と対応させられているので、ここで線分の比喩について簡単にまとめておこう。

一つの線分ＡＢをとり、それをＣという点で等しくない二つの部分に分ける。こうしてできた線分ＡＣとＣＢをそれぞれその比例に従って再び分割する。そうすると全部で四つに区分された線分が出来上がる。短い方から順にＡＤ、ＤＣ、ＣＥ、ＥＢである。プラトンによればこの線分の長さは（魂の認識の）対象の真実性の程度と魂の状態の明確性とを表現している。そして魂の状態としては順に、おぼろな知覚（εἰκασία）、信念（πίστις）、思考（διάνοια）、思惟の働き（νόησις）があてられ、(86)それぞれの対象としては順に、鏡や水面に映った像、像の原物、数学的諸対象、イデア、があてられることとなる。(87)

この線分と洞窟とはどのように対応するのであろうか。ソクラテスは洞窟と線分とを対応させるよう、グラウコンに求めるのだが、解釈者はむしろこの対応をどのようなものとして考えるか苦慮している。(88)線分は四つに分けられるが、洞窟から地上へはどのように分ければよいのか。(89)感覚されるものを線分の短い部分（ＡＣ）や洞窟内部に、知られるものを線分の長い部分（ＣＢ）や地上に割り当てるというのが、自然なかつ一般的な解釈である。[90] しかし、線分の最も短い「おぼろな知覚」ははたして洞窟内部で人々が見ている影と同一視してよいのだろうか。これが一つの大きな問題である。なぜなら「おぼろな知覚」は人はそれほど重要なものと考えないだろうが[91]、洞窟の内部に映る影は、洞窟の囚人たちがある意味「認識」し、それをめぐって大いに議論を戦わせるまさにその対象だからである。こういったところから、詩人追放論と関係づける解釈や[92]、影と本物を区別できない人の状態[93]だとする解釈など、様々な解釈が提出されてきた。

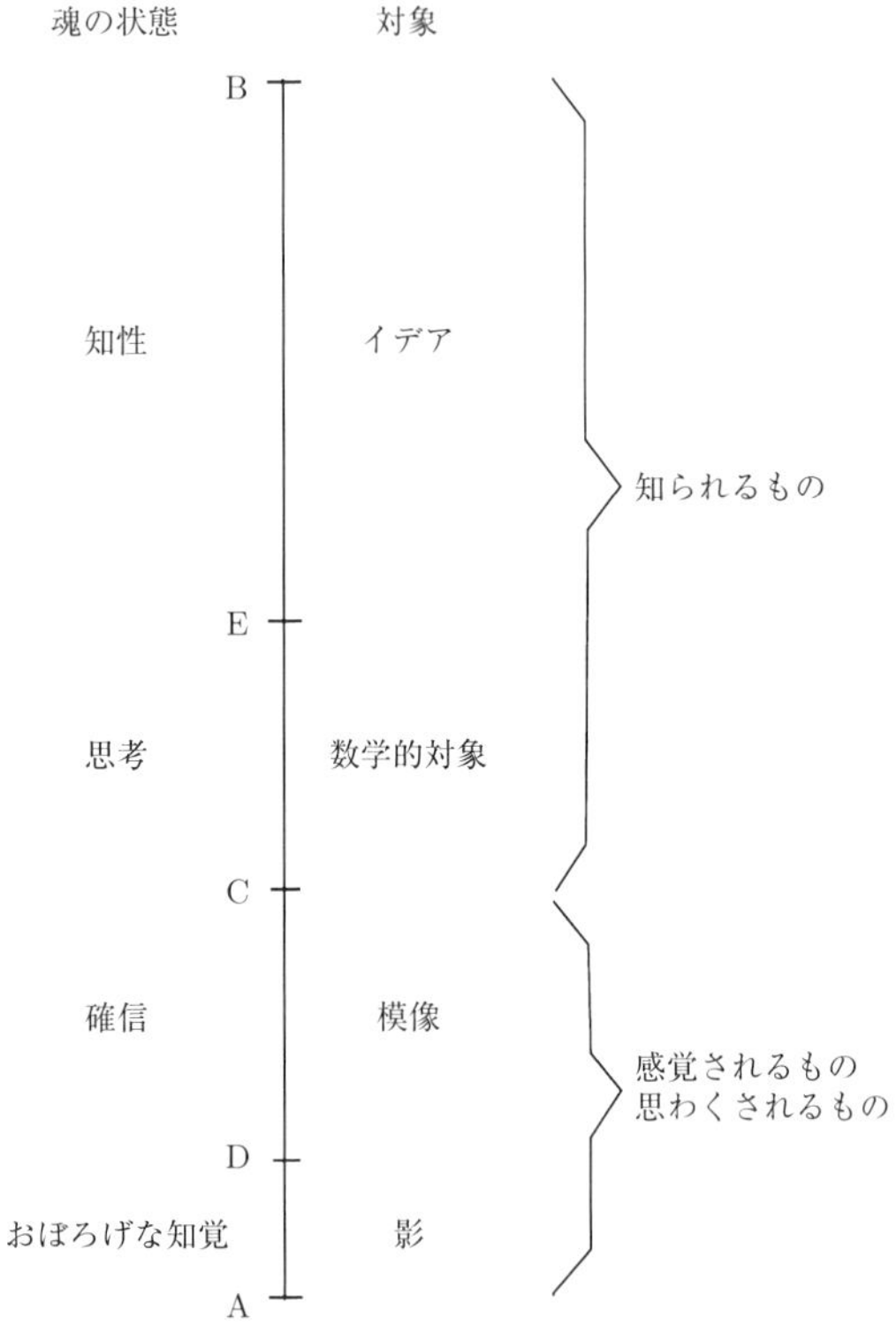

このような多様な解釈を前にして、洞窟と線分との対応を考える時にまずわれわれが注意すべきは、テキストが語っていることを過不足なく理解することであろう。プラトンが線分と洞窟を重ね合わせるよう要請しているテキストは次のようになっている。

それではこの比喩を、と僕は言った、親しいグラウコンよ、全体として先に語られたことと結びつけなければならない。すなわち、視覚を通して現れる領域を牢獄という住まいに比し、その中の火の光を太陽の機能に比することによって。そして上方への登攀と上方のものを観ることを、魂が知られるものの場所へと上昇していくこととすれば、少なくとも僕の望みを君が外すことはないだろう（7. 517a8-b6）。

ソクラテスがグラウコンに求めることは、（1）「視覚を通して現れる領域」つまり、感覚されるものの場を囚人の住まいである洞窟に、（2）洞窟の火を太陽に、（3）上方を知られるものの場に、それぞれ重ね合わせることである。知られるものと感覚されるものとの区切りは、線分では最初の分割点Cにある。では洞窟の比喩における上方への登攀の開始時点はいったいどこにおかれるべきなのか。上昇を始める前の囚人たちの状態を考察してみよう。

ソクラテスによれば、洞窟の中の囚人たちが見るのは影だけである。彼らは、洞窟の壁面に影を投げかける物体が不思議な人物たちによって運ばれているとは知らない。ところで影とはいったいどのような特徴があるのだろうか。それは二次元であることである。影は絵ではない。絵であれば、遠近法やあるいは色の濃淡によって奥行きを見るものに感じさせることができるだろう(94)。ところが、影には奥行きがない。あるいは三次元の物体が持っている、見る者がある一定の視覚から見る以上は決して見ることのできない背後がない。したがって影を見るものはすべてを見ている。あるいは、影には見えないところがないのだから、影はすべてをあらわにしており、したがって、見えるものがすべてである。奇妙なことに、囚人たちは前方の壁面に映っている影こそが自分たちだと思うとソクラテスは言う（cf. 515a）。ということは、彼ら囚人たちは自分たち自身に関しても、つまり自己認識に関しても、他の影を見る場合と同じ状態にある。彼らは自分たちのすべてを知っていると思っており「汝自身を知れ」という命令は不要だと見なしているのである。ではこのような状態、自己を含めたあらゆるものが見える通りにあると信じている状態で、哲学的探究が生じるだろうか。隠されている真実のない、《思われ》と《ある》との区別がないところでは、哲学的探究は生じないのではないだろうか。

確かに囚人たちは、壁面に映る影の順番を記憶し、記憶力の良いものに名誉が与えられるという記述（cf. 516c-d）は、次に何が来るか、あるいはそもそもあの影は何か、について論争が発生することを示している。だがこのような論争は、哲学的探究であろうか。そうではないと思われる。

線分において「探究」の語が使われているのは、線分の長い部分であるＣＢであり、より詳細に言えば、数学が語られるＣＥという部分[95]だけである。哲学の部分には「探究」の語は直接現れていないが、数学との探究の仕方が対比されているのだから、哲学が探究であることは明らかである。したがって、感覚されるものと知られるものとを区別する点は、「探求」である。

では洞窟の比喩において探求はどこで始まるのか。それはある囚人が縛めを解かれ、逆を向き、「歩いて火の光を仰ぎ見て（βαδίζειν καὶ πρὸς τὸ φῶς ἀναβλέπειν, 515c7-8）」、さらには通り過ぎていくものが「何であるか」と、ソクラテスと思われる不思議な人物によって——不思議とはつまり、なぜこの人物は他の囚人達とは違って縛めから解放されて、すでに自由になっているかが不明だからである――問われるときである。つまり、「何であるか」と問われ、困惑するのは、洞窟の内部ですでに始まっている。とするならば、洞窟の奥に映る影を見ている囚人の状態は、線分では一度目の分割によって得られる感覚されるものと言われている部分（ＡＣ）に相当することとなる。

また、数学の役割について述べている箇所も以上のような見解を支持する。その箇所を見てみよう。

縛めからの解放、影から模像と光の方へ向きを変えること、地下から太陽の下へと上昇していくこと、そしてそこで、動物や植物や太陽の光を直視できずに、水に映った神的なその映像と影とに、つまり、太陽と比べれば模像のような別の光によって映し出された、模像の影ではなく、実物の影に視線を向けること、こういった段階があった。われわれがこれまで述べてきたいくつかの学術を研究することの全体は、このような力を持っている……（532b6-c5）

ここに明らかなように、哲学的問答に先立つ数学は、洞窟内部において向きを変え、模像や火の光を見るところから、すでに始まっている。そしてこれは線分の思考の部分（ＣＥ）に他ならない[96]。

以上のように、「何であるか」の問いが問われ始める点、そして数学の役割、これらの記述を合わせて考えれば、線分のＣＢの部分に相当する知的活動は、すでに洞窟の内部における身体の向けかえから始まっているという結論になる。

このような解釈に対しては、洞窟内部で影を見る状態をどのようにさらに二つに分けることができるのか不分明であるという批判が提出されるだろう。この批判に答えるためには、線分の比喩において感覚されるものと思わくされるものとが重ね合わされていることに注意すべきである[97]。最初の分割によって得られる短いほうの部分は（ＡＣ）、感覚されるものとも思わくされるものとも呼ばれている。しかしこれら二つの名称のうち、感覚されるものが話題になっているときのみ、二度目の分割が語られる。思わくされるものという名称で呼ばれるときには、ＡＣの部分の再分割は語られない[98]。また、534a7では、思わくされるものと知られるもののそれぞれを分割することは止めておくと言われていることに注意すべきである。思わくされるものをさらに分割することは、とりあえずは触れなくとも議論が進行するものと対話者によってみなされているのである。

しかしそうだとすると、いったい（一）なぜ感覚されるものは二つに再分割されるのか、また、（二）それにもかかわらず感覚されるものと思わくされるものが重ね合わされているのはなぜか、という疑問が生じるだろう。これらのうち（一）の疑問に対しては、比喩の働きについて述べることで、（二）の疑問に対しては感覚されるものと思わくされるものとの共通点について述べることで、それぞれ答えていきたい。

まず、（一）に対しては次のように答えられる。比喩はある事柄を説明するのに、説明されるべき事柄よりもより分かりやすい別の事柄を用いて伝えようとする表現形式である。線分の比喩において、見られるもの（ＡＣ）がＡＤとＤＣとの二つに再分割されることに関しては、ちょうど真実性の有無の度合いに応じて、思わくされるものと知られるものに対する関係がそのまま、似像（影）の原物に対する関係と等しくあるように分割される(6. 510a)。ここに言われている二つの対のうち、似像とその原物の明確さ、あるいは真実さの度合いがより分かりやすいのに対して、思わくされるものと知られるものとのもう一つの対は説明されるべき事柄である。つまり、水面に映った影とその影の原物とを比べれば、原物の方がより真実であり、それの感覚の方がより明確であると言われることは理解しやすい。そしてこの理解に基づいて、思わくされるものと知られるものとの明確さと真実さの度合いの差は、ちょうどそれと同じ比で理解するよう求められているのである。「思わくの明確性と知の明確性の差は、おぼろな知覚と信念の明確性の差に等しい」これこそプラトンがここで言おうとしていることなのである[99]。このことをわかりやすく伝えるために、感覚されるものは影と原物とに分割されなければならない。

それではこのような違い、つまり、線分の同一の部分（ＡＣ）が、感覚されるものとしては再分割されるのに、思わくされるものとしては再分割されないのにもかかわらず、同一の部分に重ね合わされ、同一の部分を言及する名称として用いられるのはなぜなのか。この（二）の疑問に対しては、感覚されるものと思わくされるもののどちらにも、誤りがないからだと答えられる。感覚と思わくには誤りはない。もちろん、見間違いや思い違いというのはありふれた事実であろう。そういう意味では誤りは感覚にも思わくにもある。しかし指が長く見えるとき、そのように見えることを視覚は正しく伝えている。同じように、ある事柄に関してしかじかの思いを持っている時、その思いを誤りであると同時に思うことはありえないのではないだろうか[100]。

すでに指摘した、プラトンが「探究」という語を線分の下半分（ＡＣ）には用いていないというテキスト上の事実は、まさにそれゆえであると思われる。それに対して上半分（ＣＢ）については探究という言葉が用いられている[101]。そして探求がいかにして始まるのかをプラトンは三本の指を例にとって説明する。三本の指を例に取り上げて行われる説明（7. 523a-524d）を思い起こそう。プラトンによれば、中指、薬指、小指が「指であること」については、感覚（視覚）はこれを過たずに判断する。これに対して、これら三本の指の大小、太さや細さ、そして固さや柔らかさについては感覚だけでは答えることができない。感覚は指が固いとも柔らかいとも示す、つまり同時に相反する合図を送るからである。感覚だけでは答えることのできないこのような問いの解決のために、魂は知性を呼び出すこととなる。このとき問われる問いこそ「大とは何であるか」「小とは何であるか」という問いである。このように知性を呼び出すか呼び出さないかによって、感覚されるものと知られるものの区別が成り立つのだと主張される。まとめて言えば、感覚の送る合図が明白である場合には、魂は「何であるか」の問いを問うことはないが、相反するような合図を同時に感覚が送りつけてくる場合には、魂は困惑し、知性を呼び覚まして「何であるか」と問う(102)。かくして、この箇所から明らかなように、感覚の合図が相反して困惑に陥り、知性を助けに呼ぶ時、その時が探究の始まりである。感覚には探究そのものを開始させる力はない。

では思わくの場合はどうなのだろうか。感覚の例示にならえば、相反する思わくによって魂が困惑することによって、「何であるか」を問う知性の働きが始まる、ということになるはずである。だが、感覚と違って人は相反する思いを同時に持てるのだろうか。むしろ、アポリアを構成する相反する思わくは、自分があらかじめ持っている思わくを吟味されることによってしか、生じ得ないのではないだろうか。「SはPである」と思っている人は、それが真であると信じ込んでしまっている。「私は『SはPである』と思う」とは「私は『SはPである』が真であると思う」ということであり、「真であると思う」その限りにおいて思わくは探究を呼び起こすようなものではない。エレンコスが必要なのはそのゆえである。アポリアに終わる初期対話篇のいくつかが示していることはまさにこのことであろう。

ここでもう一度、今までの議論の成果を交えつつ、線分と洞窟とをプラトンの要請に従って重ね合わせてみよう。線分の思わくされるものとしての部分(AC)は、洞窟の内部で囚人たちが影を見ている状態にあたる。このような彼ら囚人たちの間では探究がなされていない。もちろん、洞窟内の世界にも様々な論争はあり得る。ある政策が有益であるかないか、ある人物が正しいか、こういった問題に洞窟内部は言わば常に沸き立っているのである[103]。しかしこのような見解の相違は、それらの見解が並べて聴かれてその後で多数決によって解決されることがあるとしても、この解決は探究ではない。多数の支持を取り付けられなかった者たちは、自分たちの見解に疑問を差し挟むことなく、むしろ決定や判決が不当であることを非難するだろう。ここにはアポリア（困惑）はない。多数の支持を取り付けた者たちもまた、自分たちの見解を疑うことはあるまい。善いとされた、正しいとされた見解にどうしてアポリアが生じえようか。それゆえ見解を併置し、その判定を第三者に任せるという議論の進め方は、アポリアを魂のうちに生じさせず、したがってそれは探究ではなく、プラトンが語るような意味で知性を働かせはしないのである[104]。

しかしながら、たとえ探求がすでに洞窟の中に始まるとしても、そして思わくそのものには探求を生み出す力はなく、それゆえ線分のＡＣが洞窟の影をみている状態に当たるとしても、それでもまだ洞窟における模像を思わくの対象と考える余地は残されている。というのも、まず第一に洞窟の中における火は地上における太陽であると言われているのであるから、地上の太陽が善のイデアを指すのであれば、洞窟内の火は現実世界の太陽であると考えられ、そうであるとすればやはり洞窟全体は思わくされるものに当たると考えるのが妥当ではないのか。そして第二に、洞窟内の人間や動植物、あるいは人工物の模像が影を投げかけるのであって、地上におけるそれらの実物が影を投げかけるわけではないのであるから、模像がイデアや数学的対象であるとは考えにくい。とするならば、模像はやはり思わくの対象となる事柄なのではないのか。以上のような疑問はもっともなものだと思われる。それゆえわれわれはこれらについて解答を用意しなければならない。その解答とは言うまでもなく、洞窟内の影とは何か、その影を投げかける模像とは何か、という問いの答えである。

洞窟内の影とは何か。それは、人間や動植物、あるいは人工物の模像の影である。しかしこの時、われわれが着目しなければならないのは、洞窟内で行われる論争である。この論争はいったい何を巡っているのであろうか。テキストの語るところによれば、囚人たちの間で、影についてそれが何なのかを認識し、あるいは次にどのような影が来るのかを予言することができる者には名誉が与えられる。ではこの論争は探求ではないのはすでに述べたことだが、可感的事物をめぐるものなのだろうか。一般的に言って、『国家』において、人間とは何かとか、牛や馬とは何かという問いが問題になることはないと思われる。実際、三本指の箇所では、感覚は指であることを正しくとらえ、知性の助けを必要としないと言われている。問題になるのは、正義とは何か、善とは何かといった価値に関わる問いであろう。そしてまた囚人たちの住まいである洞窟があるひとつの社会であるとするならば、社会に住むわれわれが論争することとは、善、美、正といった事柄についてであろう。そういった事柄に関わる論争とは、正義／善／美とは何か、ではなくて、これは正しい／善い／美しいといった言明であろう。たとえば、ソクラテスのしたことは正しいのか不正なのか、という問題を巡っているだろう。とするならば、洞窟の壁に映る影とは、正しい／善い／美しいといったことが問われる具体的な、あるいは個別的な行為や事象ではないだろうか。あるいはさらに言えば、すでにそのような判断が付着した事柄、つまりは「この行為は正しい」というよりも「正しい行為」として把握されている事態ではなかろうか。そして洞窟内には哲学的探求がなされておらず、思わくには探求を生み出す力はないというわれわれの先の思考をここに重ねるならば、影をみている状態とは、個別的な倫理的・価値的な判断をいささかも疑っていない状態ではないだろうか。つまり、ソクラテスのしたことは不正以外の何ものでもないと思っていたアニュトスやメレトスのような人たちの魂の状態がこれに当たると考えられる。

それではそのような影を投げかける模像とは何か。ここで考慮すべきことは、そもそも囚人たちにはこの模像が見えないため、見えるようになるためには振り返りが必要であること、そしてその模像に関してソクラテスと思われる人物の吟味を受けること、影が二次元であったのに対して、模像は三次元であること、である。テキストには囚人が何によって縛めを解かれ、振り返るのかは触れられていないが、これをするのは何であるかの問いによって模像を吟味する人物以外にはないだろう。自らの倫理的・価値的判断を疑っていない人々が、あえて振り返ることをするとは考えられないからである。事実、テキストは受動態になっている。とすると次にように考えられるのではないだろうか。影とは個別的な倫理的・価値的判断を伴った事柄であった。その影を生み出す模像はそれゆえ、そのような個別的な倫理的価値判断を生み出すものであろう。そしてそのような価値判断は、普段は、それをいだいている当人にもそれとして意識されていない。それは振り返ることによって、つまりはソクラテスの「何であるか」の問いを受けることによって、その当人が答えるようなものなのである。たとえば、父を訴えることが敬虔なことなのだと信じきっている（これが影をみている状態）エウテュプロンは、ソクラテスの「敬虔とは何か」の問いによって、個別的な倫理的価値判断を離れ、それとは次元の異なる、「神々に愛されることが敬虔だ」といった一般的な判断を答えることになる。この一般的な判断は、個別的な倫理的価値判断と無関係ではない。それはエウテュプロンが下してきた、あるいは下すであろう個別的な倫理的価値判断を振り返ったときに、当人に現れてくるのである。しかし因果的には、模像が影の原因であるように、一般的な判断は個別的な判断の原因であろう。というのも、たとえ当人にはそのような一般的な判断を有していることが意識されていなかったとしても、その判断に基づいてこそ個別的な判断をしているはずだからである。したがって、模像とは、個別的判断の原因となるような一般的な倫理的・価値的判断が関わるものであろう。その意味で思惑されるものと名づけられうる。そしてそれはより具体的に語るならば、一般的に正しいとされている社会的通念ではないだろうか。

これが三次元の模像として表されていることは、二次元である影とは違って、当人にも見ることのできない背後を持つことを意味しているだろう。だからこそ探求がそこで生じる余地があるのであり、つまりはソクラテスによって吟味の対象となることができるのである。

以上の考察から、線分と洞窟の対応については次のように答えられるだろう。線分は探求の有無によって大きく、知られるものと思わくされるものとに区別される。洞窟内において探求が行われていない場合には、思わくされるもの全体は洞窟の壁に映る模像の影を見ている状態に相当する。それに対して、洞窟内において探求が行われている場合には、影と模像とが思わくされるもの全体に当たる。探求は思わくからは生じない。しかし思わくをめぐる「何であるか」の問いによって探求が開始されるのである。

探究とは「何であるか」の問いによって引き起こされる、思わくからの解放であり、これこそ洞窟からの脱出である。この洞窟からの脱出は、はじめは苦痛であるが[105]、脱出が苦痛であるのは、思わくからの解放がまずは自分の思いが否定されることだからだろう[106]。そういった苦痛は上方の洞窟の外の光に慣れることでしだいに和らいでいき、そしてついには太陽を観ることができるようになる。

しかしながら、「何であるか」の問いは青年を堕落させる可能性を持っている。権威に服しつつ受け取ってきた美しいことや正しいことについての教えを、「美しいこととは何であるか」と問われ吟味されることによって、青年は、疑い、捨て去り、ひいては無法者になってしまうという可能性がある。そのような事態を防ぐためにプラトンは若者には言論に与ることを許さないことを提案する[107]。そのかわりに将来の守護者たちには数学が課せられることとなる。

プラトンが『国家』で提示している教育プランによれば、数学[108]は二十歳から三十歳までに学ばれ、言論に与るのは三十歳から三十五歳までである。その後、三十五歳から五十歳までは戦争の統率などをして、いよいよ五十歳から哲学に専念し、善のイデアを学び、その後は順番に洞窟へ帰還して政治に携わることと規定されている。「何であるか」の問いによって吟味される前に、数学の学習が必須とされている。これは数学を学ぶことによって、人は「何であるか」の問いの持つ危険性、破壊性に耐えうるようになっているからではないだろうか。算術から音楽まで五つの数学的諸学科に共通することは、「あるもの」に関わるべき、感覚ではなくてロゴスと思考(λόγος, διάνοια)によって捉えられるものを対象としていることである。このような「あるもの」をめぐる数学的諸学問を十年間にわたって学んだ人たちは、たとえ「何であるか」の問いによって思わくを吟味されても、数学的諸学問によって「真実にあるもの」に慣れ親しんでいるから、美しいことや正しいことについてもまた「真実にあるもの」があることを信ずることができると考えられる。正しいことや美しいことに関する様々な事柄は、一通りに決め難く、ある時は美しいと現れてもまた別の時には美しくないと現れたりする。どのようなものについても相反する思いが可能になってしまうようなものであろう。それゆえ、これらについて「真実にあるもの」「常に同一性を保つもの」の在ることを知らない若者に向けて、「何であるか」の問いを問うことは危険である。その問いにさらされ、思わくを吟味されることによって、正しいとされている事柄を疑い、価値ニヒリズムに陥る可能性がある。しかしもし数学的諸学問によって「真実にあるもの」があることに慣れ親しんでいる人であるならば、倫理的な事柄、価値的な事柄についても「常に同一性を保つもの」が存することを認めることができると期待される。だからこそ、数学的諸学問は有用である。そして数学的諸学問を学んだ人は価値的な事柄についても「常にある」ものの在ることを認めることができるからこそ、相反する思わくを生じさせる様々な事態、事象をくぐりぬけて、善そのものへと至ることができる。これが数学的諸学科が哲学的問答法の前に学ばなければいけない「序曲」であることの意味ではないだろうか[109]。

数学は、仮設を絶対のものとして固定し、実在について夢を見ているかぎり、探求を停止したものともみなしうる。この点で信（πίστις）と変わりはないとするならば、これが線分の真ん中二つの部分の同じ長さであることの意味であるかもしれない。しかし、数学の明確性は線分の二度目の箇所（cf. 533d）では思わくよりも明瞭で知識よりも不明瞭であると言われているので、より長く描かれるべきであるように思われる。それゆえ整合的な解釈は難しい[110]。

それでは「本曲」たる哲学的問答はいったいどのようなものなのだろうか。ところが、プラトンはこれについて詳細な説明を拒んでいるので、以下、乏しい説明の中から重要な点を箇条書きにしてみよう。

（1）ロゴスだけを用いてまさにそれぞれのものであるところのものへと前進するように努め、最後に善のイデアを直接把握する、と。そしてこの行程をディアレクティケーと呼ぶ。

（2）ディアレクティケーそのものの叙述はなされない。それは対話相手であるグラウコンがついていかれないからであって、ソクラテスに熱意がないからではない。

（3）ディアレクティコスはそれぞれの本質（οὐσία）のロゴスを把握し、それを与えることができる人である。

（4）これはディアレクティケーにのみ関わるのではないが、哲人王の候補者たちは自由な人間たるべきであるから、隷属状態の中で学んではならない（cf. 536e）。

（5）言論の習得に与る三十歳以上の人々を、あるものそのもの（αὐτὸ τὸ ὄν）へと至れるかどうかを、問答する能力によって試すべきである。この試す人は「君」つまり、立法者たるグラウコンらである（cf. 537d）。

（6）善のイデアを目指す哲学的問答そのものは五十歳以降とされる[111]。

そしてディアレクティケーは

文字通り異邦の泥土の中に埋もれている魂の目を、穏やかに引き起こして、上へと導いていくのだ――われわれが述べたもろもろの学術をこの転向の仕事における補助者としてまた協力者として用いながら（7. 533d1-4）。

ディアレクティケーは、つまり「何であるか」の問いは、魂を上方へ引き上げる、言わば駆動力である[112]。解放がいかなる仕方でなされるかは以上のようなものである。

残された問題は解放されるのが何かである。それは魂の目を含む魂の全体がそうであると簡単に答えられるが、しかし、では魂の目とは何を言い、また四巻までの魂の三部分とは無関係なのかが考察されなければならない。たしかに太陽、線分、洞窟の三つの比喩を論述の頂点とする五―七巻は、他の諸巻と比べて何か隔絶した印象を与える[113]。しかし哲人王の話は妻子共有論から導き出されるのであり[114]、妻子共有論は守護者間における私有の禁止にすでに組み込まれていた。それゆえ、五―七巻の語りがいかに超越的であろうとも、それらが『国家』の他の部分といかなる仕方で関係しているのかを考慮しなければならないだろう。

魂の目と考量的部分のそれぞれはどのような機能を果たすと述べられているのであろうか。プラトンによれば、魂の目とは「各人がそれによって学ぶところのもの（7. 518c5-6）」である。他方、考量的部分は、われわれが魂の三部分について解釈したように、「それによって考慮する部分（439d5）」とも言われるが、「それによって学ぶ部分（581b6）」であった。このように魂の考量的部分の機能は二つ挙げられ、考慮から学びへとその機能を語る視点が変わっているが、この変化は五―七巻の論述に基づかなければありえないことであろう。またそもそも考慮する機能と学ぶ機能とはまた無関係ではありえない。いくら考慮しても考慮するのに必要なことを学んでいなければ、その考慮はかえって魂全体を、つまりは人を不幸へと陥れることにならないとも限らない。それゆえ考量的部分の機能は「それによって学ぶところのもの」として代表させることが可能である。

とするならば、魂の目と言われるものと考量的部分とは同じ機能を果たすことになる。したがって、そもそも三部分が析出されたのは、魂の果たす機能に基づいていたのであるから、これら両者は同じ部分である、ということになる。

ではなぜ名称が変わるのだろうか。これには二つの理由があると思われる。

一つには、考量的部分と他の部分との関係を問題にする視点から、向け変えの契機を導入することである。そしてこの向け変えこそ思わくからの解放、あるいは解放の第一歩であった。それゆえ魂の目の向け変えとは、考量的部分が善のイデアの知を獲得しようと目指すこと、つまりそれ本来の欲求を満たすことを開始することであろう。あるいは別の言い方をすれば、考量的部分が他の部分の影響から脱すること、つまり他の二つの部分、および全体のための配慮をしなくてよい状態になることを意味するだろう。向け変えとは方向性の契機を示しているのである。

もう一つには全体へのまなざしである。確かに知恵を持つ考量的部分こそが魂の全体を配慮するのであった。しかしそれを目と呼ぶことにより、目が向きを変えるには身体全体を向け変えなければならないように、魂の目を向け変えるには魂全体を向け変えなければならない、という叙述が可能になる。魂の三部分は、機能の独立のゆえにそれぞれは部分なのである。しかしこのように部分の独立性に着目しての魂の分析は、逆に魂の全体性の理解を難しくしている。それに対して、目と身体に譬えられたとき、魂の目、すなわち考量的部分と他の二つの部分とが、たしかに一つの全体をなしていることがより鮮明になるだろう。

魂の目は魂全体の向け変えを必須として上昇していく。この上昇は魂全体の浄化であると言われている。この浄化についてプラトンは次のように言う。

そのような〔優れた〕素質の魂のこの器官が、もし子供のときから早くもその周囲を叩かれて、生成と同族である鉛の錘のようなものを叩き落とされるならば、――この鉛の錘のようなものは、食べ物への耽溺や、そのようなものの与える快楽や意地汚さなどのために、この魂の器官に固着するものとなり、魂の視線を下のほうへ向けるのだが、――もしそういったものから解放されて、真実在へと向き直るならば、同じ人間のこの同じ器官は、今向いている事物を見るのと同じように、真実在を最も鋭敏に見てとることであろう（519a7-b5）。

魂の目に固着する鉛の錘のようなものは、食べ物への耽溺だとかそれの与える快楽によって生じる。そしてそれはこの器官の「一部となり」、視線を下に向けると言われている。すなわち、考量的部分はその他の部分、とりわけ欲望的部分の与える快楽のために変容し、本来は真実在を知るための器官であるにもかかわらず、欲望的部分などの与える快楽をいかにして獲得するかを考慮するものとなってしまっている。これがこの箇所でプラトンが言わんとしていることであろう。

ディアレクティケーが魂の目を上方へと導いていくことを可能にするには、魂の全体が、つまり気概的部分や欲望的部分を含めた魂の全体が、感覚されるものから知られるものへとその向きを変えていなければならない。このとき魂の目は他の部分に由来するものから解放される。すなわち、魂の目＝考量的部分はその向け変えによって、他の部分の持つ欲求から解放された、ただ知るためにのみ語られる言論のやり取りをすることができるようになる。名誉のためでもなく、金銭のためでもない、ただ知るための言説を味わうことができるようになる。このような考量的部分の独立こそ、考量的部分が自由になることに他ならない。それゆえ、哲学は考量的部分を自由にする自由な営みである。そして考量的部分が自由になるとは、同時に、その他の部分が浄化されることにもなる。なぜならそれぞれの部分は、分不相応にも魂全体を支配しようとはしなくなるからである。つまりそれぞれの部分の欲求の対象を目指す言説を考量的部分に強制しなくなり、むしろ考量的部分に従うものとなるからである。

自由とは、考量的部分が魂の他の部分や全体のための配慮をせずに、それ固有の欲求の対象である知を求めて、魂の目として、思わくから知へとまなざしを向け変えることである。そしてそれによって、魂の他の二つの部分は考量的部分＝魂の目に完全に従うものとなり、魂の全体がより善くなっていくのである。

かくしてわれわれは次のように結論づけることができよう。哲学的問答による洞窟からの解放とは、考量的部分が自由になることであり、そのことはまた人が全体として欲望から自由になることなのである。

第Ⅴ章　自　己

前章では、まず善の三区分をめぐる問答におけるグラウコンとソクラテスのずれを確認した上で、魂の三部分説を検討した。そして不正な人における意欲がいかなるものであるかを検討し、続けて正しい人の意欲がいかなるものであるかを解明すべく、洞窟からの脱出を自由として解釈した。

しかし哲人王は洞窟から脱出するだけではなくて、洞窟へ帰還することが正しいこととして求められる。この理由を明らかにすることは、正しい人の意欲の成立の理解に欠くことができない。われわれはこれを「自己」の問題として解釈したい（二節）。そしてこの「自己」の問題が詩人追放論における最大の問題であることを指摘した上で（三節）、自己と自由との関係について述べてみたい（四節）。そして最後に、自己を形成するために必要な選択の意味を「エルの神話」において探り（五節）、プラトンの自由観がいかなる展開をみせているかを探る。

一　洞窟への帰還

（ⅰ）　先行解釈の瞥見とその批判

守護者は洞窟から脱出し、善のイデアを学んで哲学者となる。しかしソクラテスは洞窟から脱出した人を再び洞窟へ帰還させる。グラウコンはより善い生活ができる人々により悪い生活を強いることになるのではないかと異議を唱えるが、ソクラテスは（1）立法者は国家全体の幸福を考えなければならないこと、（2）洞窟を脱出した人々に対して帰還を要求するのは不正なことではない、なぜなら彼らは国家によって養育されたのであるから、という二つの理由でグラウコンの異議を退ける。グラウコンは彼らは正しい人たちだから正しいことを行うだろう、と納得する。

グラウコンは納得したが、しかし多くの解釈者たちが納得してこなかった。少なくとも洞窟への帰還は説明を要することだと考えられてきた。[1] 哲学者たちを政治に従事させることは正しいのか、また哲学者は政治に従事することでより不幸になるのではないか、という疑いが払拭できないからである。そして様々な人が洞窟へ帰還して政治に携わることが何らかの意味で善であると論じてきた。しかしそういった解釈を批判し、別の仕方で洞窟への帰還を正当化しようとする解釈を近年、E・ブラウンが提出した。[2] ここでは以下、ブラウンの論文を簡単に紹介し、批判した上で、われわれの見解を述べたい。

ブラウンは哲学者たちが洞窟へ帰還するよう求められることに関して、洞窟への帰還が哲学者たちにとって善であるとする解釈を二つにまとめる。一つは洞窟への帰還が結果として哲学者に善となるという解釈であり、もう一つは帰還がそれ自体善であるという解釈である。前者の代表者であるリーヴによれば、哲人王がもし政治に携わらなければ、自分たちよりも劣った人たちに支配されることになり、その結果として哲人王に不都合なことが生じてしまう。それを避けるために、彼らは洞窟へ帰還するのだ、とリーヴは解釈する。しかし、ブラウンによれば、この解釈は第二巻で述べられている善の三区分のうちの、結果から生じる善であり、正義をそれに数え入れるのはふさわしくない。では帰還はそれ自体善なのであろうか。だがブラウンによれば、アーウィンの解釈も

R・クラウトの解釈も帰還が強制と言われていることを説明できない。実際、ブラウンの言うように帰還が強制であることは何度も繰り返し述べられている。[3]

このようにそれまでの解釈を批判したブラウンは洞窟への帰還を哲人王が受け入れるのは、立法者の制定した法による命令であるから、という解釈を提出する。これは正しい人である哲人王にふさわしいことであり、また彼らの幸福と矛盾しないとブラウンは考える。なぜならば洞窟に帰還すべしという法が制定されたことによって哲人王を取り巻く状況が変化し、その状況の中で可能な最大の幸福を求めればそれは政治に従事することを含むからである。[4]

ブラウンの先行文献に対する批判は説得的である。[5] しかしながらブラウンの解釈は、正義と善とを完全に分離してしまうものであるため、受け入れることはできない。というのも善のイデアを学ぶのは正義がいかなる点で善なのかを知らなければ無意味である、と語られているからである。善が付け加わってこそ、もろもろの正しいことやその他のことが、有用に、有益になる（cf. 505a3-4）のであり、また善について何も知らないとしたらその他のことを知っていたとしても役に立たない（cf. 505a6-7）とプラトンは主張する。これらは善についての知の必要性を述べたものであるが、なぜその知が必要なのかと言えば、「いろいろな正しいことや美しいことがいったいどのような点で善いものであるのかが知られていないならば、それを知らない人を自分たちの守護者とすることは、それほど価値のあることではない（6. 506a4-6）」からである。それゆえ、法に従って洞窟に帰還することは正しいことであるのだから、それもまた何らかの意味で善きものであることが理解されなければならない。

では洞窟の帰還とはどのような善なのであろうか。もう一度、テキストに戻ってみよう。ソクラテスが洞窟から解放された人々に許してはならないことがあると述べたのに対して、グラウコンがそれは何かを尋ねると、ソクラテスは次のように答える。

上方にとどまることをだ。そしてもう一度前の囚人たちのところへ降りてこようとせず、彼らのもとでさまざまな苦労と名誉とを共有しようとしないことだ、それがつまらぬものであろうと、価値あるものであろうと（7. 519d4-7）。

哲人王たちに求められているのは洞窟に帰還し、洞窟の中に居続けている人々と苦労と名誉をともにすることである。ところが、今までの解釈は洞窟への帰還を苦労については触れるけれども、名誉をともにすることの意義については触れてこなかったと思われる。もっとも名誉についてあまり論じられてこなかった点に関しては直後のグラウコンとのやりとりでは名誉に関してはほとんど触れられていないということが原因かもしれない。しかしながら、哲人王が名誉を与えられる機会は意外に多いのである。優秀な体育成績を収めたとき、軍事に関わるべく最初に洞窟に帰る時、そして善のイデアを見た後、「自分も他の人々も教育しつつ、一生を終えた」時、などである。それらはすでにソクラテスが語っているようにつまらないものかもしれないし、ましなものかもしれない。が、与えられる名誉がどのようなものであろうと、哲人王たちに名誉が生涯を通じても死後も与えられ続けることには変わりがない。まさに彼らは洞窟内部の人々と名誉をともにするのである。しかも彼らは「正しいことをそれから由来する名誉を重んじる（7. 540d6-7）」のである。このように見てくれば、洞窟へ帰還することが政治に携わるという苦労の点からだけでなく、哲人王たちが成し遂げたことに対して与えられる名誉をも考慮に入れて解釈されなければならないということは明らかであろう。

それでもなお、疑問があるかもしれない。哲人王たちは名誉をともにするかもしれないが、しかし彼らは名誉を求める人、第九巻で語られているような名誉愛好型の人間ではないだろう。とするならば名誉を与えられたところで哲人王たちに善になるようなことはないのではないだろうか。確かに、プラトンは知を追究する人と名誉を追求する人とを別の類型として考えているのだから、哲人王が名誉をそれ自体として追求することはありそうもない。

哲人王の利害ではなくて国家全体の利害を考えるならば、哲人王に名誉が与えられるというのは次の二つの点で国家全体の利益になると言えると思われる。第一には、哲人王が生涯を通じて名誉を与えられるということによって、真の哲人王にふさわしいかどうかのテストがなされていると考えられるからである。もし補助者の時に、自己の名誉を国家全体の益よりも重んじるならば、守護者にはふさわしくない人として判定することができる。どのようなことがあっても、どのような時でも、国家全体の利益を考慮する人こそ守護者にふさわしいのであるから、名誉を与えられてもそれに誘惑されない人を選別することが必要である。[6] だからこそ名誉が与えられるのであると考えられる。第二に、アリストテレスが言うように「名誉とは与えられる人よりもむしろ与える人の内に存する」[7] のであれば、支配者と被支配者との間の友愛とも関連するかもしれない。守護者に名誉を与えるのは生産者、ないし生産者を含む国家全体であろう。彼らが守護者に名誉を与えることによって国家の全体性が確認されるのである。

このように哲人王に名誉を与えることは国家全体にとって意味のないことではない。それではやはり哲人王たちにとっては、名誉は意味のないものであるのだろうか。必ずしもそうは言えないように思われる。なぜならば、哲人王に名誉を与える人々が哲人王を支える生産者たちだからである。彼ら生産者たちからの衣食住全般に渡る支持がなければ、哲人王たちは生きていくことはできない。そのように自らの生存を支えているものの与える名誉を受けないということは、傲慢なことではないだろうか。名誉を受けるのを拒否する哲人王は、他の人々との関係における自己自身の位置――タクシス――を見失っているのである。そしてこのタクシスを把握していないことは、自己が何者であるかを見失っていることではないだろうか。

こうしてわれわれは洞窟の比喩における自己知の問題へと導かれることになる。

(ii) 自己知

哲人王は名誉を与えられることによって、他者との関係における位置、すなわちタクシスによって決まる自覚、つまりは一種の自己知を得る。もしこのように解釈できるのであれば、洞窟の比喩の冒頭を解釈することができるのではないだろうか。そこでは「囚人たちは自分自身についても他人についても影しか見ない」と言われ、それゆえ「その影を自分や他人と思う」と語られている。いったい「影を自分や他人と思う」ということは何を意味しているのだろうか。

自己知や他者についての知というきわめて興味深い問題が提起されているにも関わらず、これらについては以後、洞窟の比喩の中では触れられることがないゆえもあってか、この洞窟における自己知という問題は研究者たちの注目を長らく浴びてこなかった。ところが、近年になってこの点に関してもいくつかの論考が出てきている。先行文献のまとめが詳しいＪ・ブランシュヴィックの論文(8)を参考にまとめてみよう。

ブランシュヴィックはまず先行研究を自己と他人の影について言及しないもの(9)、言及するが重要視しないもの(10)、言及し重要視するものに分ける。先の二つのグループが批判されるのは当然であるが、第三のグループに属する二人の解釈、M・バーニュエトとV・ツナ[11]のそれにブランシュヴィックの批判の中心はある。

バーニュエトは自己と他者の影しかみないと言われていることに着目する。しかしバーニュエトによれば、囚人たちは動けないのに、彼らが洞窟内部の壁に写っているのを見る影は、人形遣いが運んでいる、動いているものである。とするならば、動かない影を影と見なすだろうかという疑問が生ずる。バーニュエトはこういったことを根拠に、囚人たちが自分たちと他人の影を見ることを文字通りに解釈することは乗り越えられない困難（insuperable difficulties）を有するとして、別の解釈をとる。彼によれば、人形遣いで声を出さない者は絵描きであり、声を出す者は詩人であるが、彼らこそ文化の作り手であり、そして彼らによって造られた文化が囚人たち――われわれ――を教育している。そしてバーニュエトは、囚人たちは壁に映写される動く様々な影を見るのだが、そういう状況にあって動かない影を自己として認識することはないだろうとして結局は動く影を自己と見なしていると解釈する。[12]

ブランシュヴィックはバーニュエトの論文が強力な解釈を提示していることを認めつつも、人形遣いによって運ばれているもの（の影）は、様々な人間のタイプに過ぎず、個々の人間（トークン）ではないと批判し、ほとんどすべての影が動いているのにもかかわらず、動かない影を認識することは可能だとする。

次に、ツナは自己知の問題は洞窟の比喩の最初にだけ言及されているのではなくて、「洞窟からの脱出は囚人が次第に獲得するに至る現実（la réalité）についての知識と増大する自己認識の双方を示している」のであり、「再帰性の問題は脇に置かれ、囚人の自己意識は今や純粋に客観的な語によって描写されている」と述べる。[13]しかしブランシュヴィックの言うように、ツナはテキスト上の論拠を示しておらず、またそもそも自己意識がどのようにして純粋に客観的な語によって描写されるかは不明である。

こうして先行の解釈を批判したブランシュヴィック自身は、自己と他者の影の問題が洞窟の比喩の最初に、短く、そこでだけ触れられていることを指摘した上で、自己と他者の影の問題は以後の論において重要な役割を果たしていないとする[14]。

以上のような洞窟における自己と他者との影に関する解釈の共通点は、自己知が洞窟からの脱出によって得られると解釈する点にあると思われる。しかしはたしてそうだろうか。自己とは他者との関係を離れてはじめて理解されるものなのであろうか。いやむしろ自己とは他者との関わりにおいて知られてくるのではないだろうか。あるいは少なくとも自己とは他者との関わりにおいて知られてくるものを含むのではないだろうか。ではそのような自己知がプラトンの他の対話篇において考察されているであろうか。

「汝自身を知れ」というデルポイの神の箴言に触れている対話篇としては『カルミデス』と『パイドロス』とがある。だが『カルミデス』においては対話相手のクリティアスがその箴言に言及するが、クリティアスはそれを人間への挨拶と捉え、「人よ、自身を知るものよ」という呼びかけと解釈する[15]。とするならば、謎としての自己は問題となっていないと言わざるを得ない。では『パイドロス』ではどうか。ここではソクラテスが自己自身について

はたして自分は、怪物テュポンよりも複雑怪奇でずっと凶暴な一匹のけだものなのか、それとも、もっと穏やかで単純な生き物で、何か神的な、そしてテュポンのようなものではない部分を生まれながらにして分け持っているのか（230a3-6）。

と述懐する。この言葉には『国家』の魂の三部分説を彷彿とさせるものがあり、ソクラテスやプラトンにおける自己知の問題を考えるのには格好のものであろう。しかし『パイドロス』の上のテキストは魂の内部を問題にしているが、守護者の洞窟への帰還を問うているわれわれの考察は、守護者の魂の内部の話とはさしあたって無関係である。また、この箇所には他者への言及がないので、他者との関わりでこそ自己が知られてくるというわれわれの論点にはやはり無関係である。それゆえ自己知の問題の考察には『パイドロス』が必須のものであることは認められるが、今、われわれが問うている仕方ではその必要性は必ずしもないと言わなければならない。

　それではどの対話篇が自己の問題を、守護者の洞窟への帰還と同じような仕方で扱っているのであろうか。それは『ソクラテスの弁明』である。確かにこの対話篇には「汝自身を知れ」という言葉は出てこない。しかし、ソクラテスをめぐる神託から生じた疑念とソクラテスによるその解決、および人々のソクラテスに対する反応やソクラテスによるタクシスの発見、こういったことを考えるならば、ソクラテスにとってソクラテスという自己が問題であったことは了解されよう。ソクラテスは自分が知者ではないという自覚を有していたのにもかかわらず、「ソクラテスより賢いものはいない」という神託を受け取った。神は嘘をつかないという神への信と自己認識との間でソクラテスは長い間悩む。そこで知者を求めての問答による遍歴が始まる。その結果、明らかになったことは「無知の自覚」であった。世に賢いとされている人々は善美について本当は知らないのに知っていると思っているという「最大の無知」である自己認識の誤りに陥っている。それに対してソクラテスは、知らないことを知らない通りに知らないと思っているという「無知の自覚」を有する。このほんのちょっとした違いでソクラテスは他の人々よりも賢い。この無知の自覚のために「ソクラテスは知者である」という評判が自分にまとわりついていることもまたソクラテスは気づいていた。だがソクラテスはこの名誉（あるいは不名誉）を受けない。ソクラテスによれば神託の意味は人間の持つ知恵がとるにたらないこと、本当の知者は神だけであることだからである。こうしてソクラテスは、神は知者であること、人々は最大の無知に陥っていること、そして自らはその中間にあって知を愛する者、哲学者であることを人々との対話によって知るに至る。ソクラテスは神と人々と自己との位置関係を把握したのである。

『国家』の守護者、洞窟へ帰還する守護者もまた、ソクラテスと同じように、自己知を獲得するのではないだろうか。

これに対して善のイデアを観たのにもかかわらず、洞窟へ帰還しようとしない人は、すでに生きているうちから幸福者の島に住んでいると思っている人と言われている（cf. 7. 519c）。この「生きているうちから幸福者の島に住んでいると思う」ということは自己についての思い違いであろう。そしてこの幸福者の島に住んでいるという自己でないものを自己であると思うことは、ソクラテスがあれほど批判していた「無知の無知」に他ならない。

「洞窟への帰還」をソクラテスの「無知の自覚」への促しとして理解するというこの解釈には、次のような反論が考えられる。まず第一に、ソクラテスは政治に携わろうとしなかったのであるから、哲学者に政治を行わせることはソクラテスの態度とは異なる。第二に、ソクラテスは無知の自覚に達し、神のみ知者であると悟ったという。ところが守護者は善のイデアを知るべきだと言われる。守護者が善のイデアを知ることとソクラテスが到達した無知の自覚とはあまりに違いすぎるのではないか。――こういう疑念がもたれるかもしれない。

第一の反論に対しては『ゴルギアス』の有名な一節（cf. 521d）をもって答としよう。ソクラテスはそこで彼のみが真の意味での政治の技術に手をつけていると自負している。問答によって魂をより善くすることという哲学的な活動こそが真の政治の名に値するのである。

第二の反論に対しては次のように答えることができる。守護者は善のイデアを見た後、哲学者でなくなってしまうのであろうか。善のイデアを知ることで人は全知全能の神になるのであろうか。そうではない。もしそうなら、洞窟に帰った後、暗闇のためよく見えないということは起こりようがない。洞窟へ帰るのが経験において他者（洞窟にとどまっている人）に遅れを取ってはいけないと言うプラトンの説明（cf. 7. 539e）もナンセンスになってしまうであろう。プラトンが語っているのは、神のように、将来の個別的な事柄の知まで獲得するということではない。善のイデアを観て暗闇に慣れれば、よりよく事柄を見ることが出来る、ということである。真実を知っているからこそ、その影、つまり個別的な事柄がどのような点で善いのか、正しいのか、をよりよく認識することが出来る。しかし影もまた学ばなければならないものであり、その学びは洞窟内でのみ可能なのである[16]。

とするならば、洞窟へ帰還し、政治に携わることは、自己理解を深めるのに役立つのではないかと考えられる。洞窟へ帰還する哲学者は自分が神ならぬ人間であることを決して忘れないのではないだろうか。洞窟へ帰還した守護者は、洞窟の外、上方へのあこがれを保ちつつ（知への愛）、自分が生きながらにして幸福者の島に住んでいるなどとは考えない。洞窟の外、地上にとどまり続け、生きているうちから幸福者の島に移り住んでしまったつもりの人は非難される（cf. 7. 519c）[17]。この非難は人間であることを忘れていることに対する非難ではなかろうか。人間であること、つまり神ならぬ身であることを忘れてしまっているとは、畢竟、自分自身についての無知、知らないのに知っていると思う最大の無知であろう。哲学者が洞窟へ帰らなければいけないのは、その最大の無知に陥らないため、哲学者であり続けるためである。

こうして洞窟へ帰還する哲学者は、神とその他の人々との位置関係によって定められる自己のタクシスを把握し、自己を理解し、哲学者であり続ける。哲学者が哲学者として自己を知ること、これこそが洞窟への帰還に含まれている善なのである。そのような善はしかし洞窟を脱出できるほどの人であっても、気づきにくいのかもしれない。洞窟への帰還が強制であるのはそのゆえであろう。逆に言えば、何かを知ったがために自らを知者であると思う過ちに人は陥りやすいのであろう。哲学者であり続けることの困難はここにある(18)。

さらにまた、政治に携わることは美しいことではなくてやむを得ないことと見なしつつ、というプラトンの言葉(cf. 7. 540b)が重要であるように思われる。そもそも洞窟を脱出した人には洞窟に帰ってくることが強制として課せられるのであるから、彼らにとって政治に携わることは美しいとはとても思えないのではないだろうか。にもかかわらず、美しいことと見なさずにとプラトンが付加するのはなぜだろうか。

それは政治が何か魅力的なこととして、何らか美なるものとして現れることがあるからかもしれない。確かにそのようなことは具体的には何も語られていない。しかしながら、政治が人を支配するということを必然的に含み、かつ人を支配することが支配している自分は支配されている他のものよりも優れているという優越感をもたらすとするならば、政治は何らか美なるものとして現れるのではないだろうか。あるいはそのようなことは善のイデアをみた哲学者となった守護者たちにはあり得ないことだと批判されるかもしれない。だが、権力を有するものがまさに権力を持つことによって魂のあるべき秩序を崩壊させてしまうことをプラトンは冷静に指摘している(cf. 10. 608b)。哲人王も人間である以上、そのような誘惑にさらされているのではないだろうか。この誘惑を断固として退けることができるのは、「汝自身を知れ」というデルポイの箴言が未だにできていないと述懐するソクラテスのような人だけではないだろうか。

こうして哲学者は二つの誘惑あるいは危険にさらされているのである。すなわち、一つには洞窟から出た後に洞窟へ帰ろうとしないことである。洞窟の外、地上の世界があまりにも魅力的であるため、自分が生きながらにして幸福者の島に住んでいると思う自己についての思い違いをもたらす。この誘惑と思い違いから逃れるには自分が神ならぬ人間であることを忘れてはならない。そのための洞窟への帰還である。ところが洞窟へ帰った後も二つ目の誘惑があり、危険である。すなわち、洞窟へ帰った後、他の人々を支配する政治に携わることで、自分は他の人よりも優れているという思いに囚われるという危険である。これもまた自分のタクシスの忘却をもたらしかねない。それに陥らないためには政治が美しいことであると見なしてはならず、やむを得ないことと考えるべきなのである。

洞窟から脱出し、洞窟へ帰還し、さらには洞窟内で自己を保ち続けること。これが哲学者に課せられたことであり、そしてそれを立派に成し遂げることができた者が本当の名誉に値するのである。何時いかなる時にでも自己を保ち続けることができるようになること、これこそ洞窟帰還によって得られる善に他ならない。しかしこの善は洞窟を出た段階ではまだ予想されない善である。だからこそ、洞窟を出た人は洞窟へ帰還しなければならない。(19)

二　詩人追放論

前節の末尾で引用したように、私たちの魂をかき乱すものとして名誉、金銭、権力、詩がソクラテスによって数え挙げられている。まことに私たちを襲う誘惑は多種多様でありうる。金銭や名誉といった三部分のどれか一つに根ざしているものもあれば、そのどちらにも根ざしているようであり、かつ知的なものとの連関も明らかにある、詩のもたらす快もまた根深い。この節では詩人追放論について検討してみたい。以下、（i）節において詩人が行為を真似るその仕方を確認した上で、（ii）節において詩人による情念の取り扱い方を分析する。そして

（iii）節では（ii）節を批判する議論をとりあげ、それに再批判を加え、（iv）節においていわゆる詩人に対する「最大の告発」を検討する。

（i）詩人が真似るもの

プラトンは同じ名が適用される多くの寝椅子について一つのエイドスを立てるという方法によって真似（μίμησις）の規定を試みる。これにより、神が作ると考えられる一つの寝椅子のイデアと、それを見て職人が作る諸々の寝椅子が区別される。イデアはあるもの（τὸ ὄν）であるが、職人の作るのは寝椅子であるようなもの（τὸ τοιοῦτον οἷον ὄν）であり、画家の作る寝椅子は現れ（φαινόμενα）である。このいわば三つの寝椅子に基づいて「真似師とは誰なのか（10. 597b2-3）」が規定される。画家は神が作るイデアとしての寝椅子を作るのでもなく、職人が作る寝椅子を作るのでもない。画家は作るといってもただ現れを作るのである。それゆえ画家は真実（イデア）から離れること三番目である。では画家は何を見て現れを作るのであろうか。それは職人が作る寝椅子を見てのことであり、しかも真似の技術は、寝椅子であるようなそのようなもの（οἷα ἔστιν）に向いてではなくて、見る角度によって異なる寝椅子と現れるようなあるもの（οἷα φαίνεται）に向いて真似をし、現れるもの（φαντάσματα）の真似となっているのである。

この画家の規定は「詩人とは誰なのか」をいかなる仕方で明らかにしているだろうか。この問いに答えるためには、詩人が何を真似るかが考察されなければならない。

詩人は何を真似るのか。プラトンによれば、詩は「強制的な行為であれ、自発的な行為であれ、行為している人を、さらに行為の結果、うまくやったと思ったりまずくやったと思ったりする人たち、そしてまたすべてこういう場合に苦しんでいたり、喜んでいたりする人たち（10. 603b4-7）」を真似る。すなわち、詩人が真似るものは、行為と思い、そしてそれらに付随する快苦を基本とする情念である。これらのうち、思いとは行為そのものについての行為者の思いであると同時に、行為によってもたらされた自己自身のあり方についての思いでもあると考えられる。

　詩人が真似するものは行為、思い、情念の三つである。これらのうち、まず行為が第二の点に関わってくると思われる。というのも、ちょうど寝椅子が見る角度によって現れが異なるように、行為もまた見る角度――行為を見る人の立場――によって現れが異なるからである。といってもある行為が様々な記述を許すことが、第一に問われるべきことなのではない。プラトンにとっての問題は、ある一つの行為が場合や状況によって正しいと現れたり不正と現れたりすることであった。そして徳をめぐっての問答とは、そういった正反対の現れを示すものを言葉（λόγος）によって突破して、それ自体として在り常に同一のあり方をする徳そのものへと人間に許される限り接近していく営みなのである。ところが行為を真似する詩は、行為（πρᾶξις）によって織りなされる一連の出来事（πρᾶγμα）を語る過程で、正反対の現れを示す行為をそのまま提示する。したがって詩は、詩において真似された行為をめぐって立場の違いや時に応じて下される異なる評価――善悪・美醜・正邪――をも、登場人物の各々に現れるがままに真似をするのである。ポリュネイケスの埋葬をめぐるアンティゴネーとクレオンの論争はその好例であろう。

　このように考えてくることによって、いかなる意味で詩人が画家に対置されるかをわれわれは理解することができる。画家が職人の作る諸々の寝椅子を見て、ある角度から見られたその寝椅子の現れを向いて、現れるものの真似をしているように、詩人は人々が行う行為を見て、ある角度から見られたその行為の現れを向いて、現れるものの真似をしているのである。詩人は様々な評価を許す行為を真似ることで、登場人物の各々に現れるとおりに、正しく現れるもの、不正と現れるものを語るのである。

しかしながら、本当に詩人は行為を見て現れるものを真似するだけなのか、むしろ詩人もまたイデアを見ることが可能であり、そうすることによって正義そのものであるような正しい行為を真似ることができるのではないか、という批判が考えられる。もっともこのようなことを語る人々は、プラトンのミーメーシス論を擁護しようとしてそう語っているのであるから[20]、批判というよりも建設的な修正案というべきかもしれないが、ともかくこの議論によれば、詩人は哲学者と同じく真実から第二番目の位置に「昇格」することとなる[21]。

しかしこの議論はプラトンの議論と不整合をきたす。というのはプラトンによれば行為の正しさは現れとして把握できるようなものではないからである。つまりある行為が正しいかどうかは、外からは判定が不可能なのである。プラトンの正義論を振り返ろう。正義とは内なる行為に関わり、魂のそれぞれの部分が自らの仕事をするようにさせるものであり、人は三つの音が調和するように、多くのものからなる一人の人間となってから行為をするべきだと語られた後で、魂の「このような状態を保ち、作り上げる行為を正しい、美しい行為と考え、そのように名づけ、……その状態をそのつど解体する行為を不正な行為（4. 443e5-444a1）」としなければならないことが言われている。魂の内なる状態を、いったい誰が推し量ることができよう。それはわれわれが各々自らについてのみなしうることである。決して他人が外から知り得るようなものではない。プラトンによれば、ある行為が正しいかどうかは、その行為を行ったその人自身が——もし可能であるならば——判定すべき秘められた事柄なのである。

以上のような理由によって、詩人がイデアを見て正しさそのものであるような行為を語ることは、詩が行為を真似る以上あり得ない。したがって、詩人は先に述べたように、様々な評価を許す行為を真似ることで、登場人物の各々に現れるとおりに、正しく現れるもの、不正と現れるものを語るのだとしなければならない。詩人は画家と同じように現れを向いて現れるものを真似るのである。

今まで述べてきたことは、詩人が真似る第二のもの、つまり思いについても妥当すると思われる。行為そのものについての思いは今までの議論に含まれているし、自己自身に関する思いも、行為の現れに応じて揺れ動くからである。たとえば、テーバイ王妃との結婚はオイディプスに王位という権力と名誉をもたらし、オイディプスは自らを立派な人であると任じていたであろうが、その結婚が母イオカステとの交わりであることが暴露されるに及んで忌まわしきものとなり、自己自身も忌まわしき人物として立ち現れるのである。

では詩人が真似る第三のものである情念については、どうであろうか。これまでと同じように論ずることができるだろうか。

（ii）情　念

情念は行為や思いに関わる限りにおいて、正しいものとして現れたり、不正なものとして現れたりすることはありえよう。たとえば、怒りにまかせて人を殺した場合、その怒りが正当か不当かは争いうる。これに対して、情念を情念そのものとしてみた場合に、ある一つの情念が多くのものとして現れることはあり得ないように思われる。悲しんでいるように見える人は、その通りに悲しんでいる。実際、人は人の情念の現れをほとんど誤ることなく判断できる。もちろん、悲しんだふりをして人を騙そうとすることはありえよう。だが悲しむふりとは、もはや情念ではなくて行為であろう。情念は現れているように在るのだ。逆に言えば、情念に関しては、在るもの

（τὸ ὄν）と現れるもの（τὸ φαινόμενον）との区別がないのである。少なくとも劇の鑑賞においては現れを在るとしなければ不可能であろう。

これこそが詩人追放論においてプラトンが情念について新たに問題を立てなければならなかった理由ではないだろうか。なぜならば、在るものと現れるものとの区別がないならば、「悲しみそのもの」というようなものを立てることは無意味であり、それゆえ正反対の現れを示すものを言葉によって突破しそのもの自体へと至るという問答もまた無意味、ないしは不要になるからである。正しく現れる行為と正しさそのものとを区別することによって詩人を批判するのと同じ仕方で、プラトンは情念について論ずることができない。プラトンが新たに問いを立て直し、魂の分析を試みるのはそのゆえである。

プラトンはその議論もまた絵画との並行関係を保ちつつ、展開している。

まず絵画については次のように議論が進む。同じものは遠くから見たり近くから見たりするのに応じて、大きく見えたり小さく見えたりする。このような事態に対するために発明された測定術は魂の考量的部分（τὸ λογιστικόν）の働きによる。ところが考量的部分が同じ長さであると判断していながら、同じものが同時に測定とは違うように見えることがある。[22]同じものが同じものについて同時に反対の判断をすることは不可能であるから、測定と異なる判断をする部分は魂の劣った部分の一つであり、絵画や一般に真似の術は、この部分と交わる低劣なものである（cf. 602c4-603b5）。

続いて詩の場合は次のように議論が展開される。われわれは様々な行為において自分が自分に対立し、互いに相反するような思いに満たされている。たとえば、立派な人が息子を失うというような不幸に襲われたときは、その性格のゆえに他の人々よりも耐えることができるが、しかしもちろん悲しくないわけではない。その人は他人から見られているときには悲しみと戦い、抵抗しようとするが、一人になってしまえば人が恥ずかしいと思うようなことを言ったり、行ったりする。このとき、悲しみに抵抗するよう命じるのは理と法であり、悲しみへと引っ張っていくのは情念そのものである。このように、魂の内に相反する方向へ向かう二つの動きが同時にあるのであるから、魂の内には二つのものがあることになる。これらのうち、最善の部分は理に従おうとする部分であり、劣った部分は感情に浸ろうとする部分である。そして感情的な性格は多くのかつ多様な真似を許容するがゆえに、真似を事とする詩人はそのような性格の人を真似るよう向かう。したがって、詩は劣った部分と交わるのである（603c10-605a7）。

この二つの議論は一見無関係に思われる。一方は認識的な働きによって魂を二つの部分に分けているが、他方は意志的・欲求的な働きによってそうしている。果たして違う基準によって区分された各部分が、いかなる仕方で関わり合うことができるのだろうか[23]。われわれは魂の最善の部分が、絵画の場合も詩の場合もほとんど同じような仕方で規定されていることに注目したい。どちらの場合も魂の一方の部分の（この議論における）最終的な規定である。それらの規定がいかに似たものであるかを示すために、並べて記すこととする。前者が視覚の場合、後者が聴覚の場合である。

尺度と計算（λογισμός）を信ずる部分は魂の最善の部分である（603a4-6）。

最善の部分は推理（λογισμός）に従うことを望む（604d4-5）。

どちらの場合にも最善の部分がロギスモスといかに関わるかによって規定されている。ロギスモスの方を向くのか、向かないのかということが部分を分ける基準となっているのである。そして最善の部分はロギスモスにいわば肯定的態度をとる部分であり、ロギスモスに従う部分が最善の部分である。したがってロギスモスに反する部分は、認識的な働きをなすものであれ、欲求的な動きを持つものであれ、最善の部分以外の部分だということになる[24]。言い換えれば、魂の最善の部分を除いた残りの部分は、まがいの認識を生じさせるという機能と苦痛を思い起こさせる方へと引っ張る機能との両方を持つのである。ここで認識と欲求という機能の違いによって魂の部分を区分する必要はない。というのもプラトンは、詩人追放の宣告をする文脈で、魂の劣った部分に「大きなものと小さなものの識別ができずに、同じものをあるときには大きいと思い、またあるときには小さいと思うような、魂のうちで知性と無縁なそういう部分（605b8-c3）」というように、認識に関わる働きを帰属させているからである[25]。

かくして絵画に関わってなされた魂論と詩のためになされた魂論は、類比的な構造を持つというよりも（そう言ってもよいが）、むしろ完全に重ね合わせられていると言うべきである。ロギスモスとの関わり方という同一の基準によって魂の部分が区分けされているからである。認識に関してであれ、欲求に関してであれ、魂の最善の部分は計算に従い、それ以外の劣った部分は計算に反するのである。

もちろん二つの魂論を重ね合わせることができるとしても、プラトンの議論が詩を批判の標的にしている以上、それらの重要度は明らかに異なる。事実、画家は国家からは追放されないのに、画家と対をなす詩人は追放されるのである。これはそれぞれの扱う大小の価値が異なるからであろう。陰影画が利用する大小の錯覚は長さに関するものに過ぎないが、詩人が扱う大小とは人生において大小と思われるものだからである。息子を失うというような不幸に耐えなければならない人に対して、法は「こういったことの善悪は明らかではないし、……人間に関わることがらには重大な真剣事と言えるようなものは何もない（10. 604b10-c1）」と語る。つまり最善の部分は、自らに降りかかった出来事を、小さいものと測定されるとおりに、小さいと考えるように命じられているのである。それに対して劣った部分は、出来事の大小を識別できず、ただいたずらに嘆き悲しむことだけを欲する。詩人が語りかける魂の部分とはこの部分なのである。

ではいったいなぜ詩人は魂の劣った部分に語りかけるのであろうか。最善の部分に関わるような詩を作ることはできないのであろうか。プラトンの説明は次のようなものである。

> 真似を事とする詩人は、明らかに、魂のそのような（最善の）部分に向かうようには本性上（πέφυκε）なっていないし、もし彼が多くの人々の間で好評を博そうとするならば、彼の知恵はその部分を満足させるようにはしつらえられていない（10. 605a2-4）[26]。

理由は二つ語られている。後に挙げられているのは、詩人が評判を気にする以上、詩人の語りの技術は魂の最善の部分には向かないというものである。簡単に言ってしまえば、困難に激しく反応し、感情を高ぶらせる人が登場する方が、大衆受けするおもしろさを詩として持っているということになろう。これはわれわれにも理解しやすい理由づけであろう。他方、先に挙げられているのは、詩人が「本性上」魂の最善の部分に向いて語ることはないからだという理由である。こちらはそれほど判然とはしていない。「本性上」そうなっていると主張するだけでは理由を答えたようで、実は何も答えていないことになりはしないだろうか。

しかし、この難詰は不当であるように思われる。われわれはこの節の最初で、情念を情念そのものとしてみたときに、情念は現れているように在り、在るものと現れるものとの区別がなくなるのではないかという指摘をした。ところでこの節で考察してきたプラトンの魂論によれば、現れるものと在るものとを区別するのは考量的部分の働きであった。とすると、情念には現れるものと在るものとの区別がないということは、情念はそのものとしては考量的部分と関わりを持たないということになろう。真似を事とする詩人が真似るものは、現れるように在る情念である。したがって、情念が考量的部分と関わりを持たない以上、情念を真似る詩人は考量的部分に向かって語りかけることは、「本性上」不可能なのである。たとえば、不幸に耐え、平静を保っている人の情念はいかなるものであろうか。その人の内にはもちろん大きな悲しみがある（10. 603e7-9）。だが真似を事とする詩は、平静を保っている人のことを、真似による限り、悲しみにとらわれていないものとして語ることしかできない。だが情念は現れるように在るのだから、悲しみにとらわれていないように聞こえる人は悲しみにとらわれていないのである。もっとも詩といっても、叙述を中心とした詩であるならば、「彼の心は悲しみに満ちていたが、人には悲しくないそぶりをしていた」というように語ることが可能である。だが、真似を事とする詩にはこれは不可能なのである。情念は真似を事とする詩によって真似されているように現れ、現れているように在るからである。

（iii）詩のもたらす快

情念は現れるように在るということを手がかりに、われわれは（ii）節でプラトンの詩人批判の一端を解明し得た。だがまさにその手がかりについて次のように批判されるかもしれない。

確かに、現実には情念は現れるように在り、人は他人が悲しんでいるのを見ればその通りにその人が悲しんでいると判断するだろう。だが、真似を事とする詩の場合にはそうではないのではないか。一方で語り手は自分の語る悲しみが自分の悲しみではなくて、真似された悲しみであることを知っている。他方で聞き手は語り手の語る悲しみが語り手の悲しみではなくて、真似された悲しみであることを知っている。真似を事とする詩においては悲しみは現れるように在るのではなくて、前節の最後でいみじくも「情念は真似を事とする詩人によって真似されているように現れ、現れているように在るからである」と語られたように、詩人によって現されたように悲しみが在るのではないのか。したがって、そうである以上、われわれは詩を聴くことによって、詩人による悲しみの現し方をこそ感得しているのではないだろうか。つまりわれわれが享受する詩の喜びとは「再現された悲しみではなくてむしろ悲しみの再現[27]」なのである。とするならば、詩人は魂の劣った部分だけではなくて、最善の部分にも関わっているのではあるまいか。なぜならば、悲しみと悲しみの再現を区別できるのは最善の部分だからであり、また悲しみの再現を楽しむことができるのは、その楽しみが知的なものであると考えられる限り、最善の部分だからだと考えられるからである。したがってプラトンの議論はやはり不当であり、画家の対をなすがゆえに国家から追放すべきであるというプラトンの目論見も不成功に終わるのではないだろうか。

この批判は（1）詩人と詩を聞く者の双方が、詩をいわば「作りもの」として承認しており、語られる情念が（再）現されたように在ることの双方の了解こそが詩の制作・享受のための条件であることを指摘した上で、（2）再現された情念と情念の再現とを区別し、（3）その区別をなしうるのが魂の内で最善の部分であり、（4）この部分こそが情念の再現を楽しむことができることを主張している。

われわれは以上のような強力な批判に対してどのように答えることができるだろうか。まず（1）（2）はどちらも当然の指摘であると思われる。詩や詩人に対する評価はいかに見事に情念やそれにとらわれている人間を描き切るかという点、つまり再現の仕方によると考えられ、そのことが可能なのは詩が「作りもの」であることの了解が必要であることは言うまでもないからである。次に（３）については、魂に部分を考えるプラトンの議論に矛盾するところはない。大小の区別ができない劣った部分には再現された情念と情念の再現との区別ができるとは考えられず、それゆえ（３）は認めざるを得ない。そして（４）の主張も正しいと考えられる。なぜなら、プラトンは第九巻で魂の三つの部分がそれぞれ固有の快を持つがゆえに、三つの快が区別されると主張しているからである。利得によって得られる快、名誉によって得られる快、学ぶことによって得られる快がそれである。そして魂の三つの部分は、機能によって区別される（cf. 580d-581c）。つまり、プラトンによればそれぞれの快は機能によって区別される魂のそれぞれの部分に根ざしているのである。このように見てくると、上に掲げた批判を組み立てている四つの点のすべてをわれわれは認めざるを得ない。とするとわれわれは批判を甘受するしかないのだろうか。

われわれは快について——いや、より正確に言うならば、プラトンの快の取り扱い方についてもう少し検討する必要がある。プラトンは魂の三部分を区別した上で、魂のどの部分が人の内で支配権を持つかに応じて人にも三種を考える。その人々とは知を愛する人、名誉を愛する人、利得を愛する人のことである。そして快はこれらの人々のそれぞれに対応するものとして捉え直され、人の生（βίος）とともに考察されるに至る（cf. 581c-583a）。以下、これらの人々が証人として呼ばれどの快が最も勝れた快であるかを判定するための議論が続くが、われわれの現在の問題にとって重要なのは、いかなる判定が下されたかではなくて、判定を下すために取られた手続きである。プラトンは三種類の快を魂の三部分に根ざすものとして挙げておきながら、魂の全体が三つの部分のそれぞれに支配されている三種の人によって快の優劣を決定しようとしている。なぜ三種の人が必要であったのだろうか。それは快が魂のある部分に根ざすものでありながら、人がいかなる人であるかという魂の全体性を決定するからであろう。快について論ずる際には魂の機能や部分との関連のみならず、魂の全体をどのように性格づけているかについても問題にしなければならない。そしてプラトンが『国家』において考察の対象としたのは、正しい人や不正の人、つまりは人の全体である。したがってある快が魂のある部分に根ざすということだけを把握すればそれで事足れりとはいかない。どのような快が人を正しくし不正な人とするかという快と魂全体との因果関係をもわれわれは考察しなければならないのである。

かくしてわれわれは、快と魂の一部分との関係を問う視点に加えて、快と魂全体との関係を問題にする別の視点を得た。その上でこの（iii）冒頭の議論を再検討してみるならば、第二の視点が欠落していることにわれわれは気づく。詩を聞くことでわれわれが享受する快は情念の再現であり、その快は魂の最善の部分に関わるというのがこの批判の骨子をなす主張であった。この主張自体は正しかろう。しかしながら、このような快は人をどのような人に作り上げるのであろうか。

いやむしろわれわれは次のように問わなければならない、詩のもたらす快ははたして情念の再現だけであろうかと。詩を現に聞いているとき、われわれは言葉によって再現されている情念にこそ心動かされているのではないだろうか。具体的に言うならば、劇場を出た後には台詞そのものや台詞の語られ方などについて談論することで快を得るとしても、詩（悲劇）が朗唱されているときわれわれは登場人物の悲しみに感動し、それを喜んでいるのではあるまいか。そしてこのような快は魂の劣った部分に属するのである。とするならば、われわれはさらに問わなければならない、どちらの快の方がより強いのか、そしてそれゆえに詩は、全般的に言って、人をどのような人に作り上げるのかと。

次の二つの理由によって、情念の再現に関わる快よりも再現された情念に基づく快の方が強いと考えられる。

まず第一に魂の最善の部分は教育されなければその機能を十全に働かせることはできないこと。そして第二に、魂の劣った部分は、プラトンによれば、本性上嘆くことを求めること。したがって、詩によってわれわれは情念の再現を喜ぶことがあるにしても、再現された情念にこそより多くの快を見いだし、この快によって魂の全体が影響を受けることになると言えよう。

こうして、詩によって魂の劣った部分は欲求を満たされ肥大化し、結局はその部分が魂全体のあり方を決めることになるだろう。これこそわれわれの「内なる国制（10. 608b1）」の悪しきあり方に他ならない。そしてこのようなときにはすでに理知的な部分はその他の部分の快を得るために仕えるのみなのである。詩が「魂の劣った部分を強くして理知的な部分を滅ぼす（605b2-3）」と言われるのはこのゆえである。

(iv)「最大の告発」

われわれは前節において快が魂の部分に根ざしつつ全体に影響を与えるという論点によって、情念の現れに関する難問を解きほぐし得た。ところで快は情念の一つ、それも基本的な情念のひとつである。それゆえ、快が魂の部分と全体の双方に関して考察されなければならないように、情念全般もまたそのように考察されなければいけないのではないかと考えられる。そしてまさにそのような仕方で魂の部分と全体とが問題となっているのが、筆者の見るところ、詩人に対する「最大の告発」とプラトンが呼んだ議論である。その「最大の告発」の議論を追っていくことにしよう。(28)

われわれのうちでいわば最も優れた人たちは、ある英雄が悲しみのうちにあって長いせりふを涙のうちに延々と語るのをホメロスなどの詩人が真似るのを聞くと、「喜び、自分たち自身を投げ捨て、同情し、われわれを最も強くそのような状態にする詩人をよい詩人だと真剣になって賞賛する（10. 605d3-5）」。しかし、われわれのうちの誰かを悲しみが襲ったときには、できる限り平静を保つようにすることを誇りとする。とすると、詩人に対する賞賛は筋の通ったものであろうか。プラトンは次のように考えるならば、そうではないことが理解されるという。

> 先に自分たちの不幸においては力によって押さえつけられ、泣くこともひどく嘆くことも十分に満たされるように飢えていた部分――この部分は本性的に（φύσει）そのようなものを欲求するようなものなのである――が、今度は詩人たちによって満たされ喜ぶ部分なのである。他方、われわれの本性的に（φύσει）最善の部分は、理と習慣によって十分に教育されていないがために、この悲嘆する部分の監視をゆるめてしまう。他人の苦難（ἀλλότρια πάθη）を見ているのであって、善き人だと称する他の人がむやみに嘆き悲しむとしてもその人を賞賛しかつ哀れむことは自分自身にとっては（ἑαυτῷ）少しも恥ではないという理由で。むしろかのものを、つまり快楽を得ることを考え、詩の作品全体を軽蔑することで快楽を奪われることを許容できないのである。というのも僕が思うに、他人の事（τῶν ἀλλορτιών）から享受したものが自分自身の事（τὰ οἰκεῖα）へと影響を与えるのだと考慮することは、わずかな人々にしかできないのだから。実際、哀れむ部分はそのようなときに強く育てられれば、自分自身の苦難の際に（ἐν τοῖς αὑτοῦ πάθεσι）押さえることは容易なことではない（10. 606a3-b8）。

S・ハリウェルによれば、他人の悲しみによって引き起こされるその人に対するあわれみの感情が、結局は自分自身の不幸の際に抱く悲しみの感情を育むというプラトンの説明は、理解不可能である。この説明は憐れみと自己憐憫（つまり悲嘆）との間に心理的な差異を見ないという前提に依拠しているが、この前提は容認しがたい。苦難に陥った人を憐れむことと理性によって感情を統御する力を信ずることとは両立しうるとハリウェルは主張する。[29]

このハリウェルの立論は理性と感情との分離共存を根拠にしており、その限りにおいてプラトンが魂に部分を分ける議論に適合すると言える。だが、ハリウェルの議論には快についての考察が抜け落ちている。したがって、われわれが前節で解明したように、快については魂の部分及び全体の双方との関連が問われなければならない以上、魂の全体と部分のハリウェルの取り扱いにも不備があるだろうと予想される。（快と）魂の全体・部分との関連を念頭に置いて、詩人に対する「最大の告発」に戻ろう。

プラトンはそれまでに展開してきた魂を二つの部分に区分けする方法によって他人の感情が自分の魂に与える影響を論じている。魂の一方の部分は、本性的に涙を求める部分である。もう一方の部分は本性的に最善の部分であり、「悲嘆する部分の監視をゆるめてしまう」部分である。他人の苦難を見てもそれが他人のものであり、自分には恥とはならないという口実で人は詩全体を軽蔑することに肯じえず詩のもたらす快を享受しようとする。

本性的に最善の部分が教育されていないためにおかす誤りとは何か。それは悲しんでいるのは自分ではなくて他人であるという理由によって詩を受け入れることである。ではその理由はなぜプラトンによって非難されるのであろうか。悲しんでいるのが自分ではなくて他人であるという事態そのものの把握はなんら誤りではなく、それどころか「理と習慣によって十分に教育されていない」子どもにさえ明らかなことである。それゆえプラトンの非難がこの把握そのものに向いているとは到底考えられない。とすると自分と他人とを区別することを詩を受け入れる理由とするということが、最善の部分の犯す誤りであるということになろう。ではさらにこのことはいったい何を意味しているのであろうか。
最善の部分が自他の区別をするのに対して、もう一方の劣った部分は本性的にただ嘆くことのみを欲望する部分である。したがってその部分にとっては嘆きの対象が誰の苦難であるのかは問題にならない。なぜなら欲望はその対象にのみ関わるからである。たとえば渇きそれ自体の対象は飲み物であって、多くのとか少しのとかという特定の性質の飲み物ではない（cf. 4. 437d2-439b2）。それゆえ劣った部分の欲望は嘆きそのものであり、自分の嘆きでも他人の嘆きでもないのである。

ここでわれわれが考慮に入れなければならないのは、魂の各部分に固有な機能が魂全体へいかに働きかけるかという魂の部分と全体との関係である。魂の劣った部分は本性的に嘆くことを求め、その欲求が満たされるとき喜ぶ。そして部分に根ざした快が魂全体に影響を与え、人を嘆きにもろい性格へと変えていく。この点については（iii）で述べたとおりである。他方、魂の最善の部分の持つ機能についてはどうであろうか。この部分が自他を区別すると言われたが、この自他とは魂の最善の部分が自己であり劣った部分が最善の部分にとっての他者であるという意味ではなかろう。自他とは魂の全体に関わる言葉であって、詩において嘆いている人とそれを聞く人がそれぞれ他者であり自己なのである。ここでもまた快の場合と同じように、最善の部分の持つ機能が魂の全体に及んでいる。そしてこのような自他の区別が詩を享受する理由となっているのである。

かくしてわれわれはようやくにして、魂の最善の部分の冒した誤りについてよりよく理解することができると思われる。自他の区別はこの部分によってなされ、魂の全体へと適用される。それゆえもう一方の劣った部分にもその区別は付帯的に有効である。だからこそわれわれは他人の悲しみを見聞きして自分が憐れむと語るのである。だが、その憐れみの部分は本性上嘆くことを求める部分であり、誰が嘆いているのかという嘆きの主体を問わない以上、その部分にとっては自他の区別はそれ自体としてはないと言わなければならない。したがって、自他の区別を情念に見ることは、少なくとも情念が宿る魂の劣った部分にとっては無意味なのである。そればかりか、自他の区別を理由にして詩を享受することは、その部分の欲求を満たし快を与えることになって、自らを情念に動かされやすい人へと作り上げることになるのである。

最大の告発の議論でプラトンが問題にしているのは、自分の感情と他人の感情の影響関係ではない。ましてプラトンはそれらを混同ないし同一視しているのでもない。問われているのは魂の部分や全体、そして情念との関係なのである。

三　自　己

前節では詩人追放論について検討し、最後に自己の問題に再び到達した。もし、われわれの検討の通りに、魂の最善の部分が自他の区別をつけるのであり、様々な情念を求める部分にはその区別はそれ自体としては無意味であるとするならば、私たちの自己は自他の区別を付けない部分を持つということになろう。そのような部分を持つ魂全体としての自己とは何か(30)。

プラトンの詩人追放論は、いや『国家』はそのような情念に関わる部分を切り捨てることで、自己の成立を考えようとするものなのであろうか。

確かにそのような傾向が『国家』にあることは否めないだろう。まず第一に、第九巻においてキマイラのような怪物とライオンと内なる人間が一つに結ばれてその外側を人間の姿をしたものが覆う、という比喩が語られる。

この「内なる人間」は「本当の自己」と言えるだろう。とするならば、ライオンやキマイラなどは自己から切り離されるべきものだと考えられる。第二に、第十巻で魂を海神グラウコスに比す箇所である。グラウコスは様々なものが付加されたり、あるいは逆にちぎりとられたりして、本来の姿を見たらグラウコスと同定することが難しい。ちょうどそれと同じように、魂は本来の姿から遠く離れてしまっている。そこで「魂の知の希求に（10. 611d8）」目を向けることが求められる。それによって神的で不死で永遠なる本性を持つものと魂が同族であることが理解されるのである。このような叙述もまた、「本当の自己」とは情念に関わるような部分を切り離したものだとプラトンが考えているという解釈を支えるだろう。

だが、他方で魂全体への配慮もまた語られる。三部分が協調し、和音を響かせ、一人の人になることが内なる正義成立の次第として語られる（第四巻）。またプラトンはディアレクティケーによる魂全体の真実在への転向の必要性を主張した（第七巻）。

それでは以上のような二通りの見方をプラトンは自己について持っていたとすることで私たちは満足すべきなのだろうか[31]。あるいはそうかもしれない。真の自己とは何かを答えるためには、魂が本来の姿に立ち戻ったときでなければ正確に答えることはできないから。しかし、魂がこの人間の生においてある限りでは、魂というのは三部分からなるのであり、それゆえ考量的部分のみが反省する本来の自己だとしても、それ以外の部分を排除ないし切り捨てることは、人間の生を生きている自己ではないだろう。この世に人間として生きている限りでは、自己とは自己ならざるとも言うことができるようなものを包み込んだものとして理解されるべきなのである。

これまでの議論を振り返ろう。問題の出発点は次のようなものであった。グラウコンが善を三つに区分したのに答えて、ソクラテスは「幸福になろうとするものは正義をそれ自体としても結果からも愛さなければならない」

と語った。なぜ正義はそれ自体として「愛されなければならない」のか。これが問題であった。

魂の三部分説によれば、欲望的部分は金銭を、気概的部分は名誉を、考量的部分は知を、それぞれ愛好の対象として持つ。これらの部分のうち、気概的部分に対しては音楽と体育による教育が、考量的部分に対しては善のイデアを最大の学業とする知的な教育がなされる。とりわけ縛めからの解放と洞窟からの脱出に譬えられる考量的部分の教育は重要である。その教育によってこそ考量的部分は真に知を愛する部分となるからである。この教育は数学的諸学科とともに、「何であるか」の問いに導かれる哲学的問答によってなされる。

ここで改めて注目すべきは魂の各部分の欲求の対象のうちに正義は含まれていないということである。考量的部分の欲求の対象は知、気概的部分は名誉、欲望的部分は金銭である。これに対して、正義は自然本性的に欲求される対象ではない。その意味で誰も好き好んで正義を求めるものはいないというグラウコンやアデイマントスらの挑戦的な言辞は正しかった。しかしながら、正義をそれ自体として愛さなければならない。なぜならば正義は、魂の部分のどれか一つに自然本性的に宿る欲求の対象ではなく、あくまで魂の全体が意欲する対象であるからである。正義は魂全体の意欲するもの、あるいは全体としての一人の人が意欲するものなのである。正義は自然本性的な欲求ではないからこそ、正義を愛さ「ねばならない」のである。

そしてこの人の、あるいは魂の全体性を確立するには、考量的部分のイデア探究が必須である。なぜなら、正しく意欲することは、考量的部分の正しい判断によってのみ可能であり、その正しい判断は理（ロゴス）に従うことで生じるからである。だからこそ人は洞窟から出て行かなければならない。しかし、また帰ってこなければならない。なぜならば、魂の全体を配慮することができるのは考量的部分、いや、正確に言えば、優れた考量的部分、つまり知恵ある考量的部分のみだけであるからである。そしてそのような考量的部分が全体を考慮すること正義の成立とは引き離すことができない。

では魂全体の配慮とはいったいどのようなことを意味するのだろうか。それは、善き生をつくりあげる可能性のある様々なもの——それゆえそれらは一般に善きものと呼ばれるが、しかし魂全体、ないし生全体を損なうこともしばしばある——について、それらを受け入れるべきか拒否すべきかよく考慮することに他ならない。「魂の全体が……思慮を伴った正義と節制を獲得し、より価値のあるあり方（9. 591b3-5）」を目指して生きる人は、どのようにそれぞれのものに対するか、第九巻の末尾に書かれていることを検討しよう。

まずは金銭を愛する部分（欲望的部分）が求める金銭に対してどのような態度を取るべきか。理想国の守護者や補助者が持つことも触れることも許されなかったもの、その所有が許されたことによって国制が僭主独裁制に至る崩落過程に入るもの、そのようにも重大な意義を持つ金銭に対して、どのように対するべきなのか。魂の全体を配慮する人は「財産の多寡によって、みずからの内なる国制にあるものをかき乱すことがないよう（9. 591e1-3）」に注意する。[32] 欲望的部分が支配することのないように、魂の状態に配慮するのである。

次に名誉を愛する部分（気概的部分）の欲求の対象である名誉に関しては、どうだろうか。魂の全体を配慮する人は、「同じことに目を向け、自分自身をより優れた者にすると考える名誉は、これに進んで与り、享受するが、自分の内に確立されているあり方を解体するだろうと考える名誉は、私的にも公的にもこれを避ける（9. 592a1-4）」と言われる。魂の内のあり方を基準に受け入れるべき名誉かどうかが判断される。[33]

ここで幸福になろうとする者は理想国の守護者よりもより困難な状況におかれていることを指摘するのは無駄ではあるまい。守護者たちは金銀に触れないよう法律によって守られているのに対して、幸福になろうとする者は生きていくためには金銭を必要とし、それに触れないわけにはいかない。名誉についても事情は同じであろう。

守護者はどのような名誉が与えられ、かつ受け取るべきなのか法によって決められているのに対して、幸福になろうとする者はどの名誉が自分自身を優れた者にするか自分で判断しなければならない。守護者たちは理想国の内に生きているがゆえに、理想国に生きているのではない幸福になろうとする者たち――われわれのことだとプラトンは言うだろう――よりも危険から守られているのであり、より容易な生を生きることができるのである。幸福になろうとする者はより困難な状態に置かれているのである。[34]

それでは知恵を愛する部分（考量的部分）の欲求の対象である知恵に関しては、どうだろうか。「魂の全体が……思慮を伴った正義と節制を獲得し、より価値のあるあり方（9. 591b3-5)」を目指して生きる人は、魂をそのような状態を作り上げる諸学問（μαθήματα）を尊重し、そうではない学問は尊重しない（cf. 9. 591c)。学問の中には魂の全体の望ましいあり方を壊すようなものがあるので、それを避けなければならない。望ましいあり方を作り上げる学とは、善のイデアを最大の学業とする哲学とそれを補助する数学的諸学科のことであろう。それらは「上方へ魂を導くもの」と規定されていたからである。

このように魂の各部分が向かう欲求を魂全体のあり方を考慮しつつ適切な仕方でコントロールすることが正義なのである。魂全体の優れたあり方はそれ自体望ましい。だがそれを獲得するには、優れた考量的部分がそれ自体の欲求の対象である知を欲求するのではなくて、魂全体について配慮しなければならない。そして、考量的部分が優れた者になるには哲学――自由な言論によって「向きを変えられ（7. 518d5, 518e3, 519b3)」ることが必要である。自由な言論を経験している考量的部分のみが魂の全体を配慮することができるのであり、その配慮によってこそ、魂の一部分の単なる欲求ではなくて、全体としての一人の人の意欲が成立するのである。これが「正義はそれ自体として愛されなければならない」ということの意味である。[35]

幸福になろうとする者にとってかくも重要な正義は、しかしながら、人が様々なものによって誘惑されるため、なおざりにされてしまうことがたびたびある。ソクラテスは優れた人間になるか悪しき人間になるかは人々が思うよりも遥かに重大であると注意を促して、次のように言う。

だから名誉によっても、金銭によっても、いかなる権力によっても、そしてまた詩（の技術）[36]によっても、かき乱されることなく、正義とその他の徳を蔑ろにしないように（10. 608b5-7)。

ここに挙げられているもののうち、名誉と金銭によって魂の秩序を乱されてしまっている人については、前章の三、四節で述べた。権力についてはこの章の一節で述べ、詩については、前節で述べた。

だが魂のあるべき秩序を乱すものはこれだけであろうか。この点に関連して、自己の問題を考えるためにもう一つのテキストを引用しておきたい。それは私には『国家』の中でもっとも奇妙な一節と思われる。

守護者たちが学ぶべき学科をどのように配分すべきかを述べる最中、ソクラテスは「笑うべきことをしているのは僕かもしれない」とふと漏らす。訝しく思うグラウコンにソクラテスは次のように答える。

われわれが戯れにしていたのを忘れていたのだ。そしてすこしむきになって話しすぎた。[37]……われながら真剣になりすぎたように思われる（7. 536c1-5)

奇妙な述懐である。実際、対話相手のグラウコンには「真剣になりすぎた」とは全く思われないのである。この一連のやり取りの意味は次のようなものかもしれない。

「哲学が不当に辱められているのをみてかっとなり（7. 536c3）」ソクラテスは議論が戯れでなされていたことを忘れてしまった。ソクラテスですら語ることに熱くなって我を忘れてしまったのである。そして忘我は、非難されるべき事柄である[38]。不当にも死刑判決を下されながら怒りに我を忘れることなどなかったソクラテスが、なぜ「哲学が不当に辱められているのをみてかっと」なったのだろうか。

それはソクラテスが哲学をある美なるものとして把握しているためかもしれない。善とは常に誰かにとってのものであるならば、善きものについて考察している場合、その人は我を忘れることはなかろう。しかし美は人をして自己を超えさせる。美の持つこの脱自的性格は、人に偉大なことをなさせることがある。しかし逆に危険な罠ともなりうる。自己自身を忘れさせ、あるべき度を超えさせてしまう危険の力を美は有しているのである。

ソクラテスの述懐によってプラトンが伝えようとしたことは次のようなことかもしれない。哲学は最も美しい営みである[39]。だからそれに邁進せよ。しかし最も美しいからこそ、それに心を奪われてしまうことがありうる。そのとき人は自己を忘れる。ソクラテスでさえもそうだった。その危険を回避しつつ、魂のあるべき状態——正義——を保て。これがプラトンの述べようとしたことだったかもしれない。

そしてこのことは、正義を保つためには、哲学という美しい営みを自発的に一旦、中断することであろう[40]。だとすれば、プラトンは次のようにも言えたのではないだろうか。哲学という美しい営みがもし正義を失わせるのであれば、それを自発的に一旦、中断できるほど自由であれ。なぜなら、正義をそれ自体として愛さなければならないからである、と。

四　新たに始める自由

『国家』はエルという名の戦士が見聞してきたあの世とこの世との境界世界を語る神話で閉じられる。エルはあの世での魂たちが裁かれる様子を見てきただけでなく、この世に生まれてこようとする魂のあの世での選択についても語る。それによれば、死後、魂はその生前の所行によってあるいは褒賞を与えられ、あるいは罰を与えられる。そして千年後、魂は再びこの世に生まれるために「生の選択」を行う。その際に、アナンケー（必然）の女神の娘であるラケシスの神官が宣言する。「責めは選ぶものにあり。神に責めなし（10. 617e4-5）」。この宣言の後、魂は引き当てた籤の順に従って、これからの生を選択する。その選択に魂のそれ以後は縛られ、「忘却の野」を渡って、「放念の河」の水を飲む。そのとたん、魂たちはすべてを忘れ、この世に生まれてくる。

この奇妙とも魅力的とも言えるエルの神話に対しては、哲学の重要性を訴えているという解釈[41]や、人間の性格の重要性を示しているという解釈[42]などの、「エルの神話」に積極的な意味を見いだそうとする解釈が提出されてきたが、これに対して、重要な疑念を投げつけた解釈もある[43]。それは、「エルの神話」が語る生の選択は、実は決定論なのではないかというものである。すなわちアナスによれば、エルの神話は過去の決定が自分の今を決めている「ほとんど一種の決定論」なのである[44]。このようなアナスの断定に対しては、たとえば、國方が魂が様々な生から一つの生を選んだ後にどのような生を送るのかが決まるから決定論ではないと反論している[45]。

アナスがエルの神話に投げかけるもう一つの疑問は、そもそもなぜ神話で語られなければならなかったのか、というものである。この疑問は、エルの神話を「非神話化」して解釈することが、合理的ないし説得的に思われることから生ずる。すなわち、エルの神話において来世の選択として語られているのは、実は今の選択の重要性なのであると考えられる。そしてこのように考えるならば、プラトンは今の選択で報いがあると述べていることになり、したがってこの解釈は第九巻までの議論と矛盾しないとも思われる[46]。三嶋はより積極的に「択ばれるべきは次回の生ではなくて明日の自己であり、求められているのは、残されたこの人生をより善く生きていくことに他ならないであろう[47]」と述べ、エルの神話を非神話的に解釈すべきことを主張する。

しかしこの非神話化解釈をアナスは積極的には採用しない。なぜなら、もし日常の選択が重要だとするならば、なぜ神話で語るのかが分からないからである[48]。アナスはそれでもこの疑問に対して、死後や輪廻を信じない当時の人々にも訴えかけるものを持つようにとプラトンが考えたからと答える。これに対してハリウェルは非神話化解釈をとると魂の不死をどのように考えるべきか分からなくなると述べる。それでは文字通りに解釈すべきなのだろうか。ところがハリウェルによれば、そうすると決定論という疑念が拭えないのである[49]。

それではわれわれはこういった二つの疑念に対してどのように答えるべきであろうか。

まず、決定論なのかどうかという点に関しては、われわれはエルの神話は決定論ではないと考えたい。決定論とは選択意志それ自体が他のものによって決まっている[50]ということを意味するのだとすると、なるほどこの世での今の選択は生まれてくる前の生の選択で決まっているかもしれないが、しかし、そのような生を選ぶことそれ自体は決まっていないのではないだろうか。

もう一つ指摘できる点は、エルの神話によればどの魂も選択したことそれ自体を忘れてしまっているとされていることである[51]。かつての選択が今の自分を決めているということは、一見、今の自分には選択の余地がないことを意味しているかのように見える。ところが、その選択の内容を、さらにはそもそも選択したというそのこと自体をわれわれは忘れているのである。

ある人が今ここで、ある選択をしたと仮定すると、エルの神話に従えば、その選択はすでになされていた選択であるから、決定済みのものである。しかし選択をしたその人は、選択したことを忘れているから、その人にとっては、初めて選択したことになっている。他方、その人の過去の選択を知っていて、今選択するつもりになっているその人の心のうちを見通すことができるものにとっては、今ここでの選択は、選択ではなく決定済みのものであろう。だがそのようなものは人間のうちにはいない。すべてを見通す神でなければ分からないのである。

誰も自分の生の全体を外から眺めることなどできない。だからこそ今ここでの選択が重要なのであろう。もし自分の生の全体を外から眺めることが出来るとするならば、それはプラトンが描くように、神であるか、あるいは人間であるならば生まれる前、あるいは死んだ後でのことでしかありえないだろう。つまり生の全体とは神話によって語られるしかできないことなのである。

以上のようにわれわれは、選択の忘却の意義を強調することで、エルの神話の非神話化解釈を採用することができると同時に、生の全体は神話によってしか語り得ないこともまた納得しうるのではないだろうか。

とはいいながら、おそらくこれだけではエルの神話の解釈としては不十分であると思われる。われわれは神話の解釈のために、人は自らがなした生の選択を忘れていることに着目した。だがプラトンは神話を通じて、われわれが忘れてしまっているその選択を想い起こすようわれわれに促していると考えられる。もしそうであるならば、われわれは選択の想起についても考察しなければならない。

このエルの神話は必然に満ちている。たとえば、まさに魂がこれからの生を選ぶその生の選択の場面で、過去のことがらを歌うラケシスの神官が登場し、選択は必然によって結びつけられる。はたしてなぜ、未来の選択に過去が歌われるのであろうか。

エルの神話によれば、多くの魂は哲学なしにほどほどの生活を送った場合、死後、よい場所に行くが、いい思いをした魂たちは再びこの世での生を選ぶ際に、ひどい生を選ぶ。逆にひどい生を送った場合、死後、悪い場所に行くが、罰を受けてきた魂たちは、次の生の選択の時には慎重になる。とすると、これらの選択は一種の反応であって、優れた意味における行為――熟慮の末の選択に基づいた行為――ではないのではないか。これからの新しい生の選択が実は過去に縛られているのである。

とすると、やはり生の選択と見えたものは、過去のくびきに縛り付けられた必然なのであろうか。しかし「健全に哲学する（10. 619e1）」魂だけは、常に幸福であるという。これはそのような魂だけが真に選択できることを意味しよう。つまり、プラトンによれば哲学者の魂のみが反応的選択の危険から逃れて、真の選択をなし得るのである。(52)

ところが、ここで次のような疑問が生ずる。もし哲学することのなかった魂による次の生の選択が一種の反応に過ぎず、かつ哲学した魂による次の生の選択のみが優れた意味での行為であるならば、それまで哲学してこなかった魂はどのようにして次の生で善い生を選ぶことができるのか。善い生を選ぶために必要なのは哲学であるのに、哲学してこなかった魂はどのようにして哲学をするようになるのであろうか。

このアポリアは理想国の創始者に関わる困難と同じ点がある。すでに存在している理想国の中で育てられた哲学者が政治に従事するのは正当である。彼らは理想国に恩がある。しかし理想国を創設しようとする哲学者には政治に従事しなければならない理由はない。とするならば、どのようにして理想国は創設されうるのか。理想国を創設できるのは哲学者だけであるのに、そのような人は政治に従事することを意欲しない。新たに始めることに関わる困難が、理想国を創設しようとする哲学者にも、幸福な生を送ろうとする魂にも、まとわりついている。しかしこの両者には異なる点もある。それは哲学者が理想国を創設するのは「強制」によるが[53]、しかし幸福になろうとすることは強制ではないという点である。むしろ人は、理想国があろうとなかろうと、幸福でありたいと思うだろう。幸福になろうと意欲することは強制ではない。

「幸福になろうとする者はそれ自体としても結果からも正義を愛さなければならない」のであった。それゆえ幸福になろうとすることは強制ではないし、あるいはまたすべての人が幸福でありたいと望むとしても、たとえそうだとしても幸福になろうとするならば、それ自体として正義を愛さなければならない。そしてそのようなことができるためには、魂の考量的部分が哲学することを学び、かつ魂の全体に配慮することが必要だというのが前章までの議論の示すところであった。とするならば、幸福になろうとする者は、あるいは、同じことであるが、正義をそれ自体として愛そうとする者は――、哲学することが必要なのである。

こうしてわれわれは再び同じ問いに逢着する。それまで哲学しなかった者がどうして哲学するに至るのか。すでに言われたように、魂のほとんどは過去の生に縛られて次の生を選ぶ。死後、天上で楽しくも快い報償の千年を過ごした魂は、それも哲学することによってではなくて、単に何らかの習慣づけによってそれほど悪くはない生を生きてきた魂は、悪い生を選択してしまう。これは過去の自分を忘れているからではないだろうか。哲学せずにうかうかと生きてきたにもかかわらず、たまたまうまくいったということから、哲学することを選択しなかったことを忘れているからではないだろうか。過去の選択を忘却しているからこそ、選択を過つのである。われわれの現在は、過去の選択によって決められているであろう[54]。それを人は忘れてしまっている。自分の過去を忘却して今ここにあるのである。その忘却は人によってはまことに甚だしいことを、プラトンは「思慮によって自制できない者たちは限度を超えて（放念の河の水を）飲んだ（621a7-b1）」と言って指摘している。それほどまでに私たちは自己を忘れているのであろうか。なぜなら、過去を忘れているということは自分を規定しているものを忘れていること、自分が何者であるかを忘れているということであろうから。それなのに自分の目の前の選択が、まるで自分の自由になるかのように思っている。自分を失っているのに、自分が選べるかのように思っているのである。

だからこそ過去を思い起こすことが必要である。過去を歌うラケシスの神官がこれからの選択の際に立ち会っているのは、そのゆえであろう。過去の想起とはその意味で自己自身を知ろうとすることであろう。そしてそれができる人のみが、新たに始めることができる。これこそ幸福になろうと意欲する、根源的な自由なのではないだろうか。

自己自身を知るとはいったいどのようなことだろうか。他者との関わりにおいて自己のタクシスを知ることがそれだという解釈をわれわれは洞窟への帰還について考察した時に述べた。だが、自己自身を知るとはおそらくそれだけではないだろう。今の私が過去の私の選択によって成立しているのであれば、過去の選択について知ることもまた自己自身を知ることにつながるはずである。プラトンは魂が今まさに生の選択をするという瞬間に人間にとっての危険があるとして、次のように言う。

美しさが貧乏や富と混ぜ合わされた時、またどのようなある魂の持ち前といっしょになって、悪や善をつくりあげるのかを知らなければならない。また良き生まれや悪しき生まれ、私人であることと権力を持つこと、強さと弱さ、物わかりの良さと悪さ、そして魂にかかわる生まれつきのものと獲得されたもののすべてが互いに混ぜ合わされていったい何をつくりあげるのかを知らなければならない（10. 618c7-d5）。

プラトンが知らなければいけないものとして挙げているものは、境遇、能力、身体の健康、富、美、などである。これらのうちにはプラトンによれば、魂そのものの序列を決めるものはない。それらが「混ぜ合わされて」魂に付け加わった時に、どのような善や悪を作るかを知らなければならないのである。魂に付け加わるものには、生まれつきのものも、獲得されたものもある。生まれつきのものは、エルの神話を文字通り信じないかぎり、人がどうすることもできない。しかし獲得されたもの、つまりは人のそれまでの選択によって生じたものもまた、挙げられている。それらは選択の時点では人の自由にまかされていたはずであろう。

そういった諸々のものが今の自己を規定している。だからこそ、思い起こすことが、つまりは自己を知ることが良い選択の条件となる。プラトンは続けて次のように言う。

こういったすべてのことに基づいて考察した上で、魂の本性に目を向けてより悪しき生とより善き生との間で選択することができるようになるだろう。魂を彼の方、つまりより不正になる方へと導く生を悪しき生と呼び、より正しくなる方へと導くいかなる生もより善き生と呼びながら（10. 618d5-e2）。

このように、私たちは魂の本性を知り、魂に付け加わっている生まれつきのものや獲得されたものを知ることによって、新たに善い選択をすることができるようになる。この可能性こそ自由の名にふさわしい。

だがそれでも私たちはまだ循環から逃れていない。哲学を始めることを選択するにはすでに哲学していなければばならないという循環である。なぜなら自分自身を知ることによって哲学をするという善い選択をすることができるのだとしても、自分自身を知るというまさにこのことこそ哲学することだからである。この循環を抜けるためにプラトンは次のようにソクラテスに言わせている。

もしわれわれが、僕の言うところに従って、魂は不死であり、ありとあらゆる悪と善とを耐えることができると信じるならば、われわれは常に上へと向かう道をはずれることなく、思慮を伴った正義にあらゆる仕方で勤しむだろう（10. 621c3-6）。

そうすることによって「われわれは幸せであることができるだろう（εὖ πράττωμεν, 10.621d2-3）」というのが『国家』の最後の言葉である。幸福であるためには「思慮を伴った正義」が必要であり、そしてそれにはソクラテスの語ったことを信じることが必要である。「幸福になろうとする者は正義を愛さなければならない」が、さらに正義を愛するためには「幸福になろうとする者は正義を愛さなければならない」というその言葉を信じなければならないのである。しかし信ずるとは一つの選択であり、選択できることはまさに人が自由であることの証であろう。『国家』における自由はこうして、新たに始めることができるという自由として、理解されなければならないのである。[55]

自由を鍵にしてプラトンの『国家』を読み解くというわれわれの試みも終わりに近づいたので、プラトンが『国家』で明らかにした「プラトン的な自由」がどのようなものであるかを以下に簡単に振り返りながら、『国家』の、第一巻、第二巻から第四巻、第五巻から第七巻、第八巻から第九巻、そして第十巻という、五つのまとまりが、自由によって緊密に構成されていることを指摘しておこう。

第一巻ではトラシュマコスによって「したいことをする自由」が称揚されたが、それへの直接の反論はなされていなかった。しかし、第二巻から第四巻にかけて、理想国が恐怖から自由な国として構築された。そして第五巻から第七巻にかけて、理想国に対応する正しい人間が「何であるか」の問いに導かれつつ、自らの魂の考量的部分を他の部分の影響から解放し、自由な営みとしての哲学的思索を行うことができるようになる次第が語られている。そしてこれは自己知を獲得する過程でもあった。続けて、第八巻から第九巻にかけては、不正な諸国制とそれに対応する人間が欲望に引き回されている不自由な国家であり人間であることが照らし出されている。最後に第十巻で、正しい人間が有している自由を根底から支えている選択することのできる自由が語られているのである。

この選択することができる自由とは、より具体的に語れば、哲学を始めることが出来る、という自由である。そして、ソクラテスがグラウコンらを通してわれわれに伝えているように、その自由を人に与えることが出来るのは、すでに哲学している者のみであり、そしてその哲学という自由な営みを始めることができるのは、すでに哲学している者の伝えることを信じるという自由を行使する者のみである。こうして哲学という自由な営みは、人から人へ伝えられることで[56]、人と人を自由な者として結ぶ営みなのである。

付論一　プラトンの体育論

（i）

人間には心と身体とがあるという把握は、素朴なものであるかもしれないが、最も基本的なものであり、それゆえおそらくそう簡単には消え去ることはないだろう。そしてその把握が続くかぎり、心と身体との関係が問われ続けることになると思われる。

この把握はプラトンにとっても自明なものである。そして心と身体のそれぞれを教育するものとして音楽と体育があるというのが、プラトンの『国家』における教育論の第一歩であった（cf. 2. 376e)。

これ以後に展開されている音楽論（あるいは文藝論）はホメロス批判を含み、詩人追放論につながるものを持つこともあって、多くの論争と批判を引き起こしてきた。しかし体育についてはそれほど論じられてはこなかったと思われる。これはある意味で仕方がないことかも知れない。教育は音楽と体育によるべきであり、これらのうちどちらか一方が欠けても不十分であることを主張しておきながら、音楽についての論述は広範囲にわたり分量も多くを占めるのに対して、体育についての論述はステファヌス版にしてわずか十ページほどだからである（以下、この部分を「体育論述部」と呼ぶ)。そればかりか、その十ページの中でも体育が直接扱われている部分は半分足らずで、むしろあるべき医術とそれに並行して司法について論じられている部分の方が多い。音楽の扱い方に比べるとこの体育の扱い方は、ほとんど無に等しいと言われても仕方がないのではないか。人はここに身体を蔑視するプラトン主義の臭いを嗅ぎつけるべきなのであろうか。

だがこの「体育論述部」の間に体育の把握は急激に変化している。冒頭では体育はすぐれた身体を作り出すために必要だと語られている（cf. 403c）のに、終わりの部分では体育は音楽と一緒になって心のためのものだと言われているのである（cf. 410b）。このことはいったい何を意味するのであろうか。あるいはどのような意味でプラトンの主張を理解することができるのだろうか。そして体育について論じていない「体育論述部」の半分あまりの部分は、「体育論述部」にとってどのような意味があるのだろうか。

これらの問いに答えるためにプラトンの「体育論述部」についての検討の必要がある。本論文は以上のような観点から『国家』第三巻403c8-412b2（すなわちこれが「体育論述部」である）を分析する。そしてそれによって、一見論理的なつながりが希薄に思われる「体育論述部」を統一的に読み解く解釈を提示し、さらに体育と音楽の技術としての特徴を析出する。このことはプラトンの技術観や、心と身体の関係を明らかにすることに役立つだろうと期待される。

（ii）

「体育論述部」の分析に入る前にプラトンの対話篇全体において体育を意味する語がどのように使われているかを検討してみたい。

ブランドウッドの索引によれば、γυμναστικός, ή, όνという形容詞は全部で77例ある。[1] そしてその77例を作品別に見れば、多い順に、『国家』30例、『法律』21例、『ゴルギアス』13例、『プロタゴラス』、『ソピステース』、

『政治家』、『ティマイオス』各2例、『クリトン』、『パイドン』、『饗宴』、『パイドロス』、『エウテュデモス』各1例、となっている。

それらの用例のほとんどで、体育は別の技術と必ず対になって、あるいは対になる文脈で、用いられている。その技術とはある場合には音楽であり、別の場合には医術である。

例外となる用例は『プロタゴラス』の一例（316d9）と『エウテュデモス』の例（307a5）である。『プロタゴラス』の一例はプロタゴラスの発言のうちに用いられているから、プラトン自身の体育論をそこに見いだすには不可能とは言えないまでも周到な手続きを必要とする。だがその手続きはたとえ可能であったとしても、無意味である。なぜならその箇所では、ソフィストの術を隠すための技術の一つとしての体育についてプロタゴラスが言及しているからである。この用例は考察の対象から外すことが妥当である。(2)『エウテュデモス』では体育は「金儲けや弁論や将軍の術」と並んで言及されている。この箇所でソクラテスは、人間を教育すると称している人たちにろくなものがいないというクリトンの慨嘆を受けて、立派な技術であってもそれに携わる人々で優秀な者はわずかしかいないと答えている。この問答では、体育そのものが論じられているわけではなく、技術と技術者（あるいは似非技術者）との関係が問題になっている。それゆえプラトンの体育論を検討するというわれわれの目的にはそぐわない。

以上のことからわれわれは体育についてプラトンが論じるときには医術、または音楽と対になる仕方でそうしていると結論づけることができる。さらに興味深いことに、体育と対となる技術は対話篇によって決まっている。体育が音楽とペアを組むのは『国家』と『法律』であり、その他の著作ではすべて体育と医術との対なのである。このことはいったい何を意味しているのであろうか。

まず、体育が医術と対となることについて検討しよう。そのためには用例の多さが『国家』『法律』に次いでいること、それゆえ当然ながら体育についてあるまとまった見解を示していることから『ゴルギアス』を取り上げるのに異論はあるまい。

『ゴルギアス』では弁論術とは何かという規定をソクラテスがポロスに説明する箇所で主に体育について言及されている。ソクラテスによれば人間の心と身体を扱う技術はそれぞれ二つあり、その技術の下に潜り込み、その潜り込んだ先の技術であるかのようなふりをしている迎合（単なる経験）がそれぞれある。身体の世話をする技術としては体育と医術とがあり、それぞれの下に潜り込む迎合としては化粧法と料理法とがある。それと同じように、心を扱う技術として立法術と司法術とがあり、それぞれの下に潜り込む迎合としてはソフィストの術と弁論術とがある（462b-466a）。

このソクラテスの説明は、技術は知識によって対象の善を目指すが迎合は憶測によって快を目指すということに基づいて、弁論術が技術ではないことを主張しようとするものである。このソクラテスの議論の中で、身体を扱う二つの技術、つまり体育と医術とは、弁論術は技術であると主張するポロスに対して、技術とはいかなるものであるかを示す役割を果たしている。言い換えれば、技術の成立とはどのような事態であるかが語られている。体育が医術と対になるのはまさにこの文脈である。技術が技術それ自体として考察されるときに、体育と医術とは一対のものとして語られるのである。(3)

では『国家』と『法律』の場合はどうだろうか。これらはどちらも政治を一つの主題としている書であるという点では『ゴルギアス』と同じだが、「理想の国を言論においてつくり上げる」という点で異なる。そして「国をつくる」という観点から必然的に国民の教育が論じられることになる。体育と音楽が語られるのは、まさにこの教育という文脈である。子供たちの教育は音楽と体育という二つの技術によるべきであるから、それらの技術がどのように用いられるべきかが論じられているのである。これは技術が適用される場面での議論である。技術を論ずる際には、技術それ自体と技術の適用という二つの観点があり、体育は前者に即して医術と対に、後者に即して音楽と対に語られるのである。(4)

しかし、以上のような議論に対して、そもそも技術とは適用されてこそ技術なのではないか、適用なき技術はないのではないか、という疑問が生じるだろう。『ゴルギアス』では身体の世話をし、最善(健康)を目指すのが、体育と医術という技術であると言われていた。語の用法を見るかぎり、体育が技術それ自体として論じられている対話篇(『ゴルギアス』)と技術の適用の文脈で語られている対話篇(『国家』と『法律』)とが截然と分けられるにしても、体育が医術と対になることと音楽と対になることとの違いは他の理由があるのではないだろうか。

おそらくその通りであるが、このことに関しては体育の意味付けが変わることが重要であるように思われる。先に指摘したように、身体のためとして議論に導入された体育は、心のためとして、言わば、変貌を遂げる。このことが体育の対が医術であるか、音楽であるか、の違いを生んでいるのではないだろうか。医術と対になって語られているとき体育が関わる対象は身体であるが、音楽と対になって語られるとき体育は身体のみならず、心にも関わるのである。このことを技術それ自体と技術の適用という先の二つの観点を交えつつ言い直せば、技術がそれをめぐって成立するその対象と、技術がそれのために用いられるその対象とは異なるのであり、体育の場合、前者は身体であり、後者は(身体と)心であるということになる。

とはいえ、ここで問いが消滅するわけではない。技術がそれをめぐって成立するその対象と、技術がそれのために用いられるその対象とは、本当に区別されるのか。他の技術の場合にはそのような事態があるとは考えにくい。

いったいなぜ体育の場合はそのような事態が生じるのだろうか。この問いに答えられたとき初めて、体育の対となるのが音楽であるか医術であるかがどのような基準によって分けられているのかが、明らかになると思われる。以上のような問いを抱えつつ、体育と音楽、医術の三つの技術の連関に注意しながら、(iii)でプラトン『国家』の当該テキストの検討をしていくことにしたい。

(iii)

検討するテキストは、繰り返せば、『国家』において体育がまとまって論じられている(403c9-412b1)、つまり「体育論述部」である。この部分は、その内容にしたがって以下のように三つに分けられる。便宜上(α)、(β)、(γ)と名付け、内容を表す小見出しをつけることにする。

(α) 身体のための体育(403c8-404e6)

(β) 医術と司法(405a1-410a7)

(γ) 心のための体育(410a8-410b2)

(α)ではすぐれた戦士・守護者のすぐれた身体をつくる体育はどのようなものでなければならないかという問題が取り上げられ、先に音楽について述べたのと同じように、単純な体育が良いと結論付けられる。「音楽における単純さは心のうちに節制を、体育における単純さは身体のうちに健康を(3. 404e4-5)」生むからである。

(β)では医術と司法が論じられる。医術としてはアスクレピオスが称賛され、ヘロディコスが批判される。司法の問題としては良き裁判官は悪を自ら体験する必要はないことが論じられる。

(γ)では体育は身体のためにというよりもむしろ心の気概的な要素のためになされるべきであり、そのように昔の人々は教育を定めたと語られる。

われわれが検討している箇所をこのように三部分に分けると、次の二つのことが奇異なこととして浮かび上がってくる。第一に、体育とは直接関係のないように思われる議論が（β）で展開されており、しかもその分量が全体の半分以上を占める。第二に、その（β）を挟んで体育の意味付けが「身体のため」から「心のため」に移行している。このことはいったい何を意味しているのであろうか。

第一の点については、（β）の部分は「逸脱」であるという診断がなされており[5]、第二の点についてはソクラテスが身体をけなしているためであるという解釈が提出されている[6]。果たしてこのような診断と解釈は正しいであろうか。

最初に、第一の点を考察していくことにしよう。そのためにはまず（α）から（β）への議論の移行を検討する必要がある。

なぜ医術と司法に議論が移動するのだろうか。（β）はやはり逸脱であり、（α）から（β）への議論は唐突に折れ曲がっているのであろうか。しかしながら、（β）への移行はソクラテスの質問によって導かれている（405a1）ので、単に「逸脱」であるとは考えがたい。そしてもし「逸脱」ではなくて議論の必然性によるならば、体育の意味付けが変わったことに（β）の議論が関係していると解釈する可能性が出てこよう。

とはいえ、このわれわれの推測を否定するようなことが、まさに（β）の箇所で行われているのではないかとも考えられる。前節での議論によれば、教育という文脈では体育は音楽と対になるのであって、医術とではない、ということであった。ところが、（β）では体育との関連で医術が論じられているのである。守護者の教育という大きな文脈の中で、まず音楽が論じられ、次にこの体育論で体育が論じられていて、さらにその中で医術が取り上げられている。このことは、技術の成立と適用とによって体育の対が医術となるか音楽となるかが決まるという前節の暫定的な結論を覆すものではないかとも思われる。

だが事はそう単純ではない。なぜならば『ゴルギアス』などとは違って（β）では医術は否定的に扱われているからである。つまり、医者にかかって健康を回復するよりも、体育によって健康であり続けるほうがよりよいのであって、良い教育の行き渡ったポリスでは医者はそれほど必要としない。医療所の多さはそのポリスの内で放埒が行き渡ってしまっていることを意味するのである（cf. 405a1-4）。

実はこの点に関連するものとして、（α）の冒頭、つまり体育論の冒頭に次のような注目すべきことが語られていた。

体育によってもまた子供の頃から生涯を通じて入念に養育されなければならない（3. 403d1-2）。

一見、どうということもないように思われるかもしれないが、音楽による教育と比較すると「生涯を通じて」ということが異なる点として浮上する。体育論は音楽論とは違って生全体への視点があるのである。もちろん音楽による教育が最初に行われるのは、初めが肝心だからであり、その限りにおいて生全体への視点を持つと言える。しかしながら、守護者達はのちに数学的諸学問や哲学によって教育されるべきなのであり、音楽が生涯にわたって課せられるのではない。それに対して体育は「生涯を通じて」なされなければならないと言われている。

音楽と体育との間に見られるこの違いは、それぞれの関わる対象の完成する時期が異なるからであろう。身体の完成する時期は心の完成する時期よりも早い。別の言い方をすれば、身体の完成より心の完成のほうがより時間がかかる。子供の時に与えられる音楽は心の完成への過程の最初を扱うのであって、もちろん大事ではあるが、心を最終的に完成する（徳が現成する）ためには音楽だけでは不足である。様々な学問を身に付け、さらにそれらを「序曲」とする哲学が必要なのはそのためである。これに対して体育は身体の完成に直接関わるがゆえに、その人の生涯の問題となる。

そして体育には生全体への配慮が欠かせないということが、人の医術への関わり方を決めることになると考えられる。体育によってすぐれた身体が作り出されてしまえば、けがなどのやむを得ない場合を除いて、健康が維持されるがゆえに、医術（あるいは医者）の世話になることは原則として必要がなくなる。これに対して、もしそのような身体を持たなかったならば、慢性的な不健康状態のまま一生を過ごさなければならなくなる。このような人のために考案されたのがヘロディコスの養生法である。

「病気のお守りをする今日の医術（406a5-6）」を導入したヘロディコスは、「体育を医術と混合（406a8-b1）し、「死を長引かせる（406b4）」ことによって本人自身をも多くの人々をも疲れ果てさせることになったという。ヘロディコスは長生きをする代償にいっさいの仕事をあきらめざるを得なかった[7]。体育と医術の混合は、自分の身体だけに関心を向け、しなければならない仕事や自己の修練としての哲学に邁進しないようにしてしまう。プラトンが批判するのはまさにこの点である。

このように見てくると、（α）から（β）への移行は唐突なものではなく、議論の自然な流れによることが、そしてそれゆえに（β）にも意味があることが、明らかになるように思われる。

議論の流れに関しては、体育が生全体の観点から検討されることによって、どのように生きるべきか、という問い、あるいはより正確に言えば、どのように死に対処するかという問いが問われることになる、と解釈することができる。そしてこの問いに対するプラトンの答えは、「良く生きること」[8]、具体的に言えば、単に長生きするのではなくて、国家に自分の仕事によって貢献しつつ生きることである。

そのような良い生を生きるためにも体育によってすぐれた身体を作り上げることが重要になる。そしてそれに成功したとき、けがなどのやむを得ない場合を除いて、医者にかかる必要がなくなるだろう。こうして（β）では体育と医術との価値的序列を明らかにしている。体育と医術とのどちらも身体をめぐって成立する技術である。しかし、医術は失われた健康を回復するための技術であるのに対して、体育は健康をもたらし維持する技術である。それゆえある意味では体育は医術よりもすぐれているのである。これが（β）の議論の内容に関して言えることである。

それでは（β）から（γ）への移行はどのように説明されるであろうか。（β）が「逸脱」でないと解するためには（α）から（β）への移行のみならず、こちらの連関もまた説明されなければならない。

（β）と（γ）に共通する要素は「混合」であり、そしてこれがこの二つの部分を連結するものであるように思われる。（β）においてはヘロディコスが体育と医術とを混合したことが批判されていた。それに対して（γ）では体育と音楽の混合が次のように語られる。

> 音楽と体育とを最も見事に混ぜ合わせ、最も適切な仕方で心に適用する人、その人をこそ、絃を互いに調律する人よりもはるかにすぐれて、完全に最も音楽的教養があり（μουσικώτατον）良き調和のとれた人であるとすれば、われわれは最も正しく主張することになろう（412a4-7）。

これは「体育論述部」のほぼ末尾に位置する言葉である。ここでは体育と音楽の混合が見事になされなければならないことが語られている。

二つ以上のものが混合されうるためには何らかの親和性がなければならないだろう。水と油のように全く異質のものは混ぜ合わすことができない。ヘロディコスが体育と医術とを混合することができたのは、先に見たようにその混合は批判されるのであるが、どちらも身体に関わる技術であったからだと考えられる。とすると体育と音楽の混合が可能であるのも、同じように、それらのどちらも適用される対象が同一であるからではないだろうか。音楽が心のためになされる教育の一過程であることはすでに認められているのだから、身体のためと考えられてきた体育が実は心のためであると把握し直されることによって、音楽と体育との混合が語りうるようになるのである。

以上のような考察によって、われわれは（γ）における音楽と体育の正しい混合を導き出すために、体育と医術という悪しき混合を語る（β）が先立つのだと結論づけることができるだろう。そしてこのことによって、（β）は身体のための体育が語られる（α）と心のための体育が語られる（γ）とを繋ぐ重要な部分となっていることが理解される。生全体の観点から体育を把握することが医術との価値の序列の議論を導き、さらに体育と混合している当代の医術の批判へと至る。そしてこの批判があるべき混合、体育と音楽との混合の結論を生み出すことになる。そしてその過程で体育は「身体のため」から「心のため」へと捉え直されることになるのである。

（iv）

（β）の意味付けというテキスト解釈としての問題は、前節において（β）は「逸脱」ではなく（α）から（γ）

への移行を促す重要な部分であると答えられた。この節では続けて音楽と体育の混合についてもう少し考察してみたい。

体育と音楽の混合の重要性が主張されるのは、どちらか一方にのみ勤しみ、親しんでいる人々が偏った人間になっているという事実の観察に基づいている。その観察によれば、体育だけに関わり、音楽や学問に触れない人は言論嫌いの粗暴な人間になる（cf. 411c-e）が、他方、音楽にのみ心を奪われ体育による鍛練を受けない人は気難しく、短気な人間になる（cf. 411a-c）。そのようにならないために、体育と音楽との適切な混合が称揚されるのである。

これら二つの技術の混合が善きものとして成立するのは、気概の素質と哲学的素質という二つの要素を持っている心がその混合をつくるそれぞれの技術の対象であり、かつそれら二つの素質が適切な仕方で調和されることが心にとっての善さだからである。先の観察から明らかなように体育は心の気概的素質に関わる。それゆえ体育に勤しむ人は初めのうちは「気概に満ち、自分よりも勇敢になる（411c6-7）」が、学びや探究を味わうことがなければ、最後には暴力的な無教養の人間になってしまう。また音楽にのみ耽溺する人は、もとからあった気概を弱めてしまい、気概のある人間ではなくて、短気な人間になってしまう。守護者はこのどちらになってしまってもいけない。守護者には気概の素質と哲学的素質の調和が求められるのである。

しかしながら、以上のような議論は、その他のところで見られるプラトンの技術観と矛盾するのではないかと疑われる。たとえばすでに触れたように『ゴルギアス』では技術は対象の善を目指すと言われていた。もし体育が心の善を目指すのであれば、体育にのみ勤しむ人もその良さに与ることができるのではないか。また『国家』第一巻によれば、技術はそれ自体として完全であり他のものを必要としないからこそ、技術それ自体の善ではなく技術が関わる対象の善を目指す（cf. 341e-342e）。とするならば、心に関わる体育や音楽はそれらが技術であるかぎり完全であるはずなのに、なぜそれらが関わると心を損ねてしまうのであろうか。それともこれらの技術は不完全なのであろうか。いや、不完全な技術とは形容矛盾であろうから、体育も音楽も技術ではないということになるのだろうか。

この困難を解決する鍵は（またしても）混合である。次のテキストを見られたい。

音楽を身につけたものはその同じ跡にしたがって、もし望むのであれば、体育を追求することを選び、そうしてやむを得ない場合でなければ、医術をいっさい必要としなくなる（3. 410b1-3）。

体育と医術の価値づけがここでも行われているが、混合という観点から着目すべきは次の二点である。第一に、音楽が体育に時間的に先行して適用されなければならない。音楽と体育との混合には前後関係という秩序がある。しかも先行する音楽の「跡にしたがって」体育が追求されなければならない。第二に、より重要なこととして、音楽を身につけたもののすべてが体育を追求するわけではない。音楽を身につけたものは「もし望むのであれば」体育を追求することを選ぶ。この第二の点は音楽と体育の混合にはそれら相互の間に秩序があるという第一の点よりもより高次のものである。すなわち、音楽が先行するように、しかも「同じ跡にしたがって」探究するように、秩序づけるものが存在する。

音楽を身につけたものが体育を追究しようと望むことは、音楽によって教えられることではない。音楽にのみ耽溺し、体育に触れることのない人がいることがその証拠である。では、自然本性的に人は音楽を身につけたあとに体育に向かうようになるのであろうか。だが自ずから人が音楽の次に体育へと「その同じ跡にしたがって」いくことができるのであれば、教育について考察し、規定を定めることは無意味であろう。それゆえ音楽を身につけた人のうちには体育への望みはあらかじめはないと考えられる。

体育への望みが喚起されるには、体育の必要性を示すことができ、しかも音楽と「同じ跡にしたがって」追求すべきであると教示することができる人が必要である。その人こそ「音楽と体育とを最も見事に混ぜ合わせ、最も適切な仕方で心に適用する人」であり、「完全に最も音楽的教養があり、良き調和のとれた人」と呼ばれるにふさわしい人である（3. 412a4-7）。この人は、音楽と体育との混合と、それの心への適用について知識を持っていなければならない。それゆえ、その人は、おそらくは、哲学者である。そして哲学者にして初めて、音楽と体育とを超えており、それらを適切な仕方で混合し、秩序づけることができる。

以上のように考えることができるならば、われわれは先にぶつかった困難を次のように突破することができるだろう。体育や音楽はそれぞれ技術であり、技術であるかぎり、完全である。すなわち、それらが関わる対象である身体と心とを善いものとする。しかし、哲学者によってそれらの技術は互いに適切な仕方で混合されるとき、より大いなる完全性を有するに至る。すなわち、体育に関して言えば、音楽と組になることによって、身体のみならず、調和のとれた心を形成するのに役立つことになる。そしてこのとき初めて体育はその働きを完全な仕方で果たすことができる。音楽についても、同じように、それらは心の完成する過程の初期に適用されるとき、心のその後のありように決定的な影響を与える。その時期以後は、体育と組になることによって、心全体のより大いなる成長に役立つこととなる。このような技術の言わば高次なものへの変容は、それら技術と心とについて知識を持つ哲学者によってもたらされるのである。

音楽と体育が混合されることによってより大いなる完全性を持つのは、それら混合されたものの対象が心と身体の二つからなる人間という一つの全体であるからのように思われる。心と身体はわけて扱うことができる。だからこそ体育と音楽はそれぞれ別のものとして成立する。しかし人間は一つの全体として生きており、それゆえ全体をとらえる視点もまた必要である。そして心が身体に先行するという事態をふまえつつ、人間を一つの全体として捉えることによって初めて明らかになる事柄もあるだろう。そのような事柄を扱うことができるのが哲学者に他ならないというのがプラトンの「体育論述部」の明らかにしていることなのではないだろうか。

付論二　プラトン『国家』における「女性の劇」の射程

ジュリア・アナスはオックスフォード大学出版局から出ている入門書のシリーズの一冊として『古代哲学』を著しているが、その中で古代世界においては『ティマイオス』がプラトンのもっとも重要な著作であると評価されてきたのに対して、『国家』は読まれていたとしても、重要な著作として受け取られてはいなかったと指摘して、次のように述べている。

『国家』が有名であった主な理由は、理想の支配者は私的な家庭生活をもたず、「妻と子供は共有である」とする考え方によってであり、それはよく知られた考え方であったが、知的に深みがあるというよりはむしろ風変わりなものと見なされていた。(1)

アナスが続けて語るように、『国家』は十九世紀以降、プラトンの主要著作として認められているが、『国家』がプラトンの主著と目されるようになっても、「妻と子供は共有である」という「妻子共有論」が「風変わり」だという評定は覆ってはいないだろう。人によっては嫌悪感を呼び覚まされるかもしれない。

本論は「妻子共有論」に対する違和感や嫌悪感を取り去ることを目指しはしない。本論が目指すのは、第二の波と呼ばれる「妻子共有論」のみならず、第一の波である「女性にも男性と同じ教育と仕事を与えるべきである」という主張をより広い文脈の中に置いて、「女性の劇（5. 451c2）」を全体的に理解しようとすることである。そしてこれは『国家』のテキストを丁寧に読むことに他ならない。

この点で本論の立場は、『国家』第五巻の注釈書を著し、その中で『国家』第五巻の議論を真剣なものとして受け取り、かつ「主張と探求の間に釣り合っている」ものとして解釈するハリウェルの立場に近い。(2) ハリウェルは、一方で、探求の性格が色濃い初期対話篇とは違って中期対話篇はプラトンのドグマが述べられているだけだという解釈に反対し、他方で、第五巻の議論は真面目なものではなくて冗談であるという解釈を批判する。(3) われわれもまたプラトンの議論を真剣なものとして受け取り、丁寧に展開を追うことで、「女性の劇」の解釈を試みることとしたい。(4)

まずは波の出現までをまとめておこう。正しい国家と正しい人の規定が終わり、不正な国家と不正な人の四類型を話し始めようとするソクラテスに対して、アデイマントスらが妻子共有についての説明に不十分な点があるとして、対話の進行をストップさせる。妻子共有といってもいろいろなものが考えられるからである。ソクラテスはそれについての説明が引き起こす複雑、かつ困難な議論を「波」に喩え、何とか議論しないように逃れようとするが、他の人々はそれを許さない。そこでソクラテスは三つの波を泳ぎきるべく奮闘することとなる。第一の波は、女性にも男性と同じように教育と仕事を課すべきであるという主張（「女性平等論」）である。第二の波は妻子を共有すべきであるという主張（「妻子共有論」）である。そして第三の波は哲学者が王とならなければ理想国が実現不可能であるばかりか、人類に災厄の止むことがないという主張（「哲人王論」）である。以下、（i）で「女性平等論」を、（ii）で「妻子共有論」を、（iii）で「哲人王論」を、それぞれ取り上げて検討することとしよう。

（i）

すでに述べたように、第一の波は、女性にも男性と同じように教育を与え、優秀な女性にも男性と同じように補助者（軍人）や守護者（政治指導者）として登用するべきことが論じられる。この「女性平等論」が容易には受け入れられないのは、女性の社会進出が考えられもしなかった当時の通念に反するばかりか、素質（φύσις）の異なりに応じて仕事を分配するという国家建設の大原則に照らすならば、男性と女性の本性（φύσις）が異なる以上、女性に男性と同じような仕事を課することは許されないからでもある。

プラトンはこの波を本性・素質の意味をより明確にすることで乗り越える。女性と男性の本性が異なるのは、女性が子を産み男性が産ませるという点のみにあるのであって、この点は仕事そのものには関わりがない。そして行う政治と補助者の行う軍事のそれぞれに必要な知を求める心と気概を有する女性もまた存在する。それゆえ、そのような女性に男性と同じく教育を授け、守護者や補助者の仕事を課すことは、自然（φύσις）にかなったことであり、そのように法を定めるべきである（cf. 453a-457b）。

ほとんど幽閉されていたに等しい当時の女性の境遇を振り返れば、プラトンのこの提言は画期的なものであろう。しかし、現代の解釈者たちの中には、プラトンに厳しい目を向ける者もいる。たとえば、アナスは、プラトンの関心は女性の権利や選好ではなくて共通善の形成にあり、[5]プラトンの提案は当時のギリシアの女性の悲惨な状態を改善しようとするものではないと述べる。[6]またA・ザクソンハウスは、プラトンは『国家』第五巻では一貫して女性を非性化して（de-sexed female）扱うが、アリストパネスは『女の議会』や『女の平和』において女性を女性として解放しているとする。[7]プラトンはフェミニストとしては不十分な議論しかしていないという、このような批判に対して、G・ヴラストスはプラトンの目的は男性や女性の解放ではなくて、卓越性であり、[8]プラトンはソクラテスから人間の徳は男女共通（unisex）だという確信を受け継いでいるとする[9]。瀬口はヴラストスとアナスを批判的に検討した上で、プラトンが重んじたのは権利ではなくて正しさであったと指摘する[10]。

「プラトンはフェミニストか」という問いに対する答えは、プラトンを解釈するのに現代的観点を重視するのか、それともプラトンの意図を重視するのかによって違ってくる。それゆえ最終的には解釈者の立場の違いということにならざるを得ないだろう。私としては、プラトンはフェミニストではないが、プラトンの議論はフェミニズムのそれと両立可能であるという、ハリウェルの解釈[11]が妥当なものに思われる。

むしろ、文脈を重視する本論の立場からみてよりいっそう重要なのは、「女性平等論」の言わば、「出自」である。つまり、アデイマントスらが要請したのはあくまで妻子共有についての詳しい説明であって、女性の教育の問題の説明ではなかった。「女性平等論」は「妻子共有論」の前に、ソクラテスが自ら提出した議論なのである。いったいなぜ、ソクラテスは問われもしないことを語りはじめたのだろうか。議論の導入部分を見てみよう。

> われわれが論じたような生まれと養育を受けた人々にとって、子供と妻の正しい所有と使用は、ぼくの見解では、われわれが最初に与えた動きに従っていくこと以外にはない。しかるに、われわれが試みたのは、言論のうえで、そのような人々を言わば羊の群れを守る番人の役につけるということだった（5. 451c3-8）[12]。

ここでは「番人」と言われているが、そもそも国家の守護者が導入されたとき「犬」と呼ばれていた（cf. 2. 375d-e）。これは「権力者の手下」というような意味ではなく、守護者に求められる性質が犬に見られることに由来する。つまり、守護者は敵に対しては勇猛果敢に戦い、同胞に対しては穏やかでなければならないが、そのような性格を持つのは犬である。そして犬は知っている人間には穏やかに、知らない人間には吠えかかるというように、守護者に求められる内なる同胞と外敵との区別を知に基づいて行うことも犬に見られる。こうして守護者は、犬のように、気概的かつ学びを愛するという二つの性格を持たなければならないとされて、そのような守護者を育てるために、まずは音楽と体育による教育が論じられることとなる。この「最初の動き」に従って、女性の共有と使用についても考察される。彼女たちは国家の守護者という犬としては男性と違いはなく、またその役割を果たすためには男性と同じ教育を受ける必要があるのである。

このような議論は、プラトンの関心は女性の権利ではないというアナスがしたような批判の正しさの証拠となると考えられるかもしれない。しかし、他方で、本性に訴える議論は、政治と軍事のみならず、いわゆる生産者の仕事にも適用されており[13]、単に守護者や補助者にだけ適用されるものではない。したがって本性に訴える議論は、人間一般に適用されると解釈すべきであろう[14]。

だが「妻子共有論」の場合はどうなのだろうか。節を改めて検討することとしよう。

(ii)

第一の波である「女性平等論」に続いて「妻子共有論」が論じられる。これは対話者が求めに応じるソクラテスの回答である。そして「妻子共有論」は、次の第三の波である「哲人王論」を導いている。これらのことから、「妻子共有論」は、三つの波の蝶番であると言えるだろう。

ソクラテスによれば、守護者ないし補助者は妻子を共有すべきである。この主張はわれわれにとっては衝撃的だが、対話者のグラウコンらにとってはそうではないようだ。彼らはソクラテスに妻子共有が正しいと論証することを求めているのではなくて、どのような妻子共有が理想国で達成されるべきかの説明を求めている。またソクラテスが「妻子共有論」を波に譬えるのは、その有益性と実現可能性を論証するのが困難だからであって、「妻子共有論」の正しさが問題になってはいないが、対話者はそのことに疑問を挟みはしない[15]。

われわれにとって衝撃的な「妻子共有論」がソクラテスや対話者にとってはそれほどでもないということは、もう一つの驚きである。だがこちらの驚きについては、当時のギリシア人には「妻子共有論」がある程度知られていたという思想史的な事実によって緩和されるかもしれない。まず、アデイマントスの要請が「どのような妻子共有が正しいか」の説明であって、「妻子共有一般はそもそも正しいか」ではない（cf. 5. 449c-d）ことが示しているように、この議論はプラトンの独創ではない。具体的には、プラトンの同時代人のアリストパネスの『女の議会』において、プラトンの「妻子共有論」ときわめて似通った主張が展開される[16]。さらにヘロドトスがそのような部族を紹介している[17]。また、当時のアテナイにおいては息子の生まれなかった家の娘は、家の財産が分散するのを防ぐべく、できるかぎり父親の血筋に近い親族の男性と結婚することが望まれていた。したがって、このような「家付き娘の結婚」は、父親の兄弟、つまりは娘にとっておじにあたる男性が結婚に関して優先度が高かったという[18]。これは「妻子共有」とは違う習慣であるが、我々の法では許されない結婚である。こういった習慣の違いもまた『国家』の登場人物たちが「妻子共有論」そのものには驚かないという衝撃を和らげてくれるかもしれない。さらに付け加えるならば、これはプラトン以降のことではあるが、犬儒派やストア派にも妻子は共有すべきだという主張があった[19]。

こうして当時のギリシア人たちにとっては、「妻子共有論」はまったく知られていないわけではなかったことを納得したとしても、妻子共有そのものはそもそも正しいのか、自然にかなっているのか[20]というわれわれの疑問は、もちろん、いまだ解消されてはいない[21]。女性を男性と同じように教育し、性別に関わりなく有為な人材を登用するというのは、正しいことでもあり（なぜならそれは本性にかなうから）、有益なことでもある（なぜなら今まで捨て置かれていた半分が活用されるから）。それでは妻子共有はどうなのだろうか。有益であることは『国家』第五巻で繰り返し語られている。しかしそれは正しい、自然にかなったことなのだろうか。

ともすれば、われわれはこのような疑問から、『国家』第五巻の議論は真面目なものではないという、一旦は退けた解釈に縋りつきたくなるかもしれないが、プラトンは「妻子共有論」を『法律』第五巻（cf. 5. 739b-e）でも主張しているのであり、この議論の真剣さを疑うことはできない。それではその真剣さをもたらしたものはいったい何であろうか。あるいはそれは次のようなことかもしれない。

当時のアテナイの結婚は「二人の男のあいだの契約によって成立[22]」した。そして当時の結婚は家を絶やさないためのものであり、二人の男――つまり、結婚しようとする男と、その男に娘を嫁がせようとする父親――は、互いに財産、地位を基準として相手を選んだ[23]。これに対して理想国の結婚は「籤」により決まるが、この点については後で述べることとして、ここでは後者の点に着目したい。守護者と補助者には私有財産が禁じられているので、彼らの結婚は、当時の、あるいは生産者たちの結婚とは明らかに異なって、財産が分散するのを防ぐためのものではない。しかし、もし財産や富を魂の内にある「真の富者」が持つべき富として理解するならば、彼らもまた、いや彼らこそ、その貴重な財産が分散しないように守らなければならない。その貴重な財産とはすなわち、優れた徳性と知性である。この富が分散しないように、つまりはこれらの美点を持つ者ができるかぎり生まれてくるように、守護者たちが気を配ることは正しいことであるとプラトンは考えたのではないだろうか。国家における正義は、国家の成員一人一人がその素質に基づいて割り当てられる仕事を誠実に果たし、他者の仕事に手を出さないことであった（cf. 7. 521a3）。しかしそもそも、国家の守護者にふさわしい優れた徳性と知性とを有する「真の富者」がいなければ、国家を守護するという仕事を課すべき者がいないことになる。それでは正しい国家は成立し得ない。とするならば、守護者にふさわしい人たちが、その本性を持つ子孫をできる限り多く残すこともまた正しいことであろう。妻子共有の正しさはこのようなことに基づくのだと考えられないだろうか。

しかしながら、妻子共有が以上のような正しさを有するとしても、また「妻子共有論」が必ずしも当時のギリシア世界にまったく知られていなかったものであったとしても、プラトンの『国家』におけるそれのありようは異様である。というのも、理想国の支配者たちは結婚を統御するのに、あるからくりを用いるからである。国家は、優れた男女に優れた子供を産んでもらうことを期待するので、できるかぎり優れた男女が結ばれる機会を設けなければならない。他方で、結婚適齢期にある男女は、一緒に食事をし、一緒に裸で体育にいそしみ、一緒に住まうという環境にあるので、支配者が介入しなければ「エロース的必然性（cf. 5. 458d5）」によって結ばれることになる。そこで支配者は巧妙な籤を作成し、籤に当たった男女が結ばれるように取りはからう。しかしこの一組のカップルが成立するのは偶然に他ならないと装われているだけであって、実はできるかぎり優れた男女を支配者が選抜しているのである。

われわれはこのような優生学的な企てを是認することはできないだろう。しかし、「女性の劇」をより広い文脈の中で全体的に理解するというわれわれの当初の方針に従ってもう少し検討してみることにしよう。そのためには、われわれは、ソクラテスが波を乗り越えるべく議論を始めるその冒頭に再び還らなければならない。そこでは、「われわれが論じたような生まれと養育を受けた人々」、つまり、国家の「犬」である守護者と補助者にとっての「子供と妻の正しい所有と使用」が論じられることが言われていた。ここで確認できることは、少なくとも理想国においては、すべての人々に適用されるべきことではないことである。妻子共有が求められるのは、あくまで優れた素質を持ち、守護者になるべく教育を受けた者たちである。したがって、優生学的な選抜もまた「犬」としての守護者や補助者にのみ適用されることになる。この目的は、正しい国家が成立するために必要な守護者の持つべき素質を保全するためであると言えるだろう。

さらに、われわれは素質・本性について次のようなことを考えてみなければならない。それはわれわれが自らの素質・本性を知るのはいったい何によるのか、という問いに関わる。巧妙な籤を『国家』のより広い文脈で検討してみよう。巧妙な籤、つまりは偽りを用いるのは支配者であり、それはあくまで薬として用いる場合にのみ許される（cf. 5. 459c-d）。ところでわれわれは、このような薬としてもう一つのものが『国家』において用いられていることを知っている。すなわちそれは、この理想国の人々は大地から生まれるのであり、金・銀・銅鉄の本性を持つ三つの種族に分かたれているという、いわゆる「高貴な嘘」のことである（cf. 3. 414b-415d）。この「高貴な嘘」と「巧妙な籤」との共通点は何だろうか。それはどちらも人間の生まれ（φύσις）に関わるという点である。自然本性（φύσις）に基づいて各人にふさわしい仕事を課す分業体制によって成立する国家こそが正しい国家であるとするプラトンが、そのまさに自然本性に関して偽りを用いなければならないというのは皮肉だと言われるかもしれない。しかしこれは各人の自然本性に基づいた仕事の割り振りが、当時のアテナイでほとんど行われていないことの証左ではないだろうか。事実、プラトンの民主制批判は、まさにこの点にあった（cf. 8. 558b-c）。重要なことは国家の成員がその素質を十二分に活かして、互いに善を提供し合うことであるのに、そのことが理解されもせず、また完全に行われることが困難であるからこそ、プラトンの理想国は偽りを薬として用いざるを得ないのではないだろうか。そもそもわれわれは、自分や他人の素質を十全に知っているだろうか。そうではないだろう。われわれの素質はわれわれが行ったことによって知られる。その意味でわれわれは常に試されている。しかしそれを人は忘れる。「汝自身を知れ」という神の勧めを果たすことは困難なのだ。その困難を乗り越えて、人が自分の素質を、さらには自分自身を知るためには、絶えざる吟味しかないというのがソクラテスの語ったことであった。(24)

以上、われわれは「妻子共有論」を『国家』のより広い文脈に置いて検討し、偽りの籤を用いた妻子共有の正しさを述べてきた。(25)この節を閉じる前に、もう一点、述べておきたいことは、支配者に課せられる私有財産の禁止と妻子共有の措置が密接に関わっていることである。このことはプラトンにとって重要なことであったと思われる。(26)プラトンによれば、理想国の守護者といえども出生を司る重要な「幾何学的な数（8. 546c7）」を完全に把握することは困難である。そしてその数の把握に失敗すると、守護者の持つべき素質を持っていない子供が生まれ、金・銀・銅鉄の種族の混淆が始まる。その混淆の結果、支配者階級には分裂が生じ、一方は父祖以来の法の重要性を訴え、他方は財産の私有を要求する。この綱引きの結果、最後には彼らの間に妥協が生じ、支配者たちは財産を私有し、戦争と奴隷の監視に専念することとなる。これが名誉支配制国家の誕生の瞬間である（cf. 8. 546a-547c）。その国家の国民は、寡頭制国家の国民がそうであるように、金銭への欲望が激しい。なぜなら、彼らは家という囲いを持ち、その中で女たちに贅沢をさせることができるからだとプラトンは言う（cf. 8. 548a-b）。このように、財産の私有と妻子の私有は連動しているのである。元々守護者と補助者たちに財産の私有が禁じられたのは、彼らと生産者たちとの間に憎しみや謀略が生じないようにするためであった。権力者がその権力を用いて私腹を肥やすことほど、被支配者の怒りや憎しみをかうものはないからである。それゆえにこそ、プラトンは守護者と補助者には財産の私有を禁止した（cf. 3. 416d-417a）。そして彼らは、共同で食事をし、共同宿舎に住まうことになるが、女性もまた同じ境遇であるために、そこに「エロース的必然性」が生まれてくるのであった。私有財産の禁止は、女性に男性と同等の教育を与えることと組み合わさって、妻子共有へとつながっているのである。

（iii）

最後に第三の波について述べることにしよう。これは哲学者が王とならなければ、これまで述べてきたような理想国は成立しないし、人類に災厄の止むことはないという主張である。このパラドクシカルな主張が受け入れられるように、『国家』はそれ以降、哲学者とは誰のことか、哲学者になるためには何が必要か、といった長い議論に突入して行く。それを追うのは、本論の範囲を超えている。しかし、次のことだけは述べておかなければならない。それは妻子を共有する補助者・守護者のあり方に関わる問題である。

一節と二節で述べたように、「女性の劇」は国家という「犬」にふさわしい生まれと養育を受けた人々の「劇」であった。「犬」であるからこそ、彼女たちの権利や選好を無視していると見なされるのも仕方がないかもしれない。しかし、われわれがよく知っているように、哲学者になるためには、「洞窟」を出て、「善のイデア」を学ばなければならない。このプロセスは言わば、「犬」である守護者から「人間」である哲学者へと、彼女らや、そして——理想国の女性の補助者や守護者に妥当することは、男性の補助者や守護者にも妥当するので——、彼らが、変容する過程ではないだろうか。なぜならば、哲学を学ぶとは、理想国の法を守るだけの存在から、法の意義について考察し理解することができる存在に変容することだからである（cf. 6. 497c-d）。もちろん、彼らと彼女らは、善のイデアを学んだ後、「洞窟」へ帰還することが求められ、守護者としての職務を果たすことが期待されている。その限りで、依然、「犬」としての性格を有すると言わざるを得ない。しかし彼らおよび彼女らが政治に携わるのは、順番が来たときの比較的短い期間であるとされており（cf. 7. 540b）、その他の大部分は哲学をして過ごすとされる。このときはもはや「犬」ではなく、自分の頭で考察をする「人間」ではないだろうか。

もしこのように考えることができるならば、女性に男性と同じように、教育や仕事を与えるということは、単に国家の枠組みの中で語られる地平を超え出る可能性があるのではないかと思われる。「女性の劇」について検討した一・二節に明らかなように、プラトンには女性や男性一人一人の権利よりも国家の全体の善を優先するという全体主義的な思考[27]があるのは否めない。妻子共有や「巧妙な籤」が主張されるのはそのゆえであろう。しかし守護者が、性を問わず、哲学を学ぶことは、国家の政治という枠組みを超えることである。

そして哲学することへと誘われているのは、守護者たちだけではない。むしろわれわれが、そのような守護者を有する天上の国家に範を取って哲学するように誘われているのである。プラトンは「女性の劇」を通じて、本性を問う道程へとわれわれを導く。「汝自身を知れ」。

あとがき

本書のいくつかの部分は、以下のように既発表の論文を基にしている。

第Ⅱ章　方法　「一　国家と魂の類比」
「プラトン『国家』篇における国家と魂の類似について」、日本哲学会編『哲學』四八号、一九九七年四月、一八九―一九七頁。

第Ⅲ章　国家　「二　理想国の自由」、および同章「四　権利」
「自由の創設」、神戸女学院大学研究所編『神戸女学院大学論集』第四九巻第三号、二〇〇三年三月一七日、五一―六七頁。

同章　「三　同意」
'Logos between the Lawgivers and the Guardians in Plato's *Republic*', *Skepsis*, XV/ii–iii, International Center of Philosophy and Inter-Disciplinary Research, 2004, pp. 442–451.

第Ⅳ章　「四　僭主独裁制的人間」
「プラトン『国家』における《意欲すること》の諸相」、日本西洋古典学会編『西洋古典学研究 LII』岩波書店、二〇〇四年三月五日、四五―五六頁。

第V章「二　詩人追放論」
「情念をめぐっての彷徨——詩人追放論を導き手として」、日本倫理学会編『倫理学年報』第四七集、開成出版、一九九八年三月、三五—四八頁。
付論一　プラトンの体育論
「プラトンの体育論序説——Respublica III, 403c9-412b1」、神戸女学院大学女性学インスティチュート編『女性学評論』第一七号、二〇〇三年三月三一日、三七—五三頁。
付論二　プラトン『国家』における「女性の劇」の射程
「プラトン『国家』における「女性の劇」の射程」、神戸女学院大学女性学インスティチュート編『女性学評論』第二三号、二〇〇九年三月、一—一七頁。

これらの論文のうち、あるものは、ほぼそのまま収録され、またあるものは大幅に書き直された。

本書の言わば最初の核となったのは、「自由の創設」である。この論文は、かつての東京都立大学にて行われた第六回ギリシャ哲学セミナーでの発表原稿に基づく。プラトンが『国家』において「自由」を積極的に評価しているという、私自身にもそれが浮かんだときには直ちには信じられなかった読みの可能性を、思い切って発表する機会が与えられたのは、まことに幸いであった。この発表後、『国家』に関する思索をまとめたいという希望が生まれた。翌年の西洋古典学会で発表したときには（この発表が「プラトン『国家』における《意欲すること》の諸相」として論文になる）、三つの比喩を解き明かせば、何がしか意味のあることを世に問えるだろうと思われた。そしてそれはそう遠くないことだろうとも。だがその後明らかになったのは、三つの比喩の意味ではなくて、その見込みの甘さだった。とはいえ今こうして形になり、時間をかけただけのことはあっただろうと思えるのは、ありがたいことである。

本書を世に送り出そうとするにあたって念頭に浮かび、心を満たすのは、多くの人々への感謝の念である。加藤信朗先生には、プラトンをいかに読むかを長年にわたってお教えいただき、かつまた本書が世に出るきっかけを作って下さった。濱井修先生と佐藤正英先生には、東京大学文学部倫理学専修課程進学以後、つねに暖かく見守っていただいた。大学院進学以後、関根清三先生は、私の指導教官として様々な仕方で導き、かつ励ましてくださった。先輩の三嶋輝夫先生にも、適宜アドバイスをいただいた。

古代哲学研究の仲間である栗原裕次氏、河谷淳氏は、本書のかなり前のバージョンを読み、批評を寄せてくださった。また『国家』の研究会を主宰している納富信留氏、その研究会の参加者である、荻原理、田中伸司、田坂さつき、近藤智彦、土橋茂樹、大芝芳弘、佐野友則の各氏にも、原稿の一部を読み、批評していただいた。これら親しい方たちの有益な批評に本書が負うところは多い。誤りが私に帰されるべきは言うまでもない。

神戸女学院大学、神戸大学、京都大学の学部生、大学院生には、私の拙い講義を辛抱強く聴いてもらった。彼女たちや彼らがいなければ、私の思考がまとまることもなかったであろう。

奉職させていただいている神戸女学院大学には、二〇〇四年の秋から一年間、在外研究の機会を与えてもらった上に、さらにまた研究の成果を発表するためサポートしてもらった。すなわち本書は、神戸女学院大学出版助成、神戸女学院大学文学部総合文化学科出版助成をいただいている。同僚の教職員に感謝する。

ケンブリッジ大学での在外研究中にお世話になったM・スコフィールド先生、D・セドレー先生に感謝する。

最後に、知泉書館の小山光夫氏に心より感謝申し上げる。氏の学術出版への熱い思いがなければ、私は一書をまとめる最後の段階を突破する力を持ち得なかったであろう。

二〇一〇年一月

高橋雅人

高橋雅人（たかはし・まさひと）

1966年生まれ。1988年東京大学文学部第一類倫理学専修課程卒業，1993年東京大学大学院人文科学研究科倫理学専攻博士課程単位取得修了，神戸女学院大学文学部専任講師をへて現在神戸女学院大学文学部准教授。博士（文学）。専門は，倫理学，古代ギリシア哲学。

〔著書〕『日本近代思想を学ぶ人のために』（共著，世界思想社，1997），『スタイルの詩学――倫理学と美学の交叉』（共著，ナカニシヤ出版，2000），『岩波講座哲学第六巻　モラル／行為の哲学』（共著，岩波書店，2008），『日本哲学小史――近代100年の20篇』（共著，中公新書，2009）。

〔プラトン『国家』における正義と自由〕　ISBN978-4-86285-079-9

2010年3月10日　第1刷印刷
2010年3月15日　第1刷発行

著　者　高　橋　雅　人
発行者　小　山　光　夫
製　版　ジ　ャ　ッ　ト

発行所　〒113-0033 東京都文京区本郷1-13-2　電話03(3814)6161 振替00120-6-117170　http://www.chisen.co.jp　株式会社 知泉書館

Printed in Japan　印刷・製本／藤原印刷

索　　引

（n は注頁）

ア　行

カ　行

サ　行

タ　行

ナ・ハ　行

引照箇所索引

（n は注頁）

参 考 文 献

使用テキストは『国家』篇については

Platonis Rempublciam, recognovit brevique adnotatione critica instruxit S. R. Slings, Oxford Classcial Texts, 2003, を用いた。

その他のプラトンの著作からの引用は

Platonis Opera, vol. I-V, recognovit brevique adnotatione critica instruxit John Burnet, 1901-1907,

Platonis Opera, Tomus I, Tetralogias I-II continens recognoverunt brevique adnotatione critica instruxerunt E. A. Duke, W. F. Hicken, W. S. M. Nicoll, D. B. Robinson et J. C. G. Strachan, Oxford Classical Texts, 1995,

を用いた。

参考文献一覧

Ackrill (1963): Ackrill, J. L., *Aristotle's Categories and De Interpretatione*, translated with Notes and Glossary, Oxford University Press, Oxford.

Adam (1963a) : *The Republic of Plato I*, edited with Critical Notes, Commentary and Appendices by James Adam, 2nd edition with a New Introduction by D. A. Rees, Introduction and Books I-V, Cambridge University Press, Cambridge.

Adam (1963b) : *The Republic of Plato II*, edited with Critical Notes, Commentary and Appendices by James Adam, 2nd edition with a New Introduction by D. A. Rees, Introduction and Books VI-X and Indexes, Cambridge University Press, Cambridge.

天野 (2006) : 天野正幸『正義と幸福――プラトンの倫理思想』東京大学出版会.

Anagnostopoulos (2006) : Anagnostopoulos, Mariana, 'The Divided Soul and the Desire for Good in Plato's *Republic*', in Santas (2006a) , pp. 166-188.

Annas (1981) : Annas, Julia, *An Introduction to Plato's Republic*, Clarendon Press, Oxford.

Annas (1982) : Annas, Julia, 'Plato on the Triviality of Literature', in Moravcsik and Temko (1982) , pp.1-28.

Annas (1986) : Annas, Julia, ed., *Oxford Studies in Ancient Philosophy*, vol. IV, Oxford University Press, Oxford.

Annas (1997) : Annas, Julia, 'Politics and Ethics in Plato's Republic', in Höffe, Otfried, hrsg., *Platon: Politeia*, Akademie Verlag, Berlin, SS. 141-160.

Annas (1999) : Annas, Julia, *Platonic Ethics, Old and New*, Cornell University Press, Ithca and London.

Annas (2000) : Annas, Julia, 'Politics in Plato's Republic: His and Ours', in *Apeiron*, Vol. XXXIII, No. 4, pp. 303-326.

アナス (2004) : ジュリア・アナス (瀬口昌久訳)『古代哲学』岩波書店.

Archer-Hind (1894) : Archer-ind, R. D., *The Phaedo of Plato, with Introduction, Notes, and Appendices*, 2nd edition, macmillan and Co., London (Reprinted by Arno Press in 1988).

Arendt (1977) : Arendt, Hannah, *Between Past and Future*, Punguin Books (originally published by The Viking Perss, 1961).

Averroes (1969) : *Averroes' Commentary on Plato's 'Republic'*, edited with an Introduction, Translation, and Notes by E. I. J. Rosenthal, Cambridge University Press, Cambridge.

Barney (2001) : Barney, Rachel, 'Platonism, Moral Nostalgia, and the 'City of Pigs", in Cleary and Gurtler, S. J., (2001) , pp. 207-227.

Belfiore (1983) : Belfiore, Elizabeth, 'Plato's Greatest Accusation against Poetry', *Canadian Journal of Philosophy*, suppl. vol. 9, pp.39-62.

Berlin (2002) : Berlin, Isaiah, 'Two Concepts of Liberty', in Hardy, Henry, ed., *Liberty: Incorporating Four Essays on Liberty*, Oxford University Press, Oxford, pp. 166-217.

Beversluis (2000) : Beversluis, John, *Cross-Examining Socrates: A Defence of the Interlocutors in Plato's Early Dialogues*, Cambridge University Press, Cambridge.

Blackburn (2006) : Blackburn, Simon, *Plato's Republic: A Biography*, Atlantic Books, London.

Blondell (2002) : Blondell, Ruby, *The Play of Character in Plato's Dialogues*, Cambridge University Press, Cambridge.

Bloom (1991) : Bloom, Allan, *The Republic of Plato*, translated with notes and an interpreted essay, 2nd. ed., Basic Books.

Blössner (2007) : Blössner, Norbert, 'The City-Soul Analogy', in Ferrari (2007) , pp. 345-385.

Bluck (1961) : Bluck, R. S., *Plato's Meno*, edited with Introduction and Commentary, Cambrdige University Press, Cambridge.

Bluestone (1987) : Bluestone, Natalie Harris, *Women and the Ideal Society: Plato's Republic and Modern Myths of Gender*, The University of Massachusetts Press, Amherst.

Bobonich (1999) : Bobonich, C., 'Persuation, Compulsion, and Freedom in Plato's Laws', in Fine (1999c) (originally published in *Classical Quarterly*, NS 41 (1991), 365-88.).

Bobonich（2002）：Bobonich, Christopher, *Plato's Utopia Recast: His Later Ethics and Politics*, Oxford University Press, Oxford.

Brandwood（1976）：Brandwood, Leonard, *A Word Index to Plato*, W. S. Maney and Son Limited, Leeds.

Brown（1998）：Brown, Lesley, 'How Totalitarian is Plato's Repubic?' in Ostenfeld（1998）, pp. 13-27.

Brown（2000）：Brown, E., Justice and Compulsion for Plato's Philosopher-Rulers', *Ancient Philosophy*, 20 (2000), 1-17.

Brunschwig（2003）：Brunschwig, Jacques, 'Revisiting Plato's Cave', *Proceeding of the Boston Area Colloquium in Ancient Philosophy*, vol. XIX, pp. 145-177.

Burnyeat（1990）：*The Theaetetus of Plato*, with a translation by M. J. Levett, revised by Myles Burnyeat, Hackett, Indianapolis.

Burnyeat（1999a）：Burnyeat, M. F., 'Utopia and Fantasy: The Practicability of Plato's Ideally Just City', in Fine（1999c）, pp. 297-308.

Burnyeat（1999b）：Burnyeat, M. F., 'Culture and Society in Plato's Republic', in Peterson（1999）.

Burnyeat（2000）：Burnyeat, M. F., 'Plato on Why Mathematics is Good for the Soul', in Timothy Smiley (ed.), *Mathematics and Necessity: Essays in the History of Philosophy*, Proceeedings of the British Academy, 103, Oxford University Press, 2000, pp. 1-81.

Burnyeat（2004）：Burnyeat, M F., 'Fathers and Sons in Plato's *Republic* and —textitPhilebus', in *Classical Quarterly*, 54. 1, pp. 80-87.

Burnyeat（2005-6）：Burnyeat, M F., 'The truth of tripartition', *Proceedings of the Aristotelian Society*, 106, pp. 1-23.

Carone（2001）：Carone, Gabriela Roxana, 'Akrasia in the Republic: Does Plato Change his Mind?', in Sedley（2001）, pp. 107-148.

Chambry（1989）：*Platon Œuvres Complètes Tome VII - 1er partie: La République, Livres IV-VII*, Text établi et traduit par Émile Chambry, Les Belles Lettres, Paris.

Cleary and Gurtler, S. J.（2001）：Cleary, John J., and Gurtler, S. J., Gary M., *Proceedings of the Boston Area Colloquium in Ancient Philosophy*, vol. XVII.

Cooper（1999a）：Cooper, John, M., *Reason and Emotion*, Princeton University Press, Princeton, New Jersey.

Cooper（1999b）：Cooper, John, M., 'Plato's Theory of Human Motivation', in Cooper（1999a）, pp. 118-137.

Crick（2002）：Crick, Bernard, *Democracy: a very short introduction*,Oxford University Press, Oxford.

Cross and Woozley（1964）：Cross, R. C., and Woozley, A. D., *Plato's Republic: A*

Philosophical Commentary, McMillan, London.
Crossman (1963) : Crossman, R. H. S., *Plato Today*, Unwin Books, London [originally published in 1937].
Dalfen (2004) : Dalfen, Joachim, *Platon Gorgias, Übersetzung und Kommentar (Platon Werke: Übersetzung und Kommentar, Band VI 3)*, Vandenhoeck & Ruprecht, Göttingen.
Deslauriers (2001) : Deslauriers, Marguerite, 'Commentary on Barney', in Cleary and Gurtler, S. J., (2001) , pp. 228-235.
ダイアモンド (2005) : ダイアモンド、ジャレド (楡井浩一訳)『文明崩壊——滅亡と存続の命運を分けるもの (下)』草思社.
Dodds (1959) : Dodds, E. R., ed., *Plato: Gogrias*, A Revised Text with Introduction and Commentary, Oxford University Press, Oxford.
Dorter (2006) : Dorter, Kenneth, *The Transformation of Plato's Republic*, Lexington Books, Lanham, Maryland.
Emlyn-Jones (1999) : Emlyn-Jones, Chris, *Plato Crito*, edited with Introduction, Commentary and Vocaburlary, Bristol Classical Press.
Emlyn-Jones (2007) : Emlyn-Jones, Chris, *Plato Republic: 1-2.368c4*, with Introduction, Translation and Commentary, Aris and Phillips, Oxford..
England (1921a) : England, E. B., *The Laws of Plato, vol. I, Books I-VI*, Text edited with Introduction, Notes, etc., Mancheter University Press (Reprinted by Arno Press, 1976).
England (1921b) : England, E. B., *The Laws of Plato, vol. II, Books VII-XII*, Text edited with Introduction, Notes, etc., Mancheter University Press (Reprinted by Arno Press, 1976).
Ferrari (1989) : Ferrari,G., 'Plato on Poetry', in G. Kennedy (ed.), *The Cambridge History of Literary Criticism*, Vol.1, Cambridge University Press, Cambridge, pp.92-148.
Ferrari (2003) : Ferrari, G. R. F., *City and Soul in Plato's Republic*, Academia Verlag, Sankt Augstin.
Ferrari (2007a) : Ferrari, G. R. F., ed., *The Cambridge Companion to Plato's Republic*, Cambridge University Press, Cambridge.
Ferrari (2007b) : Ferrari, G. R. F., 'The Three-Part Soul', in Ferrari (2007a) , pp. 165-201.
Ferrari and Griffith (2000) : *Plato: The Republic*, edited by G. R. F. Ferrari, translated by Tom Griffith, Cambridge University Press, Cambridge.
Fine (1999a) : Fine, Gail, ed., 'Knowledge and Belief in *Republic* 5-7', in Fine (1999b) , pp. 215-246.
Fine (1999b) : Fine, Gail, ed., *Plato 1: Metahphysics and Epistemology*, Oxford

University Press, Oxford.
Fine（1999c） : Fine, Gail, ed., *Plato 2: Ethics, Politics, Religion, and the Soul*, Oxford University Press, Oxford.
Fine（2008） : Fine, Gail, ed., *The Oxford Handbook of Plato*, Oxford University Press, Oxford.
Friedländer（1957）: Friedländer, P., *Platon*, Bd. II, 2te Aufl., Berlin.
藤沢（1974）: 藤沢令夫訳「パイドロス」『プラトン全集第 5 巻』岩波書店.
藤沢（1976）: 藤沢令夫訳「国家」『プラトン全集第 11 巻』岩波書店.
藤澤（1984）: 藤澤令夫『プラトン『パイドロス』註解』岩波書店.
Gosling（1973） : Gosling, J. C. B., *Plato*, Roultedge and Kegan Paul, London.
Gifford（2001）: Gifford, Mark, 'Dramatic Dialectic in *Republic* Book 1', in Sedley（2001）, pp. 35-106.
Gill（2004）: Gill, Christopher, 'Plato, Ethics and Mathematics', in Migliori and Valditara（2004）, pp. 165-176.
Griswold（1988）: Griswold, Jr., Charles L., ed., *Platonic Writings, Platonic Readings*, London.
Griswold（1999）: Griswold, Jr., Charles L.,'Platonic Liberalism: Self-Perfection as a Foundation of Political Theory', in Johannes M. Van Ophuijsen, ed., *Plato and Platonism*, The Catholic University of American Press, Washington D. C.
Grote（1885）: Grote, George, *Plato, and the Other Companions of Sokrates*, Vol.IV., London.
Guthrie（1975）: Guthrie, W. K. C., *A History of Greek Philosophy*, Vol.IV., Cambridge University Press, Cambridge.
Halliwell（1988）: Halliwell, S., *Plato: Republic 10*, with Translation and Commentary, Aris and Philiips Ltd., Wiltshire.
Halliwell（1993）: Halliwell, S., *Plato: Republic 5*, with an Introduction, Translation, and Commentary, Aris and Philiips Ltd., Wiltshire.
Heidel（1902）: Heidel, William Arthur, *Plato's Euthyphro*, with Introductoin and Notes, New York, American Book Company [reprint edition: Arno Press, 1976.].
Heinaman（2002）: Heinaman, Robert, 'Plato's Division of Goods in the Republic, in *Phronesis*, vol. XLVII, pp. 309-335.
廣川（2000）: 廣川洋一『古代感情論——プラトンからストア派まで』岩波書店.
Hobbs（2000）: Hobbs, Angela, *Plato and the Hero: Courage, Manliness and the Impersonal Good*, Cambrdige University Press, Cambridge.
今林（1969）: 今林万里子「『国家』の三つの比喩」『古代哲学研究』vol. 2, pp. 1-12.
Irwin（1977）: Irwin, Terence, *Plato's Moral Theory: The Early and Middle Dialogues*, Oxford University Press, Oxford.
Irwin（1979） : Irwin, Terence, *Plato Gorgias*, Translated with Notes, Oxford Uni-

versity Press, Oxford.
Irwin（1995）：Irwin, Terence, *Plato's Ethics*, Oxford University Press, Oxford.
Jowett（1871）：*The Republic of Plato*, translated into English with Analysis and Introduction by B. Jowett, Heart's International Library Co., New York.
Kahn (1993) : Kahn, Charles H., 'Proleptic Composition in the *Repubic*, or Why Book 1 Was Never a Separate Dialogue', in *Classical Quarterly* 43 (i), pp. 131-142.
Kahn（1996）: Kahn, Chales H., *Plato and the Socratic Dialogues: The Philosophical Use of a Literary Form*, Cambridge University Press, Cambridge.
加来（2007）：加来彰俊『プラトンの弁明――ギリシア哲学小論集』岩波書店.
Kamtekar（1998）：Kmatekar, Rachana, 'Imperfect Virtue', in *Ancient Philosophy*, vol. XVIII, pp. 315-339.
Kamtekar（2004）：Kamtekar, Rachana, 'What's the good of agreeing? Homonoia in Platonic Politics', in Sedley（2004a）, pp. 131-170.
Kamtekar（2006）：Kamtekar, Rachana, 'Speaking with the Same Voice as Reason: Personification in Plato's Psychology', in Sedley（2006）, pp. 167-202.
加藤（1988）：加藤信朗『初期プラトン哲学』東京大学出版会.
Kirwan（1993）：Kirwan, Christopher, *Aristotle Metaphysics: Books* Γ, Δ, *and E*, translated with Notes, Oxford University Press, Oxford.
Klein（1965）：Klein, Jacob, *A Commentary onf Plato's Meno*, The University of Chicago Press, Chicago and London.
Kochin (2002): Kochin, Miachael S., *Gender and Rhetoric in Plato's Political Thought*, Cambridge University Press, Cambridge.
Kraut（1984）：Kraut, Richard, *Socrates and the State*, Princeton University Press, Princeton, New Jersey.
Kraut（1992）：Kraut, Richard, 'The Defense of Justice in the Republic', in Kraut, Richard, ed., *The Cambridge Companion to Plato*, Cambridge Umiversity Press, Cambridge, pp. 311-337.
Kraut（1997）：Kraut, Richard, ed., *Plato's Republic: Critical Essays*, Rowman and Littelfield Publishers, Lanham.
Kraut（1999）：Kraut, Richard, 'Return to the Cave: Republic 519-521', in Fine（1999c）, pp. 235-254.
Kühner (1904) : Kühner, Raphael, und Gerth, Bernhard, *Ausführiche Grmmatik der griechiscehn Sprache: Zweiter Teil: Satzlehre, Zweiter Band*, Hahnsche Buchhandlung, Hannover.
國方（2007）：國方栄二『プラトンのミュートス』京都大学学術出版会、2007.
栗原（2001）：栗原裕次「プラトン『国家』篇における〈悪人〉論――〈不正な生の選択〉をめぐる一考察」,『西洋古典学研究』XLIX, pp. 13-25.
栗原（2006）：栗原裕次「プラトン『国家』篇における「洞窟帰還」問題（519e1-521b11）

——哲学者たちが支配に赴く理由」、『哲学誌』48, pp. 19-37.
Lear（1997）: Lear, Jonathan, 'Inside and Outside the Republic', in Kraut（1997）, pp. 61-94.
Lear（2006）: Lear, Jonathan, 'Allegory and Mith in Plato's *Republic*', in Santas（2006）, pp. 25-43.
Lorenz（2004）: Lorenz, Hendrik, 'Desire and Reason in Plato's Republic', in Sedley（2004）.
Lorenz（2008）: Lorenz, Hendrik, 'Plato on the Soul', in Fine（2008）, p.p. 243-266.
松永（1993）: 松永雄二『知と不知——プラトン哲学研究序説』東京大学出版会.
McCabe（2006）: McCabe, mary Margaret, 'Is dialectic as dialectic does? The virtue of philosophical conversation', in Reis,（2006）, pp. 70-98.
McKim（1988）: McKim, Richard, 'Shame and truth in Plato's *Gorgias*', in Griswold,（1988）, pp. 34-48.
Migliori and Valditara（2004）: Migliori, Maurizio and Valditara, Linda M. Napolitano, *Plato Ethicus: Philosohy is Life*, Academia Verlag, Sankt Augustin.
Mill（1879）: Mill, J. S., *Utilitarianism*, London.
Mill（1989）: Mill, J. S., Collini, Stefan, ed., *John Stuart Mill: On Liberty with The Subjection of Women and Chapters on Socialism*, Cambridge University Press, Cambridge.
村川（1954）: 村川堅太郎訳『アリストパネス　女の議会』岩波文庫.
三嶋（2000）: 三島輝夫『規範と意味——ソクラテスと現代』東海大学出版会.
水地（1986）: ポルピュリオス, 水地宗明訳「プロティノスの一生と彼の著作の順序について」田中美知太郎監修『プロティノス全集第一巻』中央公論社.
Moravcsik and Temko（1982）: Moravcsik, Julius, and Temko, Philip, edd., *Plato on Beauty, Wisdom, and the Arts*, Rowman and Littlefield, Totowa, N.J.
Murphy（1951）: Murphy, N., *The Interpretation of Plato's Republic*, Oxford University Press, Oxford.
Murray（1996）: Murray, Penelope, (ed.), *Plato on Poetry: Ion; Republic 376e-398b9; Republic 595-608b10*, Cambridge University Press, Cambridge, 1996.
永井（2008）: 永井健晴『プラトン政治哲学批判序説——人間と政治』風行社.
中畑（1992）: 中畑正志「プラトンの『国家』における〈認識〉の位置——魂の三区分説への序章」『西洋古典学研究』XL, pp. 44-56.
Nehamas（1982）: Nehamas, A., 'Plato on Imitation and Poetry in Republic 10', in Moravcsik and Temko（1982）, pp.47-78.
Newman（1991）: Newman, W. L., *The Politics of Aristotle, with an Introduction, Two Prefatory Essays and Notes Critical and Explanatory*, vol. II, Ayer Company, Salem, New Hampshire [originally published in Oxrford, 1887].
Nettleship（1901）: Nettleship, *Lectures on the Republic of Plato*, London.

野村（2008）：野村秀世『プラトンの正義論』東海大学出版会.
納富（1998）：納富信留「クリティアス――プラトン政治哲学の原点」日本西洋古典学会編『西洋古典学研究』XLVI, pp. 44-55.
納富（2002）：納富信留『ソフィストと哲学者の間――プラトン『ソフィスト』を読む』名古屋大学出版会.
納富（2003）：納富信留「『国家』篇中心巻への接近――問題提起と視点素描」『慶應義塾大学日吉紀要 H・18　人文科学第 18 号』.
O'Meara（2003）：O'Meara, Dominic J., *Platonopolis: Platonic Political Philosophy in Late Antiquity*, Oxford University Pres, Oxford.
Ostenfeld（1998）：Ostenfeld, Erik, ed., *Essays on Plato's Republic*, Aarhus University Press.
Owen（1953）：Owen, G. E. L., 'The Place of the *Timaeus* in Plato's Dialogues', *Classical Quarterly*, N. S., III, pp. 65-84.
朴（1983）：朴一功「「太陽」「線分」「洞窟」の比喩再考」『古代哲学研究』vol. 15, pp. 22-34.
Penner（1971）：Penner, Terry, 'Thought and Desire in Plato', in Vlastos（1971）, pp.96-118.
Penner（1973）：Penner, Terry, 'The Unity of Virtue', in *Philosophical Review*, 82, pp. 35-68.
Peterson（1999）：Peterson, Grethe B., ed., *The Tanner Lectures on Human Values*, vol. 20, University of Utah Press, Salt Lake City.
Popper（1966）：Popper, Karl R., *The Open Society and Its Enemies, vol. 1: The Spell of Plato*, Princeton University Press, Princeton.
Price（1995）：Price, A. W., *Mental Conflict*, Routledge London and New York.
Proclus（1970）：Proclus, *Commentaire sur la République*, Traduction et notes par A. J. Festugière, Tome I: Dissertations I-VI, J. Vrin, Paris.
ロールズ（1998）：ジョン・ロールズ「万民の法」ジョン・ロールズ他（中島吉弘・松田まゆみ訳）『人権について』みすず書房 pp. 51-101.
Reeve（1988）：Reeve, C. D. C., *Philosopher-Kings: The Argument of Plato's Republic*, Princeton University Press, Princeton.
Reis（2006）：Reis, Burkhard, ed., *The Virtuous Life in Greek Ethics*, Cambridge University Press, Cambridge.
Ritter（1896）：Ritter, Constantin, *Platon Gesetze: Darstellung des Inhalts*, Teubner, Leipzig (Reprinted by Scientia Verlag Aalen, 1985).
Robinson（1953）：Robinson, Richard, *Plato's Earlier Dialectic*, 2nd edition, Oxford University Press, Oxford.
Roochnik（1996）：Roochnik, David, *Of Art and Wisdom: Plato's Understanding of Techne*, The Pennsylvania State University Press, University Park, Pennsylvania.
Rosen（2005）：Rosen, Stanley, *Plato's Republic: A Study*, Yale University Press, New

Haven and London.
Rowe(1986): Rowe, Christopher, *Plato: Phaedrus*, with Translation and Commentary, Aris & Phillips, Warminster.
Rowe（2004）: Rowe, Christopher, '¡¡All our Desires are for the Good¿¿: Reflections on some key Platonic Dialogues', in Migliori and Valditara（2004）, pp. 265-272.
桜井（1992）: 桜井万里子『古代ギリシアの女たち――アテナイの現実と夢』中公新書.
Santas（1973）: Santas, Gerasimos, 'Socrates at Work on Virtue and Kowledge in Plato's Charmides', in Lee, E.N., Mourelatos, A. P., and Rorty, R. M., eds., *Exegesis and Argument: Essays in Honor of Gregory Vlastos*, Van Gorcum, Assen, pp. 105-132.
Santas（2001）: Santas, Gerasimos, *Goodness and Justice : Plato, Aristotle, and the Moderns*, Blackwell Publishers, Oxford.
Santas（2006a）: Santas, Gerasimos, ed., *The Blackwell Guide to Plato's Republic*, Blackwell Publishing Ltd, Oxford.
Santas（2006b）: Santas, Gerasimos, 'Methods of Reasoning about Justice in Plato's Republic', in Santas（2006a）, pp. 125-145.
佐々木（1984）: 佐々木毅『プラトンと政治』東京大学出版会.
佐々木（2000）: 佐々木毅『プラトンの呪縛』講談社学術文庫.
Saxonhouse（1997）: Saxonhouse, Arlene W., "The Philosopher and the Female in the Political Thought of Plato", in Kraut（1997）, 95-113.
Schofield,（1999）: Schofield, Malcolm, *Saving the City: Philosopher-Kings and Other Classical Paradigms*, Routledge, London, ch. 4: Plato on the Economy, pp.69-81.
Schofield（2000）: Schofield, Malcolm, 'Approaching the Republic', in Rowe, Christopher, and Schofield, Malcolm, edd., *The Cambridge History of Greek and Roman Political Thought*, Cambridge University Press, Cambrige, pp. 190-232.
Schofield（2006）: Schofield, Malcolm, *Plato: Political Philosophy*, Oxford University Press, Oxford.
Scott（2000）: Scott, Dominic, 'Plato's Critique of the Democraitc Character', *Phronesis*, XLV, 1, 2000, pp. 19-37.
Scott（2006）: Scott, Dominic, *Plato's Meno*, Cambridge University Press, Cambridge.
Schöpsdau(1994): Schöpsdau, Klaus, *Platon Nomoi (Gesetze): Buch I III, Übersetzung und Kommentar (Platon Werke: Übersetzung und Kommentar, Band IX 2)*, Vandenhoeck & Ruprecht, Göttingen.
Sedley（2001）: Sedley, David, ed., *Oxford Studies in Ancient Philosophy*, vol. XX, Summer 2001, Oxford University Press, Oxford.
Sedley（2004a）: Sedley, David, ed., *Oxford Studies in Ancient Philosophy*, vol. XXVI, Summer 2004, Oxford University Press, Oxford.
Sedley（2004b）: Sedley, David, ed., *Oxford Studies in Ancient Philosophy*, vol.

XXVII, Winter 2004, Oxford University Press, Oxford.
Sedley（2006）: Sedley, David, ed., *Oxford Studies in Ancient Philosophy*, vol. XXXI, Winter 2006, Oxford University Press, Oxford.
Sedley（2007） : Sedley, David, 'Philosophy, the Forms, and the Art of Ruling', in Ferrari（2007）, pp. 256-283.
Sedley（2007）: Sedley, David, ed., *Oxford Studies in Ancient Philosophy*, vol. XXXII, Summer 2007, Oxford University Press, Oxford.
瀬口（2002）: 瀬口昌久『魂と世界――プラトンの反二元論的世界像』京都大学学術出版会.
Sharples（1985）: Sharples, R. W., *Plato Meno*, edited with Translation and Notes, Aris and Phillips Publishers, Warminster.
Shields（2006）: Shields, Christopher, 'Plato's Challenge: the Case against Justice in *Republic* II', in Santas（2006a）, pp. 63-83.
Shorey（1937）: *Plato: The Repbulic I: Books I-V*, with an English Translation by Paul Shorey, Harvard University Press, Cambridge, Massachusetts.
Slings（2005）: Slings, S. R., *Critical Notes on Plato's politeia*, edited by Gerard Boter and Jan Van Ophuijse, Brill, Leiden and Boston.
Smith（1998）: Smith, Nicholas D., 'Plato's Divided Line', in Smith, Nicholas D., ed., *Plato: Critical Assessements vol: II: Plato's Middle Period: Metaphysics and Epistemology*, Routledge, London and New York, pp. 292-315.
Smyth（1920）: Smyth, Herbert Weir, *Greek Grammar*, Harvard Univestiy Press, Cambridge, Massachusetts.
Stalley（1998） : Stalley, R. F., 'Plato's Doctrine of Freedom', in Proceedings of the Aristotelian Society, New Series, vol. XCVIII, pp. 145-158.
Stalley（2007）: Stalley, R. F., 'Persuation and the Tripartite Soul in Plato's *Republic*', in Sedley（2007）, pp. 63-89.
Strang（1986）: Strang, Colin, 'Plato's Analogy of the Cave', in Annas（1986）, pp. 19-34.
Strauss（1964） :
田島（1997）: 田島孝「三つのアレゴリア――プラトン『国家』篇，太陽，線分，洞窟の比喩再検討」『倫理学年報第四十六集』pp. 5-19.
田島（2004）: 田島孝「プラトンの『国家』とカント倫理学」『白山哲学第三八号』pp. 1-30.
高橋（1991）: 高橋雅人「ソクラテスの問答の目指すもの」日本倫理学会編『倫理学年報第四十集』pp.3-18.
高橋（1997）: 高橋雅人「プラトン『国家』篇における国家と魂の類似について」日本哲学会編『哲學』48号、pp.189-197.
高橋（2003a）: 高橋雅人「自由の創設」『神戸女学院大学論集』第49巻第3号、pp. 51-67.
高橋（2003b）: 高橋雅人「プラトンの体育論序説――Respublica III, 403c9-412b1」『女性学評論』第１７号、pp. 37-53.

田中（1952）：田中美知太郎『善と必然の間に――人間的自由の前提となるもの』岩波書店.

田中（1984）：田中美知太郎『プラトン IV――政治理論』岩波書店.

田中（1987）：田中美知太郎「自由のギリシア的理解」『田中美知太郎全集第五巻』筑摩書房.

Tate（1928）: Tate, J., 'Imitation' in Plato's Republic', *Classical Quarterly*, 22, pp.16-23.

Tate（1932）: Tate, J., 'Plato and 'Imitation'', *Classical Quarterly*, 26, pp. ??-??.

Taylor（1997）: Taylor, C. C. W., 'Plato's Totalitarianism', in Kraut（1997）, pp. 31-48.

TLG（1999）: *Thesauraus Linguae Graecae*, CD-ROM Version E, University of California, Irvine.

Tsouna（2001）: Tsouna, Voula, 'Socrate et la connaissance de soi: quelques interprétations' in *Philosophie antique 1*, pp. 37-64.

Tulli（2004）: Tuli, Mauro, 'Ethics and History in Plato's *Menexenus*', in Migliori and Valditara（2004）, pp. 301-314.

Verdenius（1971）: Verdenius, W.J., 'Plato's Doctrine of Artistic Imitation', in Vlastos（1971）, pp.259-72.

Vlastos（1971）: Vlastos, Gregory, ed., *Plato: A Collection of Critical Essays II. Ethics, Politics, And Philosophy of Art and Religion*, Anchor Books, New York.

Vlastos（1977）: Vlasotos, Gregory, 'The Theory of Social Justice in the Polis in Plato's Republic', in Helen North, ed., *Interpretations of Plato: A Swarthmore Symposium* (Leiden: E. J. Brill, 1977), Mnemosyne, Suppl. vol. 50, pp. 1-40. (Reprinted in Vlastos（1995）, pp. 69-103.)

Vlastos（1978）: Vlastos, Gregory, 'The Rights of Persons in Plato's Conception of the Foundations of Justice', in H. Tristram Englehardt, Jr., and Daniel Callahan, eds., *Morals, Science and Society* (Hastings-on-Hudson, N. Y.: The Hastings Center, 1978), pp. 172-201.

Vlastos（1981a）: Vlastos, Gregory, *Platonic Studies*, 2nd. ed., Princeton University Press.

Vlastos（1981b）: Vlastos, Gregory, 'What did Socrates Understand by His "Waht is F?" Question?', in Vlastos（1981a）, pp. 410-417.

Vlastos（1981c）: Vlastos, Gregory, 'Does Slavery Exist in Plato's *Republic*?', in Vlastos（1981a）, pp. 140-146.

Vlastos（1991）: Vlastos, Gregory, *Socrates: Ironist and Moral Philospher*, Cambridge University Press, Cambridge.

Vlastos（1995a）: Vlastos, Gregory, Daniel W. Graham ed., *Studies in Greek Phlosophy, vol. II: Socrates, Plato, and their Tradition*, Princeton University Press, Princeton, New Jersey.

Vlastos（1995b）: Vlastos, Gregory, 'Was Plato a Feminist?', in Vlastos（1995a）, pp. 133-143.

Weiss（1998）: Weiss, Roslyn, *Socrates Dissatisfied: An Analysis of Plato's Crito*, Oxford Universiry Press, Oxford.

Weiss（2007）: Weiss, Roslyn, 'Wise Guys and Smart Alecks in *Republic* 1 and 2', in Ferrari（2007a）, p.p. 90-115.

White（1979）: White, Nicholas P., *A Companion to Plato's Republic*, Basil Blackwell, Oxford.

Wilberding（2004）: Wilberding, James, 'Prisoners and Puppeteers in the Cave', in Sedley,（2004）, pp. 117-139.

Wild（1953）: Wild, John, *Plato's Enemies and theTheory of Natural Law*, University of Chicago Press, Chicago.

Williams（1997） : Williams, Bernard, 'The Analogy of City and Soul in Plato's Republic', in Kraut（1997）, pp. 49-59 (originally published: Williams, Bernard, 'The Analogy of City and Soul in Plato's Republic', in E. N. Lee, et al., *Exegesis and Argument*, Van Gorcum, Assen, pp.196-206.).

Wittgenstein（1984）: Wittgenstein, Ludwig, *Vermischte Bemerkungen*, in Wittgenstein, *Über Gewißheit*, Werkausgabe, Band 8, Frankfurt am Main, Suhrkamp.

山本（1993）：山本建郎『新編　プラトン『国家論』考』影書房.

注

第Ⅰ章　問題の所在

（１）第一巻が初期対話篇的性格を持っていることについては，解釈者の間で意見の相違はみられない。しかし第一巻が他の諸巻とは別個に，独立した対話篇として書かれていたかどうかについては見解が分かれる。例えば，Friedländer（1957），S. 45-60; Vlastos（1991），pp. 46-47 は，独立した対話篇と見なす。これに反対するのは Diès, pp. XVIII-XXII; Kahn（1993）; White（1979），p. 69 らである。

（２）「逸脱」の始まりは 5. 449b であり，終わりは 8. 543c である。なお，第一巻でソクラテスに論駁されて以降，ずっと沈黙を保っていたトラシュマコスは，「逸脱」の始まりで，女性の教育や妻子共有についてソクラテスに話すように要請する一人として発言する。これはトラシュマコスと仲違いしたわけではない（cf. 498c-d）ことの一つの証拠であると考えられる。

（３）納富（2002），pp. 28-42 を参照のこと。そこで納富は『ソフィスト』の他に，『テアイテトス』『国家』『政治家』『ピレボス』における脱線について検討し，脱線のうちにむしろ「哲学的含意が本質的に過剰なまでも豊かであること（p. 34）」を指摘している。他に，納富（2003），pp.6-12 も参照のこと。

（４）最も正しい人が最も幸福であること，そして最も不正な人が最も不幸であることをソクラテスが「布告」するのは，第九巻の半ばあたりである（cf. 9. 580b-c）。とするならば，その「布告」以後の第九巻の後半もまた蛇足ということになるのかと疑問が提出されるかもしれない。しかしこの点に関しては，「布告」の内容の正しさを証明する二つの議論が続き，不正を讃える言説が何を意味するかが語られているので，その前の議論とのつながりを疑う必要はないだろう。

（５）Adam（1963a），p. 384 は第十巻が（１）詩人追放論と，（２）魂の不死と現世と来世における正義の報酬を論じた部分との二つからなることを指摘した上で，（１）の詩人追放論は「削除されたとしても対話篇の芸術的統一を傷つけることはなかっただろう」と言う。またアダムによれば，3. 392c のソクラテスの言葉（「正義とはどのようなものであるか」を発見した時にこそ，詩人たちは「正しい人は不幸である」と歌ってはいけないと命ずることが出来るという趣旨）の達成として詩人追放論を解釈することもできないと言う。Guthrie（1975），p. 544 もまた詩人追放論は『国家』全体の文脈から外れていると主張する。Annas（1981），p. 335 は第十巻の哲学的議論と文学的技術のレヴェルは他の諸巻よりもはるかに低いと断定する。こういった手厳しい批判に対してプラトンを擁護する解釈者もいる。White（1979），pp. 246-247 は，第十巻の始まりが唐突であることを認めるが，第十巻が「理性的思慮と予見の実際」に関係しており，これによって他の諸巻と結びつく

とする。Cross and Woozley（1964）, p. 270 は，第十巻の詩人追放論が第三巻の詩の「検閲」の議論と関係するのみならず，魂の三部分説（第四巻，第八・九巻）やイデア論（第五一七巻）とも関係していることを指摘して，第十巻と他の諸巻とのつながりを確保しようとしている。

（6）以下の記述の一部は，アナス（2004）と佐々木（2000）を参考にしている。

（7）アリストテレスの批判は，1）国家の一性に対する批判，2）妻子共有に対する批判，3）財産共有に対する批判，の三つの点にわたる。アリストテレスは，国家の一性を過度に追い求めると，かえって国家ではなくなってしまうこと，共有のものには人は配慮しないこと，などの不都合が生じると批判する。cf. Aristoteles, *Politica, B*, chs. 2-5, 1261a10-1264b25.

（8）プロクロスは『国家』の主題を「正義」とする解釈と，「最善の国制」とする解釈の二つがあることを指摘し，前者を正しいとする。主題が「正義」であるのに「国家」が対話篇のタイトルに選ばれたのは，プロクロスによれば，「国家」という語の方が人々により親しいからである。cf. Proclus（1970）, pp. 23-30.

（9）プロティノスによるプラトノポリス構想をあげることができる。すなわち，ポルピュリオスの伝えるところによれば，プロティノスはプラトンの法制を具現化した「プラトノポリス」と名づけられるべきポリスの建設を考えたという（『プロティノスの生涯』12）。このプロティノスが念頭においていた理想的な国制はプラトンの『法律』に描かれたものだという解釈が一般的のようであるが（cf. 水地（1986）, p. 117, 註（17）.），しかし『国家』のそれを全く排除して考えるわけにもいかないだろう（cf. O'Meara（2003）, p. 16; p. 16, n. 17）。

（10）例えば，エウセビオスの神政政治の理想やアルファラービの理想国論などが挙げられる。こういった思想は，政治と宗教の分離に進んだ西欧には発展しなかった。cf. O'Meara（2003）.

（11）cf. Grote（1885）, pp. 129-132.

（12）Jowett（1871）, p. 10.

（13）ただし Jowett（1871）, p. 11 は，プラトンの理想国が実現可能かどうかは論ずる必要はない，なぜなら実現可能性はそれが真理であることには関係しないからだと主張する。

（14）cf. 佐々木（2000）, p. 73-74.

（15）Crossman（1963）, p. 84.

（16）ibid.

（17）Popper（1966）, ch. 6.

（18）佐々木（2000）, 序章に詳しい。

（19）アナス（2004）, p. 48-49.

（20）アナス（2004）, p. 49-50.

（21）例えば，佐々木（1984）や永井（2008）など。

（22）田中の大著『プラトン』は全四巻からなるが，そのうちの第四巻を「政治理論」に当てている。cf. 田中（1984）.

（23）野村（2008）.

（24）山本（1993）.

（25）天野（2006）は「倫理学」と「倫理思想」とを区別する。天野によれば，誰もが承認する，かつ承認せざるを得ない「普遍性」と「必然性」を持った議論のみが「学」の名に値する。この観点から観ると，『国家』は（そしてそれ以後の対話篇も）「善のイデアについてのエピステーメーに基づいて理論的に厳密に根拠づけられた倫理学を提示すること（p. 14）」はしておらず，したがって「倫理学」ではない。『国家』は「倫理思想」の書なのである。天野はさらに，そもそも「倫理学」の成立それ自体に疑問を投げかける。これは天野自身の倫理学と倫理思想の区別が哲学と思想との区別に対応していることによるという。天野の「倫理学」についての考え方に対しては，アリストテレスの言う求めるべき厳密性が違うのではないかという疑念があるが（cf. Aristoteles, *Ethica Nicomachea*, I, ch. 3, 1094b11-27），それはしばらくおくとしても，『国家』を全体として解釈するには不十分であると言わざるを得ない。なぜならば第五巻から第七巻を抜きにして解釈しなければならないからである。事実，天野の議論では第四巻の「正しい人」についての議論に続くのは，第八巻から第九巻の「不正な人」の議論である。だがプラトンがディアレクティケーの行程について，それのみが魂を泥土から上方へと引き上げる（7. 533d）と言われていることの「倫理学的な意味」をより深く考察すべきなのではないだろうか。

（26）Santas（2001), p. 103.　プラトンが自由を諸個人から奪っているというサンタスの評定は，Santas（2006b）, p. 143, でも変わっていない。サンタスによれば，プラトンは自由の価値を根本的に貶めているのである。

（27）Popper（1966）.

（28）プラトンに対する厳しい批判に対して，ポパーはソクラテスを賞賛する。すなわちポパーによれば，ソクラテスの主知主義は平等主義的で民主的である。ソクラテスが理想とするのは「謙虚で合理的な個人主義者の世界」であるのに対して，プラトンの理想は「全体主義的半神の世界」である。cf. Popper（1966), pp. 128-131.

（29）例えば田中（1984), p. 320-323 はポパーの議論のまずさを指摘し，古典のテストとしては不合格だとの趣旨を述べている。また Vlastos（1977）を参照せよ。しかしこのヴラストスを批判し，ポパーの理解に見るべきものがあるとするのが，L. Brown（1998）である。

（30）Taylor（1997).

（31）テイラーの議論は本当に正しいのか疑問がある。それは，金・銀・銅といういわゆる神話――高貴な虚構――は守護者が生み出したものではなく，立法者たるソクラテスたちによるという点である。そしてこの立法者と守護者との区別は小さいものではない。

（32）テイラーによれば，ポパーはプラトンの政治思想を第一のタイプの全体主義と解しており，誤っているとされる。

（33）現代の自由主義の祖である J・S・ミルの『自由論』の冒頭は「この論文の主題は，哲学的必然と誤って呼ばれている理論に不幸にも対立している，いわゆる意志の自由ではない。そうではなくて，市民的，社会的自由である。つまり，個人に対して社会によって

合法的に行使されうる権力の本質ともろもろの制限とが主題なのである（cf. Mill（1989），p. 5.)」となっている。ミルの議論が個人の思想，心情，好みなどに対して，公的権力の介入の禁止を主張し，こうして個人の社会的自由が確立されていることは言うを待たない。しかしそれは個人の自由意志について論じないことと一体をなしているのであり，そのことは逆に自由について別の仕方で論じることが可能だということを示しているのではないだろうか。

（34）Reeve（1988），pp. 231-234. なお，Schofield（2006），pp. 87-88; p. 99, n. 111 は Reeve の「批判的自由」を「理性的自由（rational freedom)」と呼んでいる。

（35）Stalley（1998）.

（36）Gosling（1973），p. 95 は，プラトン哲学全体における自由の意義を指摘し，プラトンの言う自由とは選択の自由ではなくて自己をコントロールできていることを意味していると解釈している。また，『国家』というよりむしろ他の対話篇にプラトンの自由観を探るものとして，Griswold，(1999）がある。

（37）さらにストーリーはプラトンの『国家』のみならず『法律』にも触れ，そこに発展を見ようとするが，それが正しいかどうかはまた論じるべきであろう。

（38）Williams（1997); Lear（1997); Ferrari（2003). 筆者自身の見解は「方法」の章を参照。

（39）Annas（1997），p. 160.

（40）Annas（2000），p. 313.

（41）Ferrari and Griffith（2000），p. xxv は『国家』は ‘political’ な書ではなくて，むしろ ‘counterpolitical’ だとしている。

（42）Vlastos（1991），pp. 46-47 による区分を紹介すれば，次のようになる。まず論駁的対話篇として，『ソクラテスの弁明』『カルミデス』『クリトン』『エウテュプロン』『ゴルギアス』『ヒッピアス（小)』『イオン』『ラケス』『プロタゴラス』『国家第一巻』が数え上げられる。これらの著作はアルファベット順に並べられている。次に，移行期の対話篇として『エウテュデモス』『ヒッピアス（大)』『リュシス』『メネクセノス』『メノン』がアルファベット順に挙げられる。そして中期対話篇として，『クラテュロス』『パイドン』『饗宴』『国家第二一十巻』『パイドロス』『パルメニデス』『テアイテトス』が挙げられる。これらは Vlastos が推測する時代順に並べられている。最後に，後期対話篇として『ティマイオス』『クリティアス』『ソフィステス』『ポリティコス（政治家)』『ピレボス』『法律』が，やはり推測時代順に挙げられる。この区分は細かいところではいろいろと問題がある（例えば，『ヒッピアス（大)』が真作かどうか，『ティマイオス』と『クリティアス』は『ソフィステス』や『ポリティコス』より前に書かれたのか，などである。後者の問題は Owen（1953）によって提起された問題である。『パルメニデス』はプラトンがイデア論にまつわる論理的困難を自覚し，イデアを定立することを以後控えるようになった，言わば自己批判の書ではないかという解釈があるが，この解釈の延長線上に，伝統的に後期作品であるとみなされていた『ティマイオス』を『パルメニデス』以前の中期作品とし，それによって後期プラトンの思索からイデアを消し去ろうとするのがオーウェンの主張である。私には『ティ

マイオス』の宇宙生成譚における「同」と「異」(36b-39b) は『ソピステス』の議論を前提にしているように思えるので,『ティマイオス』を後期作品とする伝統に従う) が, しかし以下, この節で取り上げる対話篇については特に問題がないので採用する。もっとも採用するといってもプラトン哲学の全体の解釈には関わらないということは断るべきだろう。つまり, プラトンの対話篇の哲学的内容を時期的に三つに分断すべきなのか, それとも統一的に理解すべきなのかという問題には関わらないということである。プラトンの対話編を初期・中期・後期の三つの時期に分断し, それぞれの時期の対話篇はそれぞれ異なる哲学を表現しているとは考えないし, かといってすべての対話篇があらゆる点であらゆる仕方で同一の哲学を表現しているとも考えない。この点については加藤 (1988), pp. 26-52, を参照のこと。

(43) カーンは独自の仕方で対話篇を三つにグループ分けし, グループＩの中の七つの対話篇 (『ラケス』『カルミデス』『エウテュプロン』『プロタゴラス』『メノン』『リュシス』『エウテュデモス』) は『国家』を準備するために書かれたと主張する。cf. Kahn, (1996), p.p. 42-48. 他にも三つのグループに分けることに反対のロウのような論者もいる。ロウはプラトンの対話篇を三つに区分するのではなくて, 大きく二つに分ける。すなわち,「ソクラテス的対話篇」と「プラトン的対話篇」である。その区別の根拠は, 欲求が善にのみ向かうとするソクラテスの立場と, 欲求は善のみならず場合によっては悪にも向かうとするプラトンの立場との違いである。プラトン的対話篇の典型は『国家』である。そこでは魂の三部分説が語られ, 欲求が必ずしも善に向かわないことが語られているからである。cf. Rowe, (2004) .

(44) アリストパネス『蜂』975-8 によれば, 弁明者が泣くことは確かに裁判官たちが聞くのを好んでいた。ただしアリストパネスは必ずしも有効だったとはしていない。それに対して Lysias XX 34, によれば感情に訴える弁明は一定の効果を持っていたようである。Cf. 『ゴルギアス』522d7-e1; Dodds (1959), p.372.

(45) クセノポン『ソクラテスの思い出』もまたそのようなソクラテスを描いている。

(46) Dover (1974), p. 115.

(47) Brandwood (1976); TLG (1999) .

(48)『メネクセノス』の解釈としては, 少し古いが Guthrie (1975), pp. 312-323, を参照。また『メネクセノス』を『国家』を補完するものと解釈するのは Tulli, (2004) である。

(49) スコフィールドはパロディではなくて, パスティーシュだと解釈する。cf. Schofield (2006), p. 94, n. 64.

(50) これは『ソクラテスの弁明』より変わらないだろう。

(51) 民主制国家ではあまりにも自由が行き渡っているので, 人間は動物によって蔑ろにすらされるというやりとりを参照。cf. 『国家』8. 563c-d.

(52) ガスリーは『メネクセノス』の執筆年代を『ゴルギアス』と同じころだと想定する。cf. Guthrie (1975), p. 313.

(53) 行き過ぎた自由によってアテナイが没落したと答えるのが『法律』である。(cf. 3. 699e-701c)。

（54）この語の解釈は Cooper（1999a), p. 33, n. 5 に従っている。これに対する批判は Schofield（2006), p. 92, n.45 を参照せよ。私にはこの箇所はスコフィールドが言うように，単に弁論家のことだけを述べているとは思えない。

（55）『メノン』73c-d も参照せよ。そこでメノンは人々を支配できることを徳だと主張する。このメノンの説はゴルギアスから受け継いだものとされている。Dodds,（1959), p. 202 は『メノン』のこの箇所に基づいて，『ゴルギアス』におけるゴルギアスの主張が歴史的ゴルギアスのものであったとしている。これに対して加来は『ゴルギアス』でのゴルギアスはむしろ弁論家の典型として描かれていると述べる（加来（2007), p. 24.)。なお，支配することが徳だというのは同時代人の考えでもあったようだ。トゥキュディデス『戦史』2. 62. 3, 63.1, 3. 45. 6 や，伝クセノポン『アテナイ人の国制』1. 8 を参照。注釈書としては Irwin（1979), p. 116; Dalfen（2004), S. 188-189, を参照。

（56）この発言の背景に関する歴史的事実についてはダルフェンの註が詳しい。 cf. Dalfen（2004), S. 252-257.

（57）この一見，幼稚な議論と思われるソクラテスの論駁の意味に関しては，高橋（1991）を参照。

（58）Dalfen（2004), S. 337-338 はソクラテスにはこの描写は当てはまらないとしている。ソクラテスはアゴラを含む人の集まる場所で人々と論じたからというのがその理由である。Dodds（1959), p. 275 もまた同じようなことを述べた上で，さらに「片隅に」という言葉を使うときプラトンが念頭に置いていたのは，むしろ哲学の学校であっただろうと述べている。しかし，ソクラテスが政治に積極的には関与しようとしなかったこと，あるいは積極的に関与を拒否したこと（cf.『ソクラテスの弁明』31e2-32a3）は周知の事実である。たとえソクラテスがアゴラで青年たちと哲学的な対話をしていたとしても，それは決してカリクレスが言う「国の中心」ではないだろう。ここでカリクレスが言っているのは，あくまで政治に関わることだからである。それゆえ，このカリクレスの発言は，ソクラテスに向けられていると解釈すべきであろう。引用した箇所に続けてカリクレスがソクラテスへの好意を持っていると明確に述べていることは，ソクラテスをカリクレスの生き方へと招く意図とあわせ，その証拠となる。

（59）松永（1974), p. 27; p.28 註（21）はこの言葉に注目するが，その意味を分析するなど議論を展開することはしていない。Archer-Hind（1894), p. 139 は自由を「魂が真理を把握することを可能にする，肉体からの解放という状態」と解する。他に自由という語は『パイドン』では「哲学は死の練習」というかの有名な文句に疑義が出される文脈で用いられる。自殺すべきではないことを納得したケベスは，今度は逆に，知を愛するものがなぜ死を進んで迎え入れるかが分からないと言う。なぜなら，思慮のある人は自分自身を監督してくれる神の下から離れて「自由に（62d7)」なりたいとは望まないはずだからである。優れた者への服従が「自由」と対比されていることは，自由を手放しで称賛しているわけではないことを示すだろう。

（60）船乗りについては，藤沢（1984),「研究用註」p. 98，および Rowe（1986), p. 167, を参照。

（61）「自由な恋」を藤沢（1974), p. 172 は「高貴な恋」と訳す。それもある意味で当然かもしれない。自由な恋とは誰とでも好きなものと交わるというような意味を現代では持つだろうが，エロースを賛美するソクラテスの第二の演説にはそぐわないからである恋している人にではなく，恋していない人にこそ身を任せるべきであると主張するリュシアスの弁論にはふさわしいかもしれない。

（62）Rowe（1986), pp. 167-168 は「自由」には法的な意味と道徳的な意味があることを指摘し，「不自由な」とは「無恥，野蛮，不名誉」な意味であるとしている。

（63）cf. 『国家』9. 591b.

（64）cf. Burnyeat（1990), pp.31-39.

（65）キケロによれば，プラトンは書きながら死んだ（Cicero, *Cato maior De senectute*, 13)。なお『エピノミス』については偽書と考える。

（66）にもかかわらず，Bobonich（1999), p. 402, n. 85 によれば，『法律』には自由についてのまとまった記述はなく，それゆえプラトンには自由の哲学はないという。『法律』では自由の規定そのものがなされていないというのがボボゥニッチの見解である。また Bobonich（1999), p. 402, n. 86 は『国家』では自由の好意的な見解が散見されつつも，プラトンは自由の危険を強調していると述べる。

（67）このような人々については，922a, 946b, 948a, をも参照せよ。

（68）England（1921b), p.619 は e4 の δή が皮肉の調子を自由（ἐλευθερία）という語に与えているという註をつけている。

（69）このことは少し後の 3. 701d7-9 で「我々は立法家が次の三つのことに狙いを定めて立法しなければならないと語った。つまり，法制化された国家が自由であり，それ自身と友愛を保ち，知性を持つように，の三つである。」と語られ，もう一度確認されている

（70）England（1921a), p. 412 と Ritter（1896), S. 102 はフランス革命に言及する註を付している。

（71）Schöpsdau（1994), S. 449 はこの三つのものの連関を次のように解する。

1. 自由が友愛に影響する
2. 友愛が支配者に，そして国家全体に思慮をもたらす
3. 思慮を通して自由が保障される

（72）『法律』第六巻（771c）では法律の変更に必要な要件として，役人と神託の同意の他に，民衆の同意も求められている。

（73）加来（2007), p. 197, 註（10）は，哲人王の理念を評価するが，実現は不可能だとするカントの理解を評価している。

（74）ἐξουσία という語は「許可」あるいは「したいことをする自由」を意味するが，後者の意味で遣われている場合，プラトンによって否定的に用いられている。例えば，『国家』では「グラウコンの挑戦」の箇所で，何でもしたいことをする自由を与えたならば，不正と思われている人も正しいと思われている人もどちらも不正をするだろうと言われる（cf.

2. 359c1; 7; 360d3)。また民主制国家ではこの自由が与えられている（cf. 557b5）がゆえに，国家の病である雄蜂族が多量に発生すると述べられている（cf. 8. 563e8; 564d2.)。他に『ゴルギアス』の用例（cf. 525a4; d5）も「何でもしたいことをする自由」を意味し，ハデスで裁きを受ける悪しき人についてこの語が適用されている。このように，プラトンはἐξουσία とἐλευθερία をはっきりと使い分けている。

（75）註 1 に挙げた文献の他にも Weiss (2007) が第一巻とそれ以降の巻の結びつきを強調する。

（76）このことは『国家』八・九巻の不正な人の叙述を分析する第 4 章を参照されたい。

（77）Annas,（1981）, pp. 18-23; Bloom,（1991）, pp. 312-315; McKim,（1988）, pp. 274, n.33; Blondell（2002）, pp. 165-174. これとは逆に，ケパロスを称揚する解釈者としては，Guthrie,（1975）, p. 439; Reeve,（1988）, pp. 6-9; Beversluis,（2000）, pp. 185-202, などが挙げられよう。ケパロスをどう把握すべきかについては，ベヴェルスルイスのものが一番詳しく，またまとまっている。本文でバーニーによるケパロス批判を紹介したのは，ベヴェルスルイスが触れていないからでもある。Gifford（2001）, pp. 67-69, もケパロスに対しては厳しい評価を降している。

（78）Lysias, *Against Eratosthenes 19*

（79）以下，ケパロスの議論を受けついだポレマルコスとの対話では「狂人に真実を語る人は正しくない」という点は触れられない。そのゆえか，多くの解釈はこの点について触れていない。しかし，Schofield,（2006）, p. 301 は例外である。

（80）Barney（2001）, p. 210.

（81）Beversluis（2000）, p. 192 はケパロスが不正を犯した覚えがない者には常に楽しく良い希望があると述べていることから，不正を犯してはならないとケパロスが考えていたと解釈し，そのような考えを持っているのはソクラテスを除けばクリトンとケパロスだけだと指摘している。このことを根拠にベヴェルスルイスはケパロスが肯定的に描かれていると解釈すべきだと主張する。ベヴェルスルイスのケパロスに対する評価には全体として賛成できる。しかしながら，ケパロスの言う不正が嘘をつかないとか神々への供え物をしていないとか借りた金を返していないといった（cf. 『国家』1. 331b）不十分なものであることは指摘しておかなければならないだろう。ソクラテスが正義についての対話を始めるのはまさにそこであった。

（82）ただしポレマルコスについて論じないからといって，ポレマルコスとソクラテスとの対話が無意味であるということではない。この二人の対話の最後で，ポレマルコスが正義と主張していた「友を利し，敵を害する」という言葉は，権力や富を有するような傲慢な人だと言われているが，このことは傲慢が『国家』において重要なテーマの一つであることを示していると思われる。この点に関しては，Gifford（2001）が，傲慢な人の一人として，実はポレマルコスが含まれているとの解釈を示している。すなわち，ギフォードによれば，ポレマルコスは，富裕な人間であり，自分が何ものであるかを分かっていないからである。さらにギフォードは，傲慢な人間として挙げられている人々のリストの中のイスメニアスが，ポレマルコスのことを指すという解釈を提示している（Gifford（2001）, p.

95.)。

(83) Burnyeat (2004).

(84) ギュゲスは王妃を籠絡し，王を殺害して自らが王となった以降は指輪を必要としなかったであろう。

(85) 正義の「何であるか」と「どのようなものであるか」という二つの問いの『国家』における用いられ方については，第2章を参照。

(86) Adam (1963a), p. 54 は，不正が δυνατώτερον だとは言われていないが，これは強調のために付加されたという註をつけている。

第Ⅱ章　方　　法

(1) この問題に関しては何よりもまず，Williams, (1997) ; Lear, (1997) ; Ferrari (2003), を挙げなければならない。これらについては本文でも適宜触れる。他に，徹底的な批判としては，例えば，Grote (1885), p.96 を参照。さらに Annas (1981), ch.12 を参照。Adam, (1963b), p.92 はプラトンを擁護する。なお，Guthrie (1975), pp.444-445 の簡便なまとめをも参照。

(2) 人の内ではなくて人の魂の内が問題になっていることは 435c1 を見よ。『国家』において「人」と「魂」とが使い分けられているのか，またもしそうなら，どのように使い分けられているのかを分析することは意味のある研究であると思われる。だが，本書では両者の指すものを厳密に区別はしなかった。

(3) ただし，『国家』では国家が一つの全体であると語られるときには，広義と狭義の二種類がある。狭義では，正しい国家のみが一つの全体としての国家である (4. 422e3ff.)。また人の場合にも正しい人のみが完全に一人の人だと言われる (4. 443e1)。筆者がここで問題にしているのは広義の，つまり不正な国家や人も一つあるいは一人と数える一般的な意味である。

(4) Ferrari (2003), p. 49 は，第八巻の 544d-e は第四巻の 435d-e の発展ではなくて，「単なる繰り返し (no more than a repetition)」だと解釈する。しかしこれは当たらない。第四巻の箇所で問題になっていたのは国民性が何に由来するかであるのに対して，第八巻の箇所で問題になるのは国制が何に由来するかである。国民性はある国家の国民の多数の性格に由来するが，しかし国制ではそうではない。それゆえフェラーリのように，第四巻のテキストと第八巻のテキストを同一視することはできない。

(5) この対応はウィリアムズが 'predominant section rule' と名づけたものと，またリアが因果的関係と名づけたもの同じである。ウィリアムズとリアによればこの対応がプラトンの議論を失敗に導くのだが，しかしそれはあたらない。以下，本文で述べるように，この対応は，四つの国制 (名誉支配制国家，寡頭制国家，民主制国家，僭主独裁制国家) と四種類の人間 (名誉支配制的人間，寡頭制的人間，民主制的人間，僭主独裁制的人間) の対応の分析には不十分だからである。cf. Williams (1997), pp. 53ff; Lear (1997), p. 69. フェラーリの批判も参照。cf. Ferrari (2003), pp. 49-53.

(6) 名誉支配制国家も実は微妙である。その成立は支配者の間での私有財産を認めると

いう妥協によるのであり，名誉を求めることによるのではない。ただし，成立した名誉支配制国家の支配者たちが勝利を愛し名誉を愛する人間であることははっきりと言われている（548c6-7)。

（７）すなわち，蓄財と消費と浪費である。これは金銭を愛好するのが，金銭そのものを目的としてか，別の目的のために手段として金銭を求めるか，の違いによる。

（８）民主制である以上，原理的にはすべての人が支配者である。

（９）Ferrari（2003), p. 73.

（10）そしてこの対応はわれわれが前節で述べた（２）の対応に他ならない。

（11）国を支配することに関しては，能力などによらずに，誰もが平等である，というのが，民主制国家の基本理念である。魂を支配することに関しては，善悪によらずに，どの欲望も平等である，というのが，民主制的人間の基本的価値観（基本理念）である。したがって，民主制国家も民主制的人間も自由を原理として成り立っているのではない。自由は，むしろ，平等から出来するのである。すなわち，誰もが支配する権利を平等に持つからこそ，支配するのは誰でもよいのであり，またそこから，支配する自由，あるいは支配しない自由が誰に対しても出来するのである。また，どの欲望も魂を支配する「権利」を平等に持つからこそ，魂を支配するのはどのような欲望でもよいのであり，そこからどの欲望も魂を支配する自由を有するに至る。民主制国家や民主制的人間が「自由」を謳う時，それは平等に基づいているのである。しかし誰もが支配に関して平等であるとか，どの欲望も魂を支配することに関して平等であるという，民主制国家および民主制的人間の基本理念こそが誤りであるとプラトンは考えるからこそ，民主制国家に対するプラトンの批判は，そして民主制国家や民主制的人間が謳歌する自由への批判は厳しいものとなるのである。

（12）Annas（1981), p.149; Williams（1997）.

（13）ここから明らかなように，この方法は従来解されてきたように，正義とは「何であるか」を解明するためのものなのではなくて，正義が「どのようなものであるか」を探究するものである。このことの意義については次節を参照。

（14）Blössner（2007), pp. 348-349 は，国家と魂の類比が導入された時（2. 368c-369a）には「正しくあること」というただ一つのことで類似が語られていたのに対して，第四巻の 435b-c では国家が三階層を持つのと同じように魂も三つの部分を持つと主張されるに至っていると指摘し，この拡張は誤謬であると主張する。だがこれは当たらない。なぜなら，引用したテキストに明らかなように，国家と魂の類似が導入されているのではなくて，正しい国家と正しい人の類似が導入されているからである。つまり，Blössner の言うような拡張があったのではなくて，もともと類似しているのは正しい国家と正しい人であった。あるいは，正しい国制と正しい魂は似ているのである。

（15）もちろん正しい国家も正しい人が支配者になることによって生成する。これが哲人王の語ることであるのは言うまでもない。だがこの生成に関わる類似は正義の探究には用いられなかったのである

（16）『メノン』71b,『ヒッピアス（大)』26c,『エウテュプロン』7b-e,『ゴルギアス』448e; 463c.

(17) アガトンはエロースを賞賛するにあたって，まず最初にエロースがどのようなものであるかを先に述べた上で，人間に善きものをもたらすことを語らなければいけないと主張する (194e-195a)。ソクラテスはその始まりを賞賛する（199c）が，しかしその賞賛のすぐ後にアガトンを反駁する。すなわちソクラテスによれば，エロースは欲求であり，欲求は何かの欲求であり，欲求するものはその欲求の対象を持っていないのだから，美を欲求するエロースは，アガトンが考えているように美しいものではないのである。こうしてアガトンの主張は反駁されることになる。この反駁はエロースが何であるかをソクラテスが問うことを通じて行われている。それゆえ，『饗宴』でも同じような過ちがあると言えるだろう。

(18) Emlyn-Jones（2007), p. 170 は，第一巻と第二巻以降では探求する対象の順序が異なるとする，本文で述べたような違いの他に，探求の方法が異なると指摘している。すなわち，第一巻ではエレンコスが用いられたが，第二巻以降では別の方法が用いられたというのである。Emlyn-Jones は明言していないが，この別の方法とは類比の方法と考えてよいだろう。これは誤りとは言えないが，問答に触れる人と年齢の制限について述べられる箇所（7. 538c-539d）において，「何であるか」の問いが持つ，エレンコス性（不十分なドクサから対話相手を解放すること）に触れていない点が不十分である。

(19) Adam（1963a), p. 61.

(20) White（1979), p. 73 も「この一節（354a-c）は第一巻の予備的性質を明瞭に示している。正義についてのプラトンの議論の真剣な部分は，第二巻から第十巻へと続くのであり，それらの諸巻でプラトンはここで記された欠陥を埋めようとしている。つまり，まず正義とは何であるかの説明を与え，それに基づいて正義がそれを所有する者に有益であることを論じているのである」と述べている。

(21) そしてこのような解釈者の思い込みは，『国家』の構成全体にも及ぶと考えられる。だからこそ，正義それ自体と正義から結果するものの区別についての議論が混乱するのだろう。このことについては，4章で述べる。

(22) Slings (2003) は最後にセミコロン (;) をつけて疑問文にしているが，Burnet (1902) と Adam（1963a）はフルストップ（.）とし，平叙文としている。Slings（2005）にはこの点についての記述はない。ここではバーネットとアダムに従う。

(23)「終わり」と私が言ったのは，ソクラテスはこの類比からイデアへと探究の方向を変えるからである。もちろん，ソクラテスが第八巻で不正について論じる時には再び類比に戻ることはいうまでもないが。

(24) Smyth（1920), 2668, p. 601.

(25) Kühner（1904), §562, S.438.

(26) 以下の論述では，ギーチが提起したいわゆる ‘the Socratic Fallacy’ を直接論ずることはしない。

(27) 種差が「どのような」であるという『形而上学』の，ここで引用した箇所の記述とは異なり，『カテゴリー論』では「どのような」は実体と同じく基体のうちにはないと述べられる（cf. 3a20-22)。この点については，Ackrill（1963), pp. 85-87; Kirwan（1993),

pp. 162-163, を参照せよ。
(28) 厳密に言うならば，対話篇を締めくくるソクラテスの最後の言葉は以下のようなものである。「それ（徳）がどのようにしたら人のうちに生じるかを探究する前に，まず最初に，徳とはそれ自体いったい何であるのかを見いだそうと努めるならば，そのことについてわれわれは明白な知識を有するに至るだろう（100b)」。つまり，ソクラテスは対話篇の冒頭では徳とは何であるかをまず知らなければならないと言っているのに対し，終わりではそれをまず知ろうと努めなければならないと主張しているのである。この「努める」をわれわれは重くみるべきであろうか。もしそうだとしたならば，徳の教授可能性についてのはっきりした知識は，徳とは何であるかを知る前に，徳とは何であるかを知ろうと努めることで，得られることになるのだろうか。徳が教えられるかどうかわれわれが知るためには，徳とは何であるか探究し続けるだけで充分だとソクラテスは言おうとしているのだろうか。この問いには今私は答えられない。なお，『メノン』の代表的な注釈書の中で，Klein（1965）は何も言及していない。Sharples（1985), p. 190 は，71b と 86d（「もし僕が，メノンよ，自分自身だけではなくて君をも支配していたならば，僕たちは徳が教えられうるか教えられえないかよりも先に，まずそれがいったい何であるかを探究していたことだろう」）との比較を促すのみである。Bluck（1961), p. 439 は W 写本のἐπιζητήσωμεν ではなくて B, T, F 写本のἐπιχειρήσωμεν を採用すべきであると述べる。しかし「努める」というその語の意義そのものについては何も触れない。むしろ，『プロタゴラス』の末尾（「徳とは何であるかという問題にも向かっていって」360e-361a）にも同じことが主張されていると注意を促した上で，さらに『国家』第一巻の末尾（354c）に言及している。しかし『国家』第一巻の末尾には，「努める」を意味する語はなく，単に「正義とは何であるか」を知る前に「それが徳の一種であるか」や「正義を持っている人が幸福であるかどうか」を知ることが出来ないと言われているにすぎない。それゆえ，この『国家』第一巻末尾に言及するブラックは，『メノン』末尾における「努める」という語に何か意味があるとは考えていないことが明らかである。
(29) このことを Bluck（1961), pp. 23-24, n. 2 は正しく指摘している。これに対して，Scott（2006), p. 162 は 89e-96d で論じられているのは，それより以前の箇所から引き続き「徳が本性上教えられうるかどうか」であると解釈している。
(30) この対話篇で節制の意味が問われていないことについては加藤（1988), pp.245-249, 註（10）を参照。また，思慮とは何であるかという問いに対して次々と提出される諸定義について，それらのうちに統一性を見て取るか否か解釈が分かれている。Santas（1973）は諸定義の多様性を文字通り受け取るべきで，統一性をむなしく求めてはならないと言う。それに対して Schmid（1998）は最初の四つの定義（「一種の落ち着き（ἡσυχιότης τις, 159b5)」「恥じらい（αἰδώς, 160e4)」「自分自身のことをすること（ τὰ ἑαυτοῦ πράττεν, 161b6)」「自己自身を知ること（τὸ γιγνώσκειν ἑαυτόν, 164d4)」）は伝統的ギリシア道徳思想に深く関連していると述べる。また，納富（1998), pp. 49-52, を参照。
(31) この点に関しては，加藤（1988), p. 273, 註（28）は「問題とされることについての名称の存在，通常の言語了解の上でのその使用，この使用において前哲学的に掴まれて

いる，当のものの思われ（＝現れ），これらのうちに正当な意味でプラトンにおける哲学探究の素材としての端緒がある」と述べている。この指摘はそれ自体としては基本的に正しい。ただし，加藤が「哲学探究の素材としての端緒」に数え上げる三つのもののうち，『カルミデス』からの引用箇所で述べられているのは，最後の「当のものの思われ」だけであろう。名称の存在とその使用について語られているのではなく，探求の対象となっている「思慮」がカルミデスの内にあるならば，それについての感覚があるだろう，と言われているからである。徳の魂への内在，内在するがゆえの感覚，その感覚に基づく思い，がここでは探求の端緒となっている。そしてこのことはカルミデスだけにあてはまることではないだろう。なぜならば，初期対話篇の登場人物はある一定の徳の「何であるか」を問われた時，それに答えるのは簡単であると思っているのだが，その思いは問われているまさにその徳を自分は有しているからとの自己に関する思いに基づいているからである。しかしまさに問題はここにあると言わなければならない。なぜならば，カルミデスや他の対話相手の答えが混乱していることは，彼らが問題になっているその徳を有していないことを暴露するからである。ではいったい彼らのうちにあるものは何なのか。あるいは同じことであるが，彼らの答えはいったい何についてのものだったのか。カルミデスの場合には親から，あるいは社会から与えられた規範ということになるだろう。これはカルミデスがまだ少年であることによる。トラシュマコスの場合には，「他者より多く，かつ今より多く取ること」という欲望であろう。そしてそれが「正義とは他者の利益である」とか「正義とは強者の利益」という言語表現に結実しているのであろう。だからこそ，そういった表現の意味を吟味することがその人自身を吟味することだとソクラテスは表明することが出来た。そしてまた，だからこそ言説を調べることが魂の浄化をもたらすとソクラテスは期待することが出来たのである。そして後者の点は『国家』第七巻 533c-d におけるディアレクティケーによる魂全体の向けかえに，まっすぐ繋がるであろう。

(32) 以下，本文で述べるような区別を指摘した人はとくにいないようである。ただ Heidel,(1902), p. 48 は ποῖόν τι を ‘of what nature?’ と訳し，しばしば皮肉的な意味を持つという意味の注をつけている。

(33)「より内在的な何か」といっても，『パイドン』102d 以降に現れる「われわれの内なる〈大〉」のようないわゆる「内在イデア」として考察すべきだとは私は主張しない。

(34) ギリシア語の δύναμις には固有性（property）や性質（quality）といった意味があることは LSJ, II, 2, b を参照。また Penner（1973）を批判した Vlastos（1981）を参照せよ。この論文でヴラストスは δύναμις が ‘quality’ の意味であることを論証している（cf. p. 413）。

(35) このテキストは第二巻から第四巻の議論の構造を理解するのに肝要な箇所である。しかし私の知る限り，すべての翻訳は，δικαιοσύνην ὃ τυγχάνει ἐν αὐτοῖς ὂν を間接疑問文と解釈し，例えば藤沢は「もし僕たちは正しい人，正しい国家，そしてそれらの中にある正義とはいったい何であるかを発見したといったとしても，僕たちは全く嘘を言ったということにはならないだろう」と訳す。他には，‘if we should affirm that we had found the just man and state and what justice really is in them（Shorey（1937））’; ‘if we were

to say we had found the just man and the just city, and what justice really was in them (Ferrari and Griffith (2000)); 'si nous affirmions que nous avons trouvé l'homme juste, l'État juste, et ce qu'est la justice en l'un et en l'autre (Chambry (1993))' などを参照せよ。他方で私は，関係節と解し，訳している。文法的には両方とも可能である。しかし，ὃ が中性であることに懸念を示す人がいるかもしれない。だが，関係代名詞は先行詞の性にかかわらず，先行詞に含まれている観念に一致して中性となることがしばしばある（cf. LSJ, B. I. 4.; Smyth (1920), p. 563, Sec. 2502, d.　なお，この点に関して Smyth に記述があることは，佐野好則氏から教えていただいた。記して感謝する。）。LSJ と Smyth はともに，プラトン『国家』359a（本当は 359c）を例として挙げている（διὰ τὴν πλεονεξίαν, ὃ πᾶσα φύσις διώκειν πέφυκεν）。それゆえ，性の不一致は関係性と解釈する障害とはならない。間接疑問であるか関係節であるかは文脈によって決定すべきであるとするならば（cf. Smyth (1920), p. 602, Sec. 2668, d.），そしてわれわれのこれまでの議論が正しいとするならば，関係節にとり，われわれが訳したように訳すべきである。なぜならば間接疑問文に解した訳では，『国家』の議論の統一性を損なうからである。

(36) Halliwell (1993), p. 196. なおハリウェルは同じような皮肉が『カルミデス』164a9,『ゴルギアス』498a1,『テアイテトス』146d6，にも見られると述べている。また Adam (1963a), p. 327 も参照せよ。

(37) ハリウェルもおそらくそう考えていることは，前註で挙げた他の対話篇の類例から判断できる。

(38)「正しさのイデア」と言って,「正義のイデア」とは言わなかったことには次のような事情がある。それは「正義のイデア」(ἡ τῆς δικαιοσύνης ἰδέα) という表現が『国家』のテキストの中にないということである。「正義そのもの（αὐτό δικαιοσύνη)」という用例があることはわれわれはすでに 2(i) で確認した（cf. 5. 472c4-5)。しかしその「正義そのもの」とは正義とは「どのようなものであるか」の答であり，すなわちそれは魂の内にある正義を指しているというのがわれわれの議論の示すところであった（2(iii))。それはイデアとは違って，超越的なものではなかったのである。いわゆるイデア論の文脈で用いられる語は「正しさそのもの（αὐτὸ τὸ δίκαιον)」である。用例は 5. 479e2 に見られる。そこでは多くの正しいことを見るが,「正しさそのもの」を観ることのない人は，思わくしているだけであって，何一つ知らないと言われる。ここは第五巻の末尾で哲学者とは誰かを規定する文脈の中の用例であり，明らかにイデアを指すと考えられる。また,「そのもの」という強意代名詞がついていない用例は 479a4 に見られる。他に「本性としての正しさ（τὸ φύσει δίκαιον)」という表現が 6. 501b2 に見られる。用例が少ないのでこれだけでは強く主張すべきことではないかもしれないが,「正義」と「正しさ」とは用法が異なると指摘することができるのではないだろうか。正義は国家や魂の内にあるものを指し示し，正しさは何らか超越的なものを指し示していると思われるのである。もっとも,「正しさ」と並んでいわゆる「イデア論」の文脈で頻出する語に「美」があるが，美の場合には「美しさ」と「美」との間で，前者がイデアを指し，後者が美しいものに宿っているそのものを指すといった違いはないと言わなければならない。476b9 で「美しさそのもの（αὐτὸ τὸ

καλόν)」(476b6 では属格形）と言われ，それが直ちに「美そのもの（αὐτὸ κάλλος)」と言い換えられている。これらは同義と解釈しなければ，その文脈の意味が取れない。また，「美のイデア（ἰδέαν τινὰ αὐτοῦ κάλλους, 479a1-2）という表現も同じ箇所に見られる。こういった用例から見るかぎり，「美」と「美しさ」とには違いがないのは明らかである。「正義」と「正しさ」という語の用法について話を戻せば，初期対話篇の特色を残している第一巻ではこれら二つの語は交換可能な，同じ意味の語として用いられている。例えば，ポレマルコスとの対話をソクラテスがまとめる行で，「友を利し敵を害すこと」が正義でも正しさでもないと語られている（336a9-10）し，トラシュマコスが「正しさとは何か」自分の口から言えとソクラテスに命じたのに対し，ソクラテスは「正義を探しているのに」それをわざと発見しないようにしているはずがないと答えている（336b-337a)。それゆえ第一巻においては「正義」と「正しさ」は区別なく用いられていると認められる。またトラシュマコスの言説を受け継ぎ，発展させたグラウコンとアデイマントスの語る言説の中でも「正義」と「正しさ」は区別がない（358e2 では「正義（δικαιοσύνη)，367c2 では「正しさ（δίκαιον)」が用いられている。以上のような用例の確認をまとめると次のようになる。（1）第一巻から第二巻の二人の兄弟の言説まででは，「正しさ」と「正義」とは区別なく用いられている。（2）第二巻で国家と魂の類比が導入されて以降では，「正義」が用いられる。（3）第五巻以降でいわゆる「イデア論」の文脈では「正しさ」が用いられる（もっとも，何事にも例外はあると言うべきか，第七巻の「洞窟」の比喩において洞窟を一旦脱出し帰還した者は，「正義そのものを未だかつて見たことのない者たち（517d10-e1)」との争いでうまくいかないと述べられている。この「正義そのもの」とは正義のイデアであるから，この用例は例外と見なすのが自然な解釈であろう。ただし，正義のイデアといえども，魂のうちに内在すると解することはできるかもしれない。もちろんその場合の魂とは，個々人の魂ではないことになるが。)。それゆえわれわれは以上の調査に基づいて「正義」と「正しさ」とを使い分けることとしよう。

(39) Wittgenstein (1984), S. 451.

(40) ソクラテスは哲学者が国の中で尊敬されていないことを不思議がる人々にこの比喩を教えるようアデイマントスに促している（cf. 489b)。この人々は一問一答の議論に不満を漏らした人々であるから，このような人々も納得させる力を比喩が持っているとソクラテスが見なしているのは明らかである。

(41) 短い道と長い道の対比はこのやり取りの少し前にある（6. 504a-e)。

(42) アリストテレスは善が実体についても，性質についても，関係についても語られると述べている。cf. Aristoteles, *Ethica Nicomachea*, 1, 6, 1096a19-20.

(43) 第七巻で問答法についての説明を求めるグラウコンに対してソクラテスはそれを拒否する。ソクラテスには語ろうとする熱意が欠けていないけれども，グラウコンがついて来られないからである。そしてもし語ったとするならば，グラウコンに示されるのは像（比喩）ではなく，ソクラテスに映じたかぎりでのという限定が付与されつつも，真実そのものとなるはずだとも言われる（cf. 7. 533a)。このことは比喩と「何であるか」との断絶を示しているだろう。

(44) 善のイデアが「どのようなものであるか」をわれわれは太陽の比喩によって把握すると述べたのは，恣意的なものではない。それはテキストに書かれているのである。洞窟を出た人は太陽が「どのようなものであるか」を観るのであって，太陽が「何であるか」を観るのではない（cf. 7 516b)。だがなぜ洞窟を出た者は，太陽が「どのようなものであるか」を把握しなければならないのであろうか。次のようなことが考えられる。われわれが前節で『メノン』の検討で明らかにしたように，何であるかを答えるより先にどのようなものであるかは答えられないと主張していたソクラテスが，徳が教えられるかどうかの問いを先に問うことができたのには，二つの場合があった。一つは仮設法によるものであり，もう一つの場合は徳が「この徳」つまりいわゆる政治的な徳に同定されているからであった。すなわち，徳という語の指示対象が定まった時に，その徳は教えられるかどうかが問われうることとなったのである。この内，前者は善が仮設ならざるものといわれている以上，無関係である。しかし後者は，太陽の比喩に適用することができるかもしれない。太陽という語が指示する対象は，光の源，昼を司るあの天体として一義的に同定される。洞窟から出た者はその天体を指して太陽という語を正しく用いることができるようになったならば (これこそ太陽とは何であるかを把握したということだと思われる)，それ以後は，太陽がいったい「どのようなものであるか」を観なければならない。それと同じように，善という語の示す指示対象が定まったならば，善がどのようなものであるかを問い，かつ答えることが可能になる。だが，以上のことは一解釈の提案，ないし推測に留まるのであって，われわれも何か確定的なことを言おうとしているのではない。というのも，この箇所は「現にそうであるように」とも訳すことが可能だからである。

第Ⅲ章　国　　家

（1）これはアリストテレスの呼び名（πρώτη πόλις）に従ったものである。cf. Aristoteles, *Politica*, IV, 4, 1291a17.

（2）「理想国」という名称は，本来ならば，第三国家，つまり守護者が哲学者である国家にのみ適用されるべき名称であるかもしれないが，しかし第三国家にも第二国家の様々な要素はそのまま残されている，ないし含まれている。それゆえ区別することがかえって煩瑣になるので，「理想国」は第二国家と第三国家の両方に用いることとする。

（3）かつて私自身もそのように，第一国家は経済共同体だと考えた。cf. 高橋（2003a), p. 65, 註（2）。他にも，例えば，Cross and Wozley（1964), p. 79 がそのように解する。クロス＆ウーズリーはさらに，この国家の成員は皆，利己的で自己利益のために行動するとしている。国家の成員が自己利益から行動することは Annas（1981), pp. 77-78 も指摘している。私は第一国家の国民が利己的であるとは考えない。

（4）Schofield（1999), pp. 72-73.

（5）第一国家を肯定的に受けとるのは，アダムである。Adam（1963a）, p. 100 は，ソクラテスの説明にいささかの皮肉を認めつつも，全体としては「楽しくなくはない生活の絵」を描いているとする。アダムによれば，第一国家はその後の第二・第三国家が建造される基盤であるし，廃棄されたと言われていないのは明らかである，という。

（6）Aristoteles, *Politica*, Δ, 1291a17-19
（7）Aristoteles, *Politica*, A, 1252b29-30
（8）Ferrari and Griffith（2000), p. 55, n.23.
（9）第一国家の人々は貧乏や戦争を気遣うので，子供の数を限度を超えて増やすようなことをしないと言われている（2. 372c)。それゆえ，第一国家は食べるのに困るほどの貧しさや，生命の危険を日常的に感じながら生きることはないものとして想定されていることになる。
（10）グラウコンが第一国家を「豚の国家」と酷評するのは（2. 372d5）その質素さのためであった。
（11）cf. Dicinson（1947), pp. viii-x; Crossman（1959), pp. 14-15.
（12）Barney（2001).
（13）Barney（2001), p. 213.
（14）理想国の補助者が気概的部分に支配されている人間であるという前提がここにはあるが，守護者は補助者の中から選ばれるので，この前提は疑わしい。また，そもそも国家と魂の類比が，バーニーが考えるように，国家の成員の魂の在り方を問題にする視点を持っているかどうかは，そう簡単に解ける問題ではない。われわれはそのような視点を持たないという解釈を「方法」の章で論じた。
（15）Barney（2001), p. 220.
（16）田中（1952), p. 23.
（17）ただし原始的と言っても，第一国家では完全な分業体制が確立しており，貨幣も流通している。第一国家には，小売商や貿易商，さらには肉体労働をすることによって金銭を稼ぐ者が成員として参加している（2. 371e）から，この国家が貨幣経済を有していると想定されていることが分かる
（18）1600 年頃，ティコピア島の人々は飼っていたブタをすべて殺しているという。この決断は，ブタが糧とするには非効率的であり，首長の贅沢品にしか過ぎなくなっていたという理由による。豚肉を食べないというこのことは，豚飼いが登場するのが第二国家であることと符合し，きわめて興味深い。なお，第一国家が菜食主義者の国家であることは，アダムやフェラーリ＆グリフィスらも指摘している。cf. Adam（1963a), p. 98; Ferrari and Griffith（2000), p. 56, n. 25.
（19）ダイアモンド（2005), pp. 25-36.
（20）Dorter（2006), p.65 は，第一国家の人々の送る生が，「吟味された生」ではないと述べて，「健康な」とはあくまで，身体的な側面に限られるとする。また，第一国家が「真実の」国家と言われるのは，それが最善の国家だからではなくて，諸々の国家の本当の始まり（the true beginning of cities）だからだとしている。
（21）バーニーの論文にコメントを寄せているデスローリアスは，第一国家が「健康」であり，「真実の国家だ」というソクラテスの言葉を皮肉に解する。cf. Deslauriers（2001), p. 228.
（22）Schofield（1999), pp. 74-76 は第一国家を理解する鍵は，機能主義と正義の概念の

関係であり，この関係はさまざまな技術の専門家が互いに依存し合ってこそ経済活動を維持していることを指摘することによって明らかになるとしている。これは正当な指摘である。

（23）Guthrie（1975），p. 445 は第一国家には，精神的な一致がないと述べるが，しかし，人々が神々への讃歌を歌うことは，第一国家の国民が同じ神々への信仰を有することを示している。そして信仰を同じくするとは精神的な一致に他ならないだろう。

（24）ただし，真似をこととしない詩は追放されない。守護者あるいは補助者の結婚に際しては，「われわれの詩人たち」に讃歌をつくらせるとソクラテスは述べている（cf. 5. 460a）。

（25）『法律』第七巻における市民たちの行う音楽と舞踊の祭典が思い起こされる。

（26）第一国家の人々の暮らしは理想国における生産者の暮らしと同じだという Reeve（1988），p. 178 の解釈があるが，本文に述べたことが正しければ，その解釈は不十分である。むしろ理想国全体の人々の暮らしとある程度までは重なっている。ただし，リーヴは第一国家は「おとぎ話の世界でのみ存在しうる（ibid.）」としており，第一国家の存在可能性については Barney（2001），p. 220 と同じである。なお，Nettleship（1901），p.9-10; 69-76 は，プラトンは歴史的な順序ではなくて論理的な順序で説明していると解釈する。

（27）cf. 『プロタゴラス』347b-348a.

（28）第一国家の人々は肉を食べない。ちなみに，いわゆる『旧約聖書』の「創世記」にあるノアに関する記述によれば，人類が肉を食べることを神に許されたのは，洪水の後，神と人類との間に契約が結ばれるその時以後のことである（「創世記」九章三節）。この二つの偉大な古典の偶然の，また奇妙な一致は興味深い。

（29）「真似をすること」が仕事の一つとして，ないし仕事と同等に扱われていることは興味深い。詩人追放論とは真似を職業とする人々を国家に受け入れないことであろうし，その文脈で（あるいはこの箇所でも）語られる，あまり真似をしてはならないということは，真似が仕事と同じ程度に人のあり方を定めるものとして考えられていることを示している。とはいえ，真似がすべて禁じられるわけではないことは，引用文に続いて，守護者たちが真似るべき人々について語られることから明らかである。それによれば，守護者たちが真似るべき人々とは，「勇気ある人々，節度ある人々，敬虔な人々，自由な人々」（3. 395c5）である。

（30）Adam（1963a），p. 149 は「守護者は芸術家であり，その作品は自由である」という註をつけている。

（31）Mill（1879），ch. 2.

（32）これは『国家』第八，九巻で展開される不正な人の堕落過程に詳しい。われわれは第 4 章でその堕落過程を分析する。

（33）Rosen（2005），pp. 131-133 はこの議論に関して，「ソクラテスは幸福と正義とを混同してしまっているように見える」と述べた上で，哲学者の支配はプラトンにとって正しいものであるが，しかしその結果生じる国家は望ましいものでも，国民を幸福にするようなものでもないとする。しかしもしそうだとしたら，プラトンの『国家』は完全な失敗作だということになろう。それゆえ，ローゼンのこのような議論にわれわれは説得されることはない。また天野（2006），pp. 59-71 によれば，プラトンが言おうとしているのは，

「守護者であること自体が幸福であること」ではないし，守護者は「最も幸福だと（主観的には）思っている」ことでもない。そのことを確認した上で天野は，守護者の幸福は徳のもたらす幸福に違いないが，それがどのようなものであるかをプラトンは説明していないとする。そしてプラトンの説明がない理由を，そのような幸福がどのようなものかについて「彼自身もわからなかった」ことに求める。しかし，たとえ守護者たちの幸福がどのようなものであるかをプラトンが説明していなかったとしても，だからといってプラトン自身その幸福がどのようなものであるかを「分からなかった」とすることはそう単純には出来ないだろう。単に説明しなかっただけかもしれないという可能性を排除できないからである。それにそもそも，守護者の幸福がどのようなものであるかをプラトンが説明していないと言い切れるかどうかも疑問である。『国家』第五巻 465d 以降で，守護者たちは幸福であることが述べられている。すなわち，彼らは互いに敵対することなく平和に暮らし（それゆえ国全体も平和である），金銭上の苦労のような生活上の細々とした雑事から解放されており，国家全体の保全という言わば勝利を手にし，生きるのに必要な限りのものは完全に与えられ，かつまた国家から，生きている間は名誉を，亡くなった時にはふさわしい埋葬の礼に与るのである。ここに挙げられていることがらのうち，少なくとも名誉と埋葬の礼については，当時のギリシア人たちもまた幸福の必須条件と考えていたことである。それゆえ，われわれが守護者の幸福を認められるかどうかはともかく，守護者たちがどのような生涯を送り，そして哲学がいかなる営みであるかをテキストから再構築すれば，守護者たちが享受する幸福について理解を得ることは可能であると思われる。

（34）Brown（1998）は，この箇所をプラトンが国家の幸福を国民の幸福の総和と見なしていないことを示しているテキストだと解釈する。そして，理想国において洞窟から脱出した者を洞窟に返さなければならないというソクラテスの主張に対して，グラウコンが不満を漏らした箇所とあわせて，プラトンを全体主義と非難するポパーの議論は，ポパーを批判するヴラストスよりも真実に近いとする。

（35）とはいえ，ブラウンの解釈は誤っているとわれわれは考える。なぜならば，引用した箇所でプラトンが述べているのは，一般に考えられているような幸福を各人に与え，国全体を幸福にする方法を採用しない，ということだけだからである。プラトンが採用する方法によって国全体が，さらには国民のそれぞれが幸福になることを，プラトンは譲らない（5. 465d 以降で守護者の幸福が語られている）。重要な問題はむしろ，国家の幸福とは何かという考察であろう。

（36）White（1979），pp. 107-108 は，多くの人々にとって幸福とはまず何よりも一人一人に属するものだと考えるだろうから，国家の幸福について，それがどのようなものだと考えればよいかを問題にする。そして国家の幸福はその国家の国民一人一人の幸福の総和として考えることが異論が少ないだろうと述べる。ところが，プラトンはそのような仕方で国家の幸福を捉えることを拒否する，とホワイトは指摘する。この指摘は正しい。しかしホワイトは国民の一人一人を幸福にすることで国家全体を幸福にする方法をソクラテスに「知っている」と述べさせていることは指摘していない。

（37）ただし，他国から奪い取ることによって，可能である。プラトンがその可能性を見

据えているだろうことは，本文のすぐ後に述べている。

(38) このことは皮肉に感じられるかもしれない。第一国家が豚の国家と評されたため，必需品のみならず贅沢品までも手に入れられるようにと，つまりは「人間的・文化的」生活を営めるようにと贅沢国家への転換が図られたにもかかわらず，度を超した経済発展は文化はおろか，生活そのものを破壊するからである。

(39) このような仕方で自然本性的に一である国家もまた一つのことに専念し，他国への侵略，干渉といった，多くのことに手を出すことをしないだろう。

(40) 田中（2006), pp. 179-186 によれば，報酬獲得術はソクラテスが厳密論にこだわったがゆえに生じた瑕疵である。田島（2004), pp. 8-11 は，「報酬獲得術」がすべての技術者が「共通に所有する同一の知識（普遍的な知)」であり，それゆえ誰が支配すべきであるかについての支配者と被支配者との間の「ホモノイア・同一の考え」の「前身」であり，それゆえそれは正義になりうるものだと主張する。また Bloom（1991), p. 333 は，「報酬獲得術」が特定の領域を持たないという意味で「第二階の技術」であり，他の技術を支配するものだとし，この点で「報酬獲得術」は哲学の一種の政治的代用物だと解釈する。Roochnik（1996), p. 143-144 は「報酬獲得術」がトラシュマコス論駁のために用いられている文脈を考慮していないとブルームを批判し，プラトンは「報酬獲得術」をまともな技術として考えていない，と述べている。

(41) 田中（1987), pp. 444-470.

(42) 守護者と補助者との区別は 3. 413d 以下でなされる。そこでは「自己自身と自分が学んだ音楽・文芸との善き守護者（413e2-3)」で生涯，あり続けた人々こそ，「外からの敵に対しても，内なる同胞に対しても，後者には害悪を与えようという望みを起こさせず，前者にはそれができないように国を守る全き守護者」と呼ばれる。

(43) さらに守護者たちは，国家の保全を勝ち取る勝利者である。cf. 5. 465d7-8.

(44) 第八巻ではスパルタは名誉支配制国家の例として挙げられている。名誉支配制国家のはらむ問題については３節と４節で論ずる。

(45) このような非難の前提にあるのは，国が全体として自由であるかどうかは国民の自由の総和としてのみ判定される，という考えであろうと思われる。だからこそプラトンの語る国家は国民に様々な権利が（とりわけ政治的権利が）与えられていないから，国家もまた不自由だと解釈される。しかしそのような前提をプラトンは批判者とともに共有しないのではないか。国民全部の自由が論じられているのではなくて，国家全体の自由が論じられているからである。したがって，問題は幸福の場合と同じ構造をしている。なお，国全体としての自由は，国家の主権ではない。

(46) Adam（1963), p. 149.

(47) Berlin（2002).

(48) 3. 387b5-6; 395c5; 6. 486a4; 486b6-9.

(49) 4. 435e1-3; 8. 544d6-e3.

(50) cf. Aristoteles, *Politica*, Z, 1317b2-3. また『国家』では役職は籤によって決められると述べられている（8. 557a)。

（51）恐怖からの自由の重要性は対話篇の議論の推移からも確認できる。アデイマントスは，詩人たちが現にそうしているように正義の報酬を褒め称えるのではなくて正義それ自体を賞賛していたならば，われわれは「お互いに不正を行うことを警戒し合わなくとも（2. 367a2）」すんでいたであろうと語る。正義それ自体の価値をすべての人が了解していれば，互いに不正を行う——ホッブズ的自然状態が想定されているのであろう——ことを「警戒し合わなくとも」よい，つまり自分に対して不正が行われるのではないかという恐怖に苛まれることはないのである。だからこそアデイマントスは正義それ自体を明らかにするようソクラテスに要請した。このようなアデイマントスの要請に対してソクラテスは，守護者たちの財産所有の禁止によって恐怖から自由な理想国を造った。守護者たちが財産を持たなければ，その国においては「憎み憎まれ，謀り謀られる」ことがなく，恐怖から自由であるというのがソクラテスのアデイマントスに対する回答であった。なるほどまだこの段階では正義それ自体はまだ姿を明らかにしていない。しかし，アデイマントスがさらに財産の所有を禁じられるならば，守護者は幸福にはなれないと抗議し（4. 419a），その抗議に対して国全体を幸福にすべきことをソクラテスは指摘する（4. 419b）。さらにその幸福は各人が自分自身の仕事をすることによって達成されるのであり，さらにそうすることで各人は幸福になるとソクラテスは述べる（4. 421c）。このように，「恐怖からの自由」は，対話の推移の中で正義と幸福とに関係づけて理解されているのである。

（52）国家の中に見いだしたものと魂の中に見いだしたものを互いに擦り合わせることが求められている（4. 435a）。つまり，国家から魂へという方向の議論のみならず，魂から国家へという方向の議論もまた必要である。「節制」に関する議論は，後者の一例である（4. 430d-432a）。

（53）Weiss（1998）, p. 87 は弁論家のプラトンによる（ないしソクラテスによる）位置づけから考えて，この弁論家への言及は以降の議論（諸法と国家との説得）が単純な解釈を許さないことを示している，と言う。しかし次の註を参照。

（54）弁論家に対するソクラテス・プラトンの評価の厳しさについては言うまでもない。また，一問一答と弁論術を駆使した双方の議論の展示とを対比させるのは『ゴルギアス』や『プロタゴラス』などの初期対話篇でおなじみである。『国家』第一巻でもこの対比はみられる（cf. 1. 348a-b）。ただし，『国家』第一巻では，弁論家と裁判官を兼ねることのできる一対一の問答の方が，第三者の裁判官を必要とする弁論対決よりも優れていると言われている。このことは弁論家にも善悪の区別がなされうること，そして問答に長けた人はよい弁論家であるとも見なしうることを示しているのではないか。だとするならば，「弁論家」という語が用いられているからといってその文脈が直ちに何か否定的な意味を有するものだとは言えないだろう。「弁論家という語にこだわら」ないと本文に記した理由である。

（55）判決に服さないことが諸法と国家とを滅ぼすという諸法の主張を理解するために提出されてきた解釈として，有力とされているのは「普遍化可能性」に訴えるものである。cf. Kraut（1984）, pp. 128-137. ただしこの解釈に問題点があることは Emlyn-Jones,（1999）, pp. 13-14 の指摘の通りであろう。

（56）ギュゲスの指輪を思い起こすべきであろう。引用したソクラテスの言葉に対してア

デイマントスが同意を与えることは，グラウコンの語った自分の姿を隠すことの出来る指輪が，昔話ではなくて当時のアテナイの現実であったことを示している。

（57）二つの国家の違いについてはフェミニズム解釈に基づいた Kochin（2002）による解釈がある。それによれば第二国家は性差別論者の国家であるが，第三国家は男女同権論者の国家であるという。五巻で語られる女性にも男性と同じく教育や仕事を与えるべきだという主張はフェミニズムの立場からもある程度は評価しうると目されている（cf. Vlastos,（1995a）。あるいは瀬口（2002），pp.64-78 を参照。なお，プラトンにおけるフェミニズムの問題の解釈の整理としては Bluestone,（1987）が有益である）。しかし第二国家と第三国家は全く別の国家なのではない。その点で Kochin の解釈は行き過ぎである。

（58）Adam (1963b, p. 337) は，この人のことを，僭主が支配している国家の周囲に存在する，別の独立国家であって，僭主制を嫌悪し，僭主制国家の中で僭主制に反対する勢力を助ける国家だと解釈する。この解釈は正しいだろう。なおアリストテレスは『政治学』第二巻第九章で，テッサリアとスパルタでは奴隷たち（テッサリアではペネスタイ，スパルタではヘイロータイ）がしばしば謀反を起こしていたが，クレテにはそのようなことがなかったと述べ，その理由を隣国同士がたとえ戦争状態にあったとしても謀反を起こそうとする人々と協力しようとする国が無かったことに求めている（1269a34-b5）。国の分裂に寄与する同盟を互いにしなかったということであろう。cf. Newman（1991），p. 315

（59）もちろん，独裁者の支配している国家は法治国家ではない場合もある。しかしたとえその場合であっても，独裁者の（しばしば恣意的な）判断がそのまま国家が行うことに直結するのであるならば，そのような独裁者の判断や思いを，国家の決めたことという意味で「法」と呼ぶことは出来るであろう。

（60）『国家』 4. 426e で，頻繁に法を改訂する人々が批判されている。

（61）Adam（1963b），p.34.

（62）Bobonich（2002），pp. 46-51; Kamtekar（1998）. なお Kamtekar（2004）は理想国における「同意」の重要性について論じている。しかし生産者や補助者についての見方が，本文で述べたようなものなので，理想国における同意の理解をくらいものにしている。例えば理想国の生産者が，哲人王による支配を受け入れるのは，その支配の下でこそ生産者の求める善が手に入りやすいからであると解釈する。ここで生産者の求める善とは，金銭のことである。なぜなら，生産者は金銭を愛する人たちであるから，というのが Kamtekar の解釈である。だが，生産者たちが第八巻や第九巻で分析と批判の対象になっている金銭愛好家であるかどうかについては何も言われていない。

（63）Guthrie（1975），p. 502, n.1 は，大衆に対するプラトンの両義的な態度を指摘する。Guthrie によれば，説得される大衆は，492d-493e に語られている「巨大な力の強い動物」のイメージとかけ離れているからである。また，引用したソクラテスの言葉に対して，直ちにアデイマントスが同意しないことについての，Schofield（2006），pp. 237-238 による神経の行き届いた解釈が参考になる。

（64）ここで『国家』におけるアデイマントスとグラウコンの役割について簡単に触れておこう。プラトンの議論の構成は次のようになっている。ソクラテスがアデイマントスとグ

ラウコンらを説得する。彼らは大衆を説得する。そして彼らは立法者であるがゆえに，理想国の生産者（理想国における大衆）をも説得する，こういう構成である。こうしてアデイマントスとグラウコンは現実においても言葉のうちにおいても大衆の説得に当たることが期待されているのである。議論における二人の役割はそもそも哲人王が初めて語られた時に，既に現れていた。ソクラテスが哲学者が王とならなければ不幸のやむことはないと語った時，グラウコンは驚いたが，その驚きは同時に多くの人々，大衆の驚きでもあった。したがって，ソクラテスが二人の兄弟に語ることは同時に大衆に向けて語ることでもある。ソクラテスが二人を説得することがすなわち，大衆を説得することなのである。

（65）Ferrari and Griffith（2000), p. 251 は，人口の一部を国の郊外へと追放することは例が無いことではなかったが，前階級の親を子供から引き離すべく追放する歴史的事例はなかったと註をつける。cf. Ferrari and Griffith（2000), p. xv-xvii.

（66）われわれは理想国の建設者と哲学者守護者とを区別できるし，また区別しなければならない。というのも哲学者守護者は既に存在している（と想定されている）理想国のなかで生まれ育てられるのに対して，建設者は彼ら自身哲学者であるけれども，理想国に育てられたのではなく「自然に」（7. 520b）生まれたからである。ではなぜ建設者は哲学者守護者と違って国家に対する恩義がないのに造ろうとするのか。これこそ大きな問題である。これについては第 5 章を参照。

（67）Schofield（2006), p. 238 は哲人王の考えを支持する軍隊が存在するかどうかが真の困難だと述べる。

（68）Guthrie（1975), pp. 485-486 は，理想国の実現可能性についてのソクラテスのトーンがだんだん弱まることを指摘した上で，プラトンにとって重要なのは国家であるよりも個人の正義であることを指摘する。Schofield（2006), pp. 239-240 も，プラトンの政治的理想の人間社会への適用可能性を重視するポパーやシュトラウスの解釈を批判して，理想国の実現可能性は結局のところわれわれが専念すべき事柄ではないことを強調する。Burnyeat（1999), p. 302 は，理想国は想像の産物のように見えるとしても，実現可能性のテストに合格するように意図されているとする。

（69）Schofield（2006), p.238 はこの「市民」と 499d-500a で言及されている「大衆」とは違うと解釈する。「市民」のみが哲人王が構築する国家の市民だが，「大衆」は現にいる人々である。この指摘は正しいが，「大衆」は哲学者たちは誰かを理解すると言われているのだから，そのような「大衆」が「市民」になるのだという点も忘れてはならないだろう。

（70）『法律』6. 772d では法律の変更はすべての民衆の同意が必要とされている。

（71）Vlastos,（1978）はプラトンの理想国における国民がその素質に適合した仕事を行うことは義務でもあり，権利でもあると論じ，それを互恵的平等と名づける。この点は私も同意する。さらにヴラストスは第九巻の「奴隷とならなければならない」という語句に基づいて理想国の被支配者はそれゆえ政治的権利はもちろん，道徳的判断を下す権利すら持たない，と論ずる。しかし私はこの点には同意できない。その理由は，以下，本文に述べられる。

（72）財産を持つことの意義については 8. 552a7-10 を参照のこと。そこでソクラテスは，

すべての財産を売り払って貧民となってしまった人が国家の成員として役割を果たさないと指摘している。そしてソクラテスによれば，このような人々が雄蜂となって，国家全体の病となるのである（8. 552cff.）。また経済的側面の重要性については Schofield（1999）を参照。

（73）補助者たちは他の国民に対して狼にならないように求められている（3. 416b1-3）。

（74）『国家』では旅行する自由がない人々として，に種類の人々が挙げられている。理想国の守護者（4. 420a）と僭主である（9. 579b-c）。こういった箇所に基づけば，理想国の多くの人々が持っていると想定するのは容易だろう。

（75） しかし『法律』8. 835c では国制を批判する人が必要とはっきり述べられていた。

（76）Burnyeat（2000），p. 56.

（77）『法律』6. 768a-c では市民が裁判に関与すべきだと述べられている。

（78）cf. 8. 547c1-2. この点については第 4 章も参照。

（79）ある時期まで生命倫理学において有力な考えであったパーソン論は一定の理性的能力を持たない人は人格とは認められないと主張していた。

（80）Santas（2001），p. 103 はこれと全く逆の解釈をしている。彼によればプラトンは個人の自由や私有財産といった善について忘却しているのである。

（81）通常，洞窟への帰還は正義や幸福という観点から問題にされる。つまり，洞窟から脱出できる人はそれによってより幸福な生に与ることができるのだから，帰還を求めるのはその幸福の制限なのではないかと疑われるのである。この問題については後の章で述べるが，例えば，次のような人々が問題にしている。Kraut（1992）; Kraut（1999）; White（1979），pp. 188-196; Annas（1981），pp.260-271; Reeve（1988），pp. 197-204; Irwin（1995），pp. 313-316; 栗原（2006）.

（82）cf. ロールズ（1998）.

第Ⅳ章　魂

（1）White（1979），p. 75.

（2）White（1979），p. 79.

（3）Annas（1981），pp. 59-68.

（4）Irwin,（1977），p. 184.

（5）以下，本文で述べるように，正義を手段とすることは「正しい人と思われること」を目指すことであり，これは正義と相容れないからである。

（6）Heinaman,（2002），pp. 311-315.

（7）Heinaman,（2002），pp. 315-327.

（8）この快楽主義を『プロタゴラス』ではソクラテスがはっきりと口にすること，またそれがソクラテスのコミットしている主張かどうか解釈が分かれていること，などはよく知られている。

（9）Heinaman が触れていない解釈として，Shields（2006），p. 70 は正義はそれ自体としても，また正義それ自体よりもはるかに善い幸福の構成要素としても望ましいと解釈す

る。しかし，正義と幸福の関係をそのように考えなければいけないかどうか疑問である。

（10）ただし，第十巻でソクラテスは，それまで議論で論じられたことに，正義それ自体が魂にとって最善であること（612b）の他に，正しいことを魂は行わなければならないこと（ibid.），さらに正しくあることから由来する様々な善きもの（τὰ ἀπὸ τοῦ εἶναι ἀγαθὰ, 612d8）を数え入れている。これらの善きものとは，正義が内在する限り内在し，正義が存続する限りにおいて存続すると言われる他の諸徳のことを指すと思われる。

（11）White（1979），p. 262 も第十巻でプラトンが関心を抱いている正義の結果とは，正しくあることから生じる評判だと解釈している。Grote（1885），p. 117, は正義が結果からの善と言われていたのに，ソクラテスは正義と不正との対立へと議論を拡張していると批判している。

（12）『法律』には「幸福であろうと心がけるものは，謙遜と節度を弁えて，その正義の神にしっかりと随行するのだ」（4. 716a3-4）という言葉がある。これは『国家』のソクラテスの答と対応しているとみることができるだろう。

（13）『メノン』78a4-5.

（14）Aristoteles, *Metaphysica, A*, 980a1.

（15）以下，「意欲」は人が欲することを，「欲求」は魂の各部分が欲することを意味することとする。

（16）実は，知についても同じく自然本性的な欲求に根ざしているかどうか疑問がある。善のイデアを頂点とする教育がある種の強制を伴って語られているのは，そのゆえではないかと思われる。しかしプラトンは，知への欲求は，本来的には，自然本性的と見なしているとも言えよう。

（17）藤沢（1976）は「理知的部分」と訳す。おそらく広く採用されているだろうが，この書では「考量的部分」と訳す。なぜそう訳すのかといえば，「理知」という言葉にまつわる肯定的な意味合いが，プラトンの言おうとする三部分に必ずしも適合しないと思われるからである。すなわちこの部分はイデアを観照する機能を果たすことが期待されているが，哲学者ではない人々のその部分は，そのような機能を果たさないだろう。しかしだからといって，その部分がそのような機能のみを持つとは思われない。換言すれば，例えば様々な欲望に支配されている人間は，その欲望を満たすために様々なことを考えるが，その考えるという機能をこの部分が果たすと思われるからである。それゆえ，価値中立的と思える「考量」という言葉を用いて訳すことにした。原語の λογιστικόν は，計算を意味する語に関係が深いので，「考量」という言葉はあながち突飛というわけでもないだろう。とはいえ，「考量的部分」のみが欲望充足のために「考える」という，上のような解釈を採用しないボボゥニッチのような人もいることは，以下，本文で述べる通りである。

（18）この三部分をアスペクトの違いと解釈するのは Price（1995），ch.2 だが，これは多くの論者とともに機能と解するべきであろう。cf. Bobonich（2002），Lorenz（2004）.

（19）Annas（1981），pp. 306-307 は快楽論が唐突に述べられているとプラトンを批判するが，2. 364a3 で「不正は快い」とアデイマントスによって言われているからこそ，第九巻で正不正が快楽との関係で論じられている。それゆえ，それは決して唐突に出てきたの

ではない。

(20) Bobonich (2002), pp. 219-235. ボボゥニッチと同じように解釈するものとしてAnnas (1981), pp. 109-153; Irwin (1995), pp. 203-242。これらに対して反対の論陣を張るのがStalley (2007) である。

(21) Bobonich (2002), p. 220; p. 526, n. 2.

(22) Slingsの校訂では442b5-d2である。ボボゥニッチはBurnetの校訂本から引用しているので，少し数字にズレがある。以下，本文でボボゥニッチの挙げるページ数及び行数を記し，Slingsによるものを付加する。

(23) 他にもう一つ，589a6-b6 (Slingsでも同じ) が挙げられるが，そもそもこれが挙げられる理由すら不明である

(24) 廣川 (2000): p. 47; Annas (1981), pp.129-130. またIrwin (1995), p. 214もそのように解する。

(25) プラトンが「金銭を愛する部分」の他に「利得を愛する部分」とも名づけているのは，金銭が手段としてではなく目的として欲求されることがあることを示すためだと考えられる。

(26) Bobonich (2002), p. 221.

(27) Bobonich (2002), pp. 221-222.

(28) Kamtekar (2006) は，プラトンが魂やその部分を擬人化して語るのは，哲学者になる人のために向けて哲学的徳を描く実践的な目的によると解釈している。

(29) Reeve (1988), p. 142.

(30) (1) 欲求の言語化を問題にするのは，目的手段連関は欲求を分節化することであり，分節化されるならそれは言語化可能だからである。それから (2) で欲求はすべて善に向かうとプラトンは考えるとして，「欲求の善悪を判断する」ということに違和感を覚える向きもあるかもしれない。しかしながら，欲求と意欲との区別を忘れてはならない。つまり，各部分の欲求はそのまま人の意欲することではない。そして欲求は魂の各部分にそれ自体として言わば自然本性的に埋め込まれていると考えられる (だからこそ，他に還元できない機能なのである)。しかしどの欲求を選択するか (そのような選択が可能である場合には，あるいは可能である人には，という条件の下でであるが) は，人の判断による。はたしてその判断は，各部分が独自に行うことなのか。それともある一つの部分が行うことなのか。これが以下の問題である。

(31) προσάγεσθαι, 437c2; ὁρμᾷ, 439b1; ἄγοντος, 439b4; ἄγοντα, 439d1.

(32) Bobonich (2002), p. 236.

(33) Stalley (2007), p. 76も同様に解釈する。

(34) Bobonich (2002), p. 237.

(35) Stalley (2007), p. 76は，命令が出される相手が魂のどれか一つの部分ではなくて，人であると指摘している。

(36) このレオンティオスの欲望は性的なものであることが指摘されている。cf. Adam (1963a), p. 255; Hobbs (2000), p.16, n. 38.

(37) この箇所の解釈としてプラトンがソクラテスとは異なって非理性的な動機を認めるようになったというものがある。Rowe (2004), pp.270-271. しかしこれに対しては Annas (1999), pp. 120ff. がむしろソクラテスとプラトンとの連続性を見る古代の人々の解釈を紹介している。筆者自身の解釈もこちらの立場である。

(38) 主語はどちらも τις である。cf. 4. 440b9, 440c6.

(39) このようなことを主張するのは中畑 (1992) である。すなわち中畑によれば，「「認識」は三区分説の内に適切な理論的位置を持たない (p. 53.)」のである。そして中畑はプラトンの『国家』における認識論が最終的には第五巻から第七巻にかけて収斂していくのであって，その際用いられる語が τὸ λογιστικόν ではなくて，νοῦς であることに注意を促している。しかし中畑の言うようにプラトンの認識論が最終的に中心巻において展開されるとしても，そのことから直ちにその他の諸巻で語られている「認識」が魂の全体によってなされているということにはならないのではないだろうか。

(40) これに対して，Bobonich (2002), p. 531, n. 27 は三つの部分の上に立つ人 (person) を認めず，むしろそれは考量的部分と同一視する。そのような人を認めると無限後退に陥るからというのがその理由である。

(41) Schodfield (2006), p. 278, n. 28 は金銭への愛 (the love of money) は少なくとも金銭が欲望を満たすための手段であるという考えを有していなければならないと言う。もしこの「金銭への愛」が人の抱く欲求それ自体を意味するのであれば，この指摘は正しいだろう。人がそのような考えを持っていることになるからである。しかしながら「金銭への愛」が魂の「金銭を愛する部分」を意味するのであれば，そしておそらくはこちらが Schofield の言わんとすることだと思われるが，その場合にはこの指摘は誤りであると言わざるを得ない。なぜならば，金銭を愛する部分はあくまで魂の欲求的部分であり，その部分は本文で述べたように判断をする機能を持たないからである。なお，Price (1995), pp. 60-61 も Schofield と同じように，欲望的部分に目的と手段との「原始的な力 (primitive power)」があると解釈する。さらに， Cooper (1999b) を参照せよ。

(42) このような解釈を採用するものとして，Santas (2001), p.123; Anagnostopoulos (2006), p. 174 を挙げることが出来る。

(43) このように解するのは，例えば，Carone (2001), p.139.

(44) Bobonich (2002), p. 534-536, n. 47 は，欲望的部分に目的手段の連関を理解する能力を認めない解釈の可能性があることを認める (Bobonich はこの解釈を 'Capture Interpretation' と呼ぶ) が，それを否定する。その理由はまず第一に，(1) プラトンのテキストの語っていることは，考量的部分がなすのはいかにしたら出来るだけ多くの金銭が獲得できるかについての考慮であって，いかにしたら欲望的部分の，飲食や性の欲望を満たすことが出来るかについての考慮ではないからである。そして第二に，(2) 欲望的部分は「(飲みたいという欲望を満たすためには，飲み物を買う必要があるから) 金銭を欲せよ」という考量的部分の命令を理解しなければならないはずであり，このことを理解しているとは，つまり金銭を手段として飲みたいという欲望を満たすという目的が達成されることを理解していることに他ならないからである。しかしながら，(1) に対しては，次の

ように言うべきである。なるほどこの553d1-7のテキストでは，金銭の獲得についてのみ語られているが，それは欲望的部分の持つ欲求が何よりも金銭によって満たされるからである。だからこそ欲望的部分が金銭を愛好する部分，あるいは利得を愛する部分と呼ばれるのである（cf. 9. 581a）。いわば金銭への欲求は様々な欲求の代表なのである。それゆえ，考量的部分は欲望的部分の欲求がまず何よりも金銭を必ずしも必要とするのではない場合であっても，いかにしてその欲求を満たすかを考慮する。また（2）に対しては，次のように言うべきである。考量的部分が欲求的部分に「金銭を欲せよ」と命じるという想定そのものが，欲求的部分が目的手段連関を理解し，判断することを前提になされている。それゆえ，Bobonichの第二の理由は，実は，論点先取である。なおLorenz（2008）は，われわれと同じく，欲望的部分と気概的部分がそれぞれの欲求の対象と認識するとしても，目的手段連関を理解しているわけではないと解する。

（45）Ferrari（2007）はこのことを正しく指摘している。なお，Lorenz (2008) は，われわれと同じく，欲望的部分と危害的部分がそれぞれの欲求の対象を認識する能力はあるにしても，目的手段連関を理解するわけではないと解する。

（46）Adam（1963a), p. 254のこのテキストに関する註は傾聴に値する。すなわちアダムは，ここの「導き引っ張るもろもろのもの」という複数形に注意を促し，これらものは決して欲望的部分と同一視されてはならないと言う。なぜなら，前者はテキストに語られているように状態と病とを通じて生じるが，欲望的部分はそれらを通じて生じるのではないからである。「導き引っ張るもろもろの」衝動は，欲望的部分という原理そのものからは区別されなければならないとアダムは強調する。アダムが言うようにこの区別が重要なのは，この区別を忘れる，あるいはそもそもこのような区別をしないことが，魂の三部分説の誤解を生じさせているように思えるからである。第四巻での議論は，互いに還元できない原理があることを論じ，第九巻での議論はその原理のさまざまな特定の活動（アダムは‘special instances of action’と呼ぶ）について論じている。したがって，この二つの議論を直ちに重ね合わせることは，既に本文で述べたように，混乱を招くであろう。なお，アダムは「状態と病」とを「欲望に好都合な，異常な身体的状態」と言い換えるが，必ずしもこの「状態と病」とは身体的なものに限られなくともよいように思われる。そのような身体的状態のゆえの判断の誤りという事態も含めてよいのではないだろうか。あるいは判断の誤りを導くような身体的状態と理解するほうがよいのではないだろうか。このことこそが欲望に支配されている人間の状態だと考えられるからである。

（47）ここで自己とは考量的部分であると同時に，そういった考量的部分を有している人全体をも指す。松永（1993), pp. 221-243, を参照。

（48）反省的な自己認識によって捉えられる自己である。前註を参照。

（49）体育の位置づけについて次のような疑問が生ずるかもしれない。名誉支配制国家は体育を尊重する国家である（547d）のに，なぜそのような国家が誕生する過程で体育を蔑ろにすると言われているのか，という疑問である。ここに矛盾はないのだろうか。これについてはおそらく理想国で尊重されている体育と名誉支配制国家で尊重されている体育とはその実質が異なると考えるべきであろう。理想国における体育は，音楽と一組になって

人の魂を育むと明言されている。すなわち，まずは音楽が知を愛する要素を，次に体育が気概的な要素をそれぞれ適切に育むことによって，人は調和のとれた人間となるのである（cf. 3. 410a-412b）。この養育の順序を考慮に入れるならば，理想国が堕落していく過程で第一に音楽が，次に体育が蔑ろにされるということは，本来ならば気概的な要素を適切に育てるべき体育が，そのような性格を失ってしまっていることを意味すると考えられるとするならば，理想国が堕落して名誉支配制国家へと変容した後では，体育は音楽という相棒を失っているが故に，身体の鍛錬にのみ役立つものとなってしまっているのであり，そしてそのことによって，魂を歪んだ形に教育してしまうのではないだろうか。こうして音楽と組になって適切な緊張と弛緩のバランスを育むべき体育は，過度に荒々しい魂を作り上げることに寄与してしまうことになる。名誉支配制国家において尊重される体育は，理想国における体育とは異なり，魂の調和を育むべきものではなくなってしまっているのである。付論一を参照せよ。

（50）第四巻で，各人が自分の仕事を果たし他のことに手出しをしないという原則が「奴隷にも自由人にも（4. 433d2）」実現することは，国家を優れたものにすることに寄与すると言われている。奴隷はいないと論じた Wild（1953）を批判し，奴隷はいることを論証した Vlastos（1981c）を参照せよ。ヴラストスは，「各人が一つの仕事を果たし，余計なことに手出しをしない」という国家建設に当たって採用された原則が，「子供のうちにも女のうちにも，奴隷のうちにも自由人のうちにも職人のうちにも，支配者のうちにも被支配者のうちにも」実現されるならば，そのことは国家を優れたものにする（4. 433d）とソクラテスが述べている箇所を決定的な論拠としている。cf. Vlastos（1981c）, pp. 145-146. これに対して，天野（2006), p. 224, 註 (7) は理想国家には「労働力としての奴隷はいない」と解釈している。天野の解釈の根拠は，第一国家で肉体労働に従事する賃金労働者がいることが語られているからだというものである。

（51）若者を名誉支配制的人間以下の様々なタイプの人間にするそれぞれの言説は，若者自身の欲望的部分から出てくるのではない。若者はあくまでその言説を聞く，あるいは聞かされるのである。残念ながら，若者はそのような言説に抵抗する教育とロゴスを持っていないので，悪しき言説を受け入れてしまう。プラトンが人間の様々なタイプの成立を若者を実例として取り上げた理由の一つは，若者が変わりやすく，つまりは言説を受け入れやすいので，人間の類型の成立の説明が容易になるからであろう。

（52）寡頭制的人間の誕生を三部分を用いて語ることができるのは，寡頭制的人間とは別の，哲学者ソクラテスである。

（53）もっとも実質的には，民主制国家が少数のものによって支配されていること，そしてこれが民主制国家における「からくり」であることは，われわれはすでに第Ⅲ章で論じた。

（54）Annas（1981), p.301, がそのような疑問を提出している。

（55）テキストに問題がある。ここでは Slings（2003）の校訂に従って写本通り読み，意味も Slings（2005）に倣う。

（56）プラトンが払いのけることのできないと呼んでいる欲望は「必然的な」欲望であろう。

（57）さらに次のことも注意されなければならない。寡頭制的人間が必要な欲望によって

支配されていると言われるとき，大事なことは寡頭制的人間が欲望によって支配されているということである。優れた人は必要な欲望を満たすが，それはそういった欲望に支配されているからではなくて，考量的部分が支配しているからである。それに対して寡頭制的人間は，現象としては優れた人と同じく必要な欲望のみを満たしていると言われうるが，あくまで欲望によって，しかも金銭へと特化した欲望によって支配されている。彼の目的である金銭への欲望を制御するものはない。寡頭制的人間が比較的よい欲望が悪い欲望を支配している二重の人間であるように（8. 554d9-e1），ある欲望は他の欲望によって抑制されることはありうる。しかし欲望はそれ自体によって抑制されることはない。金銭への欲望は無限に増大する。それを抑制することができるのは金銭以外のものを目的と立てる言説である。しかし他の欲望を支配・抑制している欲望を抑制するものは正しい理性以外にはない。金銭への欲望は他の欲望を支配するが，それ自体はいかなる他の欲望によっても抑制されることはない。それゆえ金銭への欲望は無限に増大する。その欲望を抑制することができるのは知への愛のみである。

（58）Scott（2000), p. 23; Cooper（1999b), p. 127, n. 13; White（1979), p. 216.

（59）ただし，「巨大な雄蜂に譬えられる恋が植え付けられる」という事態がどのようにして生じるのかについてのプラトンの説明は明確ではない。プラトンが僭主独裁制的人間の誕生の原因として生まれつきと生き方の二つを挙げている（9. 573c8）ことを考慮すると，若者が誘惑者たちとの交際を続け，そのような生き方に慣れ親しんだ結果と言えるかもしれない。もしそうであれば，民主制的人間から僭主独裁制的人間への変化をなし崩し的な変化と言ってもよいだろう。

（60）cf. 9. 571b3-4.

（61）「食べ物や酒に飽満した時に」不法な欲望が眠りにおいて跋扈すると言われるが，飲食が欲望の引き金ということは，第七巻の「食べ物への耽溺とか，同類のものの与える快楽の意地汚さなどのために魂は下方へ向かう（519b)」という箇所を思い起こさせる。

（62）栗原（2001), は若者の人間形成が主体的なものではなくて，「委ねる」という受動的なものであると主張する。これは正しいだろう。しかしその受動的な選択主体を「〈自己〉」つまり「〈人＝魂全体〉」としているが，それはいったい何であろうか。栗原が語るのは「三部分の総和ではない（p. 20)」ようなものである。このような言い方は三部分の総和である魂全体があるということを意味しているのだろうか。だが他方で，栗原は「三部分からなる魂全体（p. 18)」という語句も用いる。

（63）この点はエルの神話に関連すると思われる。

（64）cf. Burnyeat（2005-6), pp. 20-21.

（65）この可能性を Bobonich（2002), p. 491, n. 53 が示している。ただし彼の関心は私とは別であり，その可能性を展開することはしていない。

（66）原語は πρώτα であるから，「第一の」と訳せばよりはっきりするかもしれない。

（67）Annas（1981), p. 306.

（68）Averroes（1969), p. 247.

（69）逆に言えば，民主制国家の国民はすべての人が民主制的人間であるわけではない。

民主制国家における富裕者は，望むと望まないとに関わらず，寡頭制的な人間になってしまうと語られている（cf. 8. 565c）。

（70）ここで金銭は食欲や性欲を満たすための手段としても，またそれ自体としても欲求の対象となっていると思われる。

（71）『国家』第二・三巻におけるアキレウスの重要性は Bloom（1968）が述べている以外，あまり語られていない。

（72）例えば，Blackburn（2006）, pp. 76-77; Hobbs（2000）, pp. 199-209 はそのように解釈する。

（73）Hobbs（2000）, p. 204 はこの連関で，理想国から名誉支配制国家への堕落の始まりを語るのにソクラテスがミューズに呼びかけていることは，ホメロスがアキレウスの怒りを歌うのにミューズに呼びかけているのと同じだと述べるが，これは牽強付会もすぎるだろう。

（74）優秀者支配制国家，つまり理想国に対応している人をこのように呼んでおく。もちろんこの人こそ「正しい人」である。

（75）アガメムノンから贈りものを受けとることや，ヘクトールの屍体を引き渡すのに身の代の品を受けとったことをプラトンは指摘する（3. 390e-391a）。ただし，『イリアス』の描写ではむしろアキレウスはそういった財に無関心である。とすると，ここにアキレウスを名誉支配制的人間から引き離し，僭主独裁制的人間と解釈し直すプラトンの意図があるのかもしれない。

（76）ただし，Hobbs（2000）, p. 205 はプラトンによるアキレウスの描写は，名誉支配制的人間とのつながりが指摘できるにしても，名誉支配制的人間について指摘されるその特徴がアキレウスでははるかに極端に描かれていることに気づいている。このような違いが生じるのは，ホッブズによれば，名誉支配制的人間になる若者が哲学を知る父親に育てられたためにそのよい影響を受けているのに対し，アキレウスはそのような影響を受けずに育っているためである。

（77）欲望的部分と考量的部分のそれぞれを析出する際，欲望的部分については「引っ張る」という語が，考量的部分については「抵抗する」という語が用いられていた。cf. 4. 437b-439e.

（78）フェラーリはこの箇所を引用し，ソクラテスは「仕事に手を着けずに放り出している」とコメントする。これは正しい。そして彼は理想国に「似た人」が哲人王であることは明確であるが，だからといってそれで話がすむわけではないとし，哲学者の魂の三部分がどのようなものであるかを解明しようとする。魂の三部分のそれぞれが互いにどのような関係にあるかの解明が必要であるのも認められるところである。しかし哲人王がまさに哲人王であるのに必須なこと，すなわち守護者の洞窟からの脱出と帰還とについて触れていないのは不十分である。以下本文で述べるように，洞窟からの脱出は守護者が哲学者とならなければならないことを説明し，洞窟への帰還は哲学者が守護者とならなければならないことを説明している。cf. Ferrari（2003）, pp. 110-116.

（79）この言葉の意義については，松永（1993），第九章が参照されるべきである。

（80）6. 508d5; 511d1; 7. 517c3.

（81）7. 533d2.

（82）7. 518c-519b; 521c; 533d.

（83）このことを中畑（1992）は強調する。

（84）「険しい急な坂道」という語句は，アデイマントスが第二巻において徳へ至る道を語った時の言葉遣いと同じである（364d3)。このことは洞窟を脱出することが正義などの徳を身につけることであることを示唆している。

（85）「自然本性によって（φύσει）」という語の理解は難しい。通常それはアダムのコメントに従って理解されている。つまりアダムによれば，「自然本性によって」とは自然本来の状態へ帰ることを意味する。cf. Adam（1963b），pp. 91. 多くの訳者はこのコメントに従って，引用した文を次のように訳す。例えば藤沢訳を紹介すれば，以下の通りである。「では考えてくれたまえ，とぼくは言った，彼らがこうした束縛から解放され，無知を癒されるということが，そもそもどのようなことであるかを。それは彼らの身の上に，自然本来の状態へと向かって，次のようなことが起こる場合に見られることなのだ」。しかしここではあえて直訳した。

（86）「線分」が再び語られるところ（533e4）では知識（ἐπιστήμη）と言われる。これにはあまり違いがないように思われる。名前の違いにはそれほど拘泥しないことが語られているからである（533d7-8)。

（87）線分の多様な解釈のまとめを，Smith（1998）がしており，参考になる。線分を縦に描くべきか，横に描くべきか，また「思惟の働き（νόησις）」を一番長い切片にするのか，それとも一番短い切片にするのか，といった問題に対する多様な解答をそこで見ることができる。本文で表示した線分を縦に，「思惟の働き」を一番長く描くのは，私に一番自然と思えたものであり，Smith もまた同じように解釈している。

（88）線分と洞窟との対応関係については，プラトンがそれを明言しているにもかかわらず（7. 517b)，研究者の解釈は一致するどころか多様である。対応関係を否定する者もいれば（たとえば，ロビンソンは「おぼろな知覚」に当たるものは洞窟内部にはないという三段階説を取る。cf. Robinson（1953), pp.185-190.)，対応関係を認める者もいる（cf. Cross and Woozley（1964), pp. 208-216)。他に，White（1979), pp. 1874-186; Annas（1981), pp. 254ff; など。

（89）Robinson（1953),p.182 は戯れ気味にプラトンが「洞窟」の比喩では八つのものに言及していると指摘している。

（90）今林 (1969)，朴（1983)。

（91）Annas（1981), p. 250.

（92）Whtie（1979), p. 185-186

（93）Fine（1999a), p. 232.

（94）遠近法について言及するのは，ギリシア美術についてはアナクロニズムであるが，ここではあくまで原理的なことを述べている。

（95）510b5, 511a5.

（96）洞窟内での振り返りから数学による教育が語られているのであるから，この振り返りから洞窟内の道を登っていくことを体育や音楽によると理解することはできない。この解釈は Adam (1963b), p. 137 によれば Bosanquet のものである。

（97）Strang（1986）は感覚されるものと思わくされるものとを重ね合わせずに解釈している。

（98）cf. 6. 510a9.

（99）もちろん，上半分の νόησις と διάνοια との区別を明確にするためでもあろう。cf. Annas（1981), p. 249.

（100）『テアイテトス』の虚偽の思わくの不可能性についての議論はこの問題に関わっている。

（101）ただし，数学的対象の場合は探究の主体が魂であるのに対して，イデアの場合にはそれがロゴスであるという違いはある。この違いはもしかしたら数学には言葉が必要ないということを示しているのだろうか。

（102）この三本指の箇所で，いわゆる見間違えは一顧だにされないことは注意してよい。とりわけ，それは詩人追放論で画家のだまし方で言われていることなのだから。つまり，画家はものをよく知らない人を，あるいは子供を，絵によって本物であるかのように騙す。同じことを詩人もする，ということだろう。しかしこれは知性を働かせる，あるいは知性を呼び覚ますようなものではない，とはっきり言われているのである。影を見て，あれは馬だ，牛だ，という争いはまったく知性を呼び起こさない。では影が相反する現れを呈する場合があるか。正しい，いや不正だ，という争いが洞窟内にもあるという。だが，そこに知性が働かないのであれば，つまり探究が行われないのであれば，アポリアを抱かせるようなものではない，と言うことなのだろう。アポリアは同じ一人の人に，あるいは同じ一つの魂に，相反する現れが同時に生じたときにこそ起きるのだ。二人の，あるいは二つの陣営に別々の思いがあることはアポリアを生み出しはしないのである。

（103）洞窟を政治的・社会的に解釈すること，つまり洞窟が当時のアテネの状況を反映しているという解釈はもちろん可能である。このように解釈したときの一つの問題は，洞窟の内部で人形を操り，そうすることによって囚人を操る人々，つまり人形遣は誰なのか，というものである。人形遣はソフィストや詩人という解釈がある一方で，囚人こそそういった人々で人形遣は大衆である，という解釈もある。前者は Burnyeat（1999), 田島（1997), 後者は Wilberding（2004), である。これに対して Sedley（2007), p. 264, n. 10 はどちらか一方に決めることに慎重である。

（104）一問一答と弁論術を駆使した双方の議論の展示とを対比させるのは『ゴルギアス』や『プロタゴラス』などの初期対話篇でおなじみである。『国家』第一巻でもこの対比はみられる。cf. 1. 348a-b. ただし，『国家』第一巻では，第三者の裁判官を必要とする弁論による対決よりも一対一の問答の方が，弁論家と裁判官を兼ねることができるために，優れていると言われている。

（105）cf. 515c8; 515e1; e7.

（106）自分の信ずる価値が否定される限り，人はまず驚き，そして怒るだろう，例えば

『メノン』におけるアニュトスの反応がそれにあたる。
（107）このようなプラトンの提案は，誰とでも対話をしたソクラテスからプラトンが距離をとり，哲学を一般に開放されたものではなく，ある種秘教的なものにしたことだと解釈されている。
（108）数学についてはさまざまに論じられてきたが，最近の論考では Burnyeat（2000）が質・量ともに圧倒的である。バーニュエトの結論は，数学が秩序や協調，一性の理解を助け，倫理的な事柄の理解の構成的要素となっているというものである。これに対しては数学と倫理学（哲学）の区別が曖昧になるという批判がある。cf. Gill（2004）.
（109）この「序曲」に国家と魂の類比の議論も含めようとする解釈がある。数学と問答法は，（1）感覚物を用いるか（2）仮設をそのままにするか，の二つの基準によって区別されている（6. 510b-511d）。Fine（1999b），p. 236 は類比はこの二つを満たすと主張する（また Sedley（2007），p. 267 を参照せよ。）。しかしこれは微妙である。まず，言論のうちに建造される国家が，はたして幾何学者が用いる図と同じかどうかは疑問である。また，グラウコンらには類比の方法で十分であったが，ソクラテスにはそうではなかった。類比が短い道であり，これとは別に長い道があることをソクラテスは知っているからである（4. 435d; 6. 504a-b）。ここには同じ方法について，その方法の限界を知って用いる者とその方法に満足している者との違いが現れている。仮設を破棄するか否かが数学と哲学との分水嶺である。それゆえ類比の方法は，長い道のあることを初めから自覚しており，かつ短い道を捨てて（つまり短い道の仮設を破棄して）長い道を辿るべきだと主張するソクラテスにとっては，哲学の一部であるのではないだろうか。
（110）しかしこれも探求の有無ということで考えればよいのかもしれない。つまり，数学の上に哲学を戴かない（例えば『テアイテトス』のテオドロスのような）人は，数学の探求が仮設に基づくことを忘れ，ある問いの答が得られたならば，それ以上探求をすることはない。この探求の停止という点で，数学的真理の知は，確信と同じだともみなすことができる。他方，数学を序曲とみなし，その上に哲学的問答を戴く（例えばテアイテトスのような）人は，得られた答にとどまることなくその答を導き出すのに必要であった仮設について改めて問うことによって，より明確なかつ確実な知へと上昇すると考えられる。それゆえ，探求を停止している確信の状態とは明らかに区別されるのではないだろうか。
（111）このような哲学的問答に関わる機会は，教育プログラムに明らかなように，数学を学び終わった後の三十歳から三十五歳までと五十歳以降との二回ある。哲学的問答が二人で行われることと，この年齢差を考えると，若い者は答え手，年長者が問い手になるのだろう。そして問われる問いは「美とは何であるか」「善とは何であるか」である。問い手の哲学者にとってはこのような対話が「他の人々を自分たちと同じように教育する」（540a-b）ことなのではないだろうか。もちろん，対話を導く問い手もまたその問答によって学ぶことがあろう。そしてこれが「国家と個人と自己自身（πόλιν καὶ ἰδιώτας καὶ ἑαυτοὺς κοσμεῖν）を秩序づける」ことなのではないだろうか。
（112）なぜディアレクティケーは上方へ引き上げる力を持つのであろうか。それは絶対的なものを求めるその問いに答えようとして，しかしできないということによって，生じる

ことなのだろうか。「できない」というのは美それ自体は言葉のうちにあらわれないと言われているからである（cf.『饗宴』211a)。この言葉を重くみれば，言葉のうちに現れたものは相対的なものにすぎない。だからこそそれを常に乗り越えていくことで，より上へと進むのであろうか。しかしこれらのことについては，プラトンがはっきりとしたことを述べていないので，推測に留まらざるを得ない。なお，善のイデアを観るとは，『饗宴』の美のイデアを観るのとは違って，直観的なものではなくて，対話によって捉えられるものだとするのは，McCabe（2006） である。

（113）松永（1993）第六～九章，中畑（1992）

（114）付論二を参照せよ。

第Ⅴ章　自　　己

（１）Kraut（1992）; Kraut（1999）;White（1979）; Annas（1981), pp.260-271; Reeve（1988), pp. 197-204; Irwin（1995), pp. 313-316.

（２）Brown（2000）.

（３）ブラウンによれば７回。

（４）Brown（2000), p. 10

（５）ブラウンの論文に漏れていた別の解釈としてはスコフィールドのものがある。かつて Schofield は守護者たちの「洞窟」への帰還をそれほど大きな問題とは見ていなかったが（Schofield（2000), p. 227)，最近の論考では守護者が洞窟へ帰るのは幼児から受けて来た教育の結果，彼らの魂に抜き難く埋め込まれた祖国（理想国）への愛がそうさせていると解釈している。cf. Schofield（2006), p. 308. 他に，セドレーは哲人王たちは洞窟への帰還を欲しない (not wanting) が意志する（willing)，つまり服従しないことはしようとしない（will not disobey）と主張する（p. 278)。そして Sedley はそうする理由として，哲人王たちが支配しなければ劣ったものに支配されてしまい，理想国に住めないことになるとしている（p. 280. ただしこれは Brown が結果からの善として，帰還の理由にはならないと拒否していることである)。cf. Sedley（2007）.

（６）cf. 3. 412e.

（７）Aristoteles, *Ethica Nicomachea*, A, 1095b24-25.

（８）Brunschwig（2003）.

（９）Jaeger（1944), p. 291; Guthrie（1975), p. 513; Morrison（1977), p. 227; Annas（1981), p. 252; Giser（1985), p. 15; Kraut（1992), p. 317; Szlezak（1997), p. 208.

（10）Adam（965b), p. 91; Robinson（1953), p. 149; Cross and Woozley（1964), p. 206; Murdoch（1977), p. 4. Brunschwig はこれらの解釈を'half-right' と呼ぶ。cf. Brunschwig（2003), pp. 155-156.

（11）Burnyeat（1999b); Tsouna（2001）

（12）Burnyeat（1999b), pp. 239-240. なお田島（1997), p. 11 も鎖に縛られている囚人たちの身体の影は洞窟の壁に映じていないという解釈をとる。

（13）Tsouna（2001), p. 61.

(14) Brunschwig (2003), p. 171.
(15) cf. 加藤 (1988), pp. 115-123.
(16) 天野 (2006) はエピステーメーに基づく「倫理学」とそれに基づかない「倫理思想」を区別し,『国家』でプラトンが述べているのは「倫理思想」だとする。しかし善のイデアを観たとされる哲人王が暗闇に慣れなければならないと言われていることは,プラトンがそのような「倫理学」を構想していたことを否定すると思われる。
(17) プラトンは別の箇所で,優れた人は自分が幸福だと思って神々に傲慢な女を真似てはならない (cf. 3. 395e) と述べている。女性に対する差別意識はともかく,自分が幸福だと思うことと傲慢になることの関連が読み取れる。このことは,哲学者が生きている間から幸福者の島に住んでいるかのように思うことを批判するのと同じ構造ではないだろうか。幸福であると思うことは傲慢に繋がる。そして傲慢は神と人とのタクシスを侵す不正である。
(18) 哲学者であり続け,かつ政治にも携わること,プラトンはそのことを「自分と国家とを秩序づける仕事」と呼んでいる。
(19) 栗原 (2006) は洞窟の帰還を自己の問題として解こうとする。栗原は,人間の公的側面と私的側面とをあわせたものを「人格」と呼び,洞窟への帰還は哲人王が人格としての自己を獲得することだとする。しかしこの解釈は,「人格」という言葉がプラトンのテキストにはないという点を差し引いたとしても,なお問題がある。まず,栗原は公的側面を政治的活動,私的側面を哲学的活動に割り振る。しかし哲学と政治の両者はこのように截然と分けられてはいない。栗原は『ゴルギアス』に言及するが,そこではむしろソクラテスの哲学的活動が,そのまま政治的活動と言われている。また『国家』では,哲人王たちは哲学する時,若者とつまりは将来の哲人王候補のものたちと対話することによって,哲学するのだが,これは同時に若者の教育,それも哲人王にするための教育であるから,政治的活動という側面も持っている。つまり哲学と政治が一体化しているものとして考えるべきなのだ。それゆえ,哲学と政治を別のものとして扱うことはできない。それから栗原は自己を人格として,つまり,公的側面と私的側面の合体した把握可能な全体としてあらかじめ措定してしまっている。しかし自己とはそのようなことであろうか。あるいは自己を知るとはそのようなものであろうか。むしろ,人間が時間的な存在である以上,自己は把握したとしてもまた何かその把握から抜け出るものを有しているのではあるまいか。自己が一つの全体としてあることをそう簡単には措定できないのである。
(20) 真似には善い真似と悪い真似があるとする Tate はその典型である。Tate (1928), (1932) ; cf. Verdenius (1971), p.290; Tate に対しては,Nehamas (1982), p49; Murray (1996), pp.186-187. らが批判している。
(21) Tate (1928), p.23 は哲学者と詩人の一致を説いている。
(22) 602e4 の Τoύτῳの解釈については Halliwell (1988), p.134 が妥当。cf. Adam (1963b), p.408; pp.466-467. Murphy (1951), pp.239-241 や Nehamas (1982), pp.64-66 には従えない。
(23) Annas (1981), pp.338-339; (1982), p.8; Murphy (1951), pp.239-243; Nehamas

(1982), pp.64-66.; Murray (1996), p.221-222.

(24) Annas (1982), p.9 の批判は最善の部分が絵画の場合も詩の場合も同じものを指すことを理解していないことによって生じている。

(25) それゆえ「詩人追放論」における魂の部分と，4巻および9巻における魂の三部分とは明らかに位相が異なると言わざるを得ない。cf. Penner (1971); Adam (1963b), p.406. しかしながら，十巻の冒頭で，魂の部分分けがなされたから，真似による詩を受け入れるべきではないことがより明らかになった，と言われている。とするならば，魂の三部分説と第十巻の二区分との議論とは矛盾するのだろうか。だが必ずしもそう考える必要はないだろう。三つの部分が截然と分かれ，それぞれがそれぞれの機能を十全に果たすのは，考量的部分がディアレクティケーによって自由にされた自由な人の魂の場合であった。とするならば，そうではない人々の魂はその三つの部分が抽象的に捉えられた機能的側面からみるならば分けられるとしても，その実際の働き方は渾然一体となってしまっているということになろう。つまり，名誉や様々な欲望に引きずられて，漠然とした判断をしているのである。それでもなお，魂にはロギスモスに従おうとする契機が残っているということを，第十巻での魂を二つに区分する議論は示しているように思われる

(26) 藤沢は条件節が「詩人は魂のそのような（最善の）部分に向かうようには本性上なっていない」という主文をも修飾するように訳しているが，これは疑問である。「本性上」そのようになっているものは，好評を博そうとする人の思惑によって変わるようなものであるとは思えない。マレーやハリウェルの訳の方がよいように思う。cf. 藤沢 (1976), p.331; Murray (1996), p.220; Halliwell (1988), p.63.

(27) 'the pleasure of the best people is not at the sorrow represented but at the representation of the sorrow.', Nehamas (1982), p.69.　なお，Nehamas のこの議論に対しては，Ferrari (1989), p.138 の批判があるがあまり説得的であるようには思えない。

(28)「最大の告発」だとプラトンが語っているにもかかわらず，それについて論じられることは少なかった。正面からこの議論に取り組んだ論文としては，Belfiore (1983) のものがある。一つだけ批判を述べれば，本文で論じたような自他の問題にベルフィオーレは全く触れていない点で不十分である。

(29) Halliwell (1988), p.147.

(30) もう一つの問題として，「そのような自他の区別をつけない部分を満たす情念とはいかなる意味で《私》の情念と言えるのだろうか」という問題があろう。

(31) Annas (1999), p. 136, も同様に二通りの解釈を許すものとしている。

(32) 内なる国制とは理想国をモデルに打ち立てられる魂全体の状態である。

(33) ソクラテスは軍功があったのにその名誉をアルキビアデスに譲った。cf.『饗宴』220e。

(34) このことは守護者たちが幸福になろうとする者の模範にはなりえないことを示している。幸福になろうとする者が模範とすべきなのは理想国の国制である。

(35) なぜそもそも正義なのかという疑問が出されるかもしれない。なぜ人は正しくなければならないのか，知への欲求を満たすことで十分ではないのかという疑問である。それは正義こそその他の諸徳が魂の内に内在する原因だからである。諸徳が内在する魂は優れ

た善い魂であろう。そのように魂が諸徳を有するには，正義が必要なのである。節制と勇気と知恵という「三つのものすべてに力を与えて生じさせ，一旦生じた後には，それらの諸徳を存続させる，それが内在する限り（4. 433b）」と言われているその「それ」こそ正義に他ならない。正義があれば，その他の徳，知恵，勇気，節制を生じさせ，正義が存続している限り，他の諸徳も存続している。だからこそ，知恵のためにも正義は必要なのである。

（36）原語は ποιητικῇであるが，多くの訳本に従って詩と訳す。

（37）『法律』には「議論においてもひとはたえずその手綱を引き締めねばならないと思います。まるで自分の持っている口に手綱がついていないかのように，議論の手で無理矢理に運ばれ，諺にもいう「驢馬から落ちてしくじる」ことのないようにしなくてはなりますまい（4.701c5-d1）」という言葉がある。これはソクラテスの反省の言葉「熱くなりすぎた」に呼応しているかもしれない。

（38）詩人追放論の文脈で，我を忘れることが非難されている（10. 605d）。

（39）H・アレントは，最高のイデアとしては美こそふさわしいのに，プラトンは『国家』で善をそれとしたが，それは誤りであるという解釈を述べている。しかし美の持つ，自己を忘れさせる危険性を考慮すると，プラトンが美を最高のイデアにしたというのはにわかには肯んじえない。cf. Arendt（1977），pp.112-113.

（40）ちょうど洞窟を出た者たちが洞窟へと帰還することを意志するように（ἐθελήσουσιν, 7. 520d8）

（41）Adam（1963b），p. 458 は，エルの神話の中では，知識ではなくて善い行いが報酬をもたらす。しかし来るべき生の選択の時は Orthodoxy ではなくて Knowledge が優ると注釈を付ける。同じように，Cross and Woozley（1964），p. 288 は，正しい思いなしでは足りないのであって，哲学が重要だということこそ神話のメッセージだと解釈する。

（42）White（1979）p. 265 は　ある性格を持つことの報酬と刑罰はその性格にしたがって生き続けることだと言う。

（43）他の疑念として重要なのは，エルの神話ははたして『国家』の他の諸巻とどれほど緊密に結びついているのか，という疑念である。つまり，エルの神話，ないしエルの神話を含む第十巻は，『国家』の議論にとって余計なものなのではないかという批判である。この点に関しては，Annas（1981），p. 353 は正義は重要だという第九巻までの議論で十分だが，しかし現世での成功と来世での報酬という観点からもプラトンは正義を見たかったからだと説明している。Rosen（2005），pp. 387-388 は，真理はあまりに厳しいので人間的な事象の範型として有用でない，そこでプラトンは神話を語ったとする。Lear（2006），p. 41 によれば，プラトンが神話を述べたのは，死後の世界の三つの可能性のどれにも対応できるようにするためである。死後の世界が無ければ第九巻までの議論で正義の重要性は訴えられる。しかし死後の世界があり，そこに人の魂が永遠に留まり続けるか，あるいは死後の世界があり，人の魂はそこからまたこの世に生まれてくるか，どちらかの可能性が論理的には残る。そして，このどちらの場合でも，正義が重要であることを述べるには，神話で語ることが必要になる，そうリアは解する。エルの神話の，そして第十巻の位置づけに関するわれわれの解釈は本文を参照せよ。

（44）Annas（1981), p. 351.
（45）國方は他に，徳は何ものにも支配されず，徳を尊重する程度に応じて所有する徳の量が決まると語られていることを重要視している（cf. 國方（2007), pp. 168-171)。
（46）Annas（1981), p. 352.
（47）三嶋（2000), p. 151. 三嶋は『ゴルギアス』では裁きが重要だったが，しかし『国家』では生の択びが重要だと正当にも指摘している。
（48）Annas（1981), pp. 352-353.
（49）Halliwell（2007), p. 470f.　だからこそ，信じることが重要だとソクラテスは述べているのだというのが最終的なハリウェルの解釈である。
（50）現代ならば，環境，遺伝，身体的条件，脳の先行状態などが挙げられる。
（51）三嶋もまた「過去の生の択びについての記憶を失わせることによって現在に置ける択びに意味を与えようとしている」「プラトンは我々はこの生において自己を択ぶことにおいて己の過去を択ぶと同時に将来の自己――”次回の生”の択びも，往々にしてその前の世における習慣によって決定されるとされている――をも択ぶのだ，即ち永遠の自己を択ぶのだと言おうとしているかのように見える」（三嶋（2000), p. 155）として，忘れていることに注目している。
（52）Annasは哲学者の選択をも「反応」であると解釈している。哲学者の報酬は一時的な来生のものであり，しかもこれらは次の生での不正への転落によって消尽される，とAnnasは言う（Annas（1981), p. 351)。しかし，テキストによれば，哲学者は，もう一度正しい選択をすることが出来るのである。つまり，真の知を追求することなく習慣で徳を身につけた者は反応的選択をすることになるが（10. 619d)，誠心誠意知を愛し求めるもの（ただし，くじが最後に当たらなければ）が天上の旅路を行く，つまり正しい選択をする，し続ける（10. 619e）のである。Annasによる決定論的解釈は，哲学者には選択が可能であることを読み落としているからであろう。なお，「選択の順番を決めるくじが最後に当たらなければ」という条件を三嶋（2000), p. 149-150は重くみる。
（53）cf. 6. 499b.
（54）輪廻を語るエルの神話における前世の生と来世の生を，この世の一回限りの生における過去と未来のこととして解する，非神話的解釈が可能である。cf. 三嶋（2000), 第六章。
（55）『パイドロス』（245c）で魂が「自らを動かすもの」として理解されていることは，「新たに始めることができる自由」を基礎づけるものであると思われる。
（56）『国家』の冒頭でアテナイに帰ろうとしたソクラテスがケパロス邸に残ったのは，松明を手に馬で競争しながらリレーをする，女神のために行われる競技のためであった（1. 328a)。

付論一　プラトンの体育論

（１）cf. Brandwood（1976), p.191. ただし，偽書とされる『アルキビアデスＩ』『クレイトポン』『テアゲス』『恋がたき』の用例は除く。
（２）ただし，この箇所でプロタゴラスがヘロディコスに言及していることは，注意され

てよい。言うまでもなくヘロディコスは『国家』の体育論の箇所で批判されているからである。この点については本文（iii）を参照。

（3）このことは他の箇所でも確認できる。cf.『ソピステース』229a1-2.

（4）アダムは体育と医術は連関するという註をつけているが，これは誤りではないにしても，不十分であるとわれわれの議論は示している。cf. Adam（1963), p. 176.

（5）White（1979), p. 100.

（6）Bloom（1991), p. 364. ブルームは「ソクラテスは身体をけなすあまり，最後には体育は身体に全く関係ないと否定的に述べている」と言う。しかし，たとえソクラテスが身体をけなしているとしても――私にはそうは思われないが――体育が身体に全く関係ないというのは行き過ぎである。

（7）言うまでもなくこれは尊厳死の問題である。

（8）この文脈では人は国家に役立つ人であるか，自分の素質にふさわしいものとして課せられた一つの仕事をなすかどうか，が問題になっているゆえ「善く」ではなく「良く」の字を当てた。

付論二　プラトン『国家』における「女性の劇」の射程

（1）アナス（2004), pp. 40-42.

（2）Halliwell（1993), 5-7.

（3）これはレオ・シュトラウスやその学派の解釈である。彼らによればプラトンは冗談を描くことで，理想国の実現不可能性を示唆しているという。cf. Strauss（1964); Bloom（1968), pp. 379-389.　この解釈に対する批判としては，例えば，Bluestone（1987), pp. 154-162, を挙げることができる。ちなみにブルーストーンのブルーム批判のみならず，「女性の劇」の多様な先行研究を学ぶために，ブルーストーンの書はきわめて有益である。

（4）議論の展開を丁寧に跡づけることそれ自体は，プラトンを解釈するには基本的な，かつ必須のものである。しかし，あえてこれを言わなければならない理由がある。というのも，女性劇を構成する妻子共有論と女性の教育が，その主張の特異性のゆえに――妻子共有論の奇妙さと，女性の平等の先進性――それぞれ単独で論じられやすいという憾みがないわけではなかったからである。とりわけ女性の教育については，本文で以下述べるように，プラトンはフェミニストであるかという問いを引きおこし，激しい論争が繰り広げられてきた。それが無意味であるわけではない。しかし，女性の教育と妻子共有はセットになっているのであり，それを忘れては解釈としては不十分であろう。

（5）Annas（1981): p. 181.

（6）Annas（1981): p. 182.

（7）Saxonhouse（1997): pp. 96-103.

（8）Vlastos（1997): p. 126.

（9）Vlastos（1997): p. 123.

（10）瀬口（2002): p. 77.

（11）Halliwell（1993): p. 15.

（12）Slings（2003）を底本として用い，私が訳した。

（13）cf. Burnyeat（1999）: p. 306.

（14）cf. Burnyeat（1999）: p. 306.

（15）このことはアリストテレスにも共通する。周知の通り，アリストテレスはその『政治学』第二巻でプラトンの『国家』を多くの点で批判するが，その批判の中でもっとも辛辣なのは，守護者や補助者という支配者よりも被支配者たちにこそ妻子共有を課さなければいけないというものだと思われる。プラトンは妻子を共有することで支配者の間にこの上ない友愛が生まれ，まるで一人の人間であるかのような，最も強固な一性が保たれると論じるが，アリストテレスはそれを否定し，妻子共有は一性を破壊すると主張する。なぜならアリストテレスによれば，人は共有しているものにではなくて私有しているものにこそ，親愛の情を有するからである。もし被支配者たちに妻子共有を義務づけるならば，彼らの間に親愛は成立せず，したがって支配者に対して反乱を企てることはなく，支配体制は安定するだろうというのがアリストテレスの皮肉な議論である。cf. Aristoteles, *Politica*, B, 1262a40-b35。

（16）はたしてどちらの議論が先なのかは 19 世紀から論じられている問題だが，最近はアリストパネスを先と考える解釈者が多い。Adam（1963）: pp. 345-355 や，村川（1954）: pp. 169-185 に，詳しい議論があるが，どちらもアリストパネスを先と考える。さらに Burnyeat（1999）も同じである。

（17）cf. 『歴史』IV, 104.

（18）桜井（1992）: p. 85.

（19）*Diogenis Laertii Vitae Philosophorum*, 7. 131.

（20）ここで正しさと自然にかなっていることとを，ほぼ重なる意味で用いているのは，『国家』第四巻までで建設された国家の正しさが自然にかなったことを基礎に主張されているからである。

（21）しかし注釈者の中には自然を強調するものがいる。Adam（1963）: p. 292 は極端な自然主義と評し，Halliwell（1993）: pp. 7-9 は，プラトンが当時の常識を自然に訴えることで打破しようとしているとする。

（22）桜井（1992）: p. 62.

（23）桜井（1992）: p. 71.

（24）『国家』に語られている教育は国家の守護者を選ぶためのものであるが，それは個人が自らの魂のあり方を知ることのアナロジーかもしれない。

（25）プラトンの女性の劇を真剣に受け取るべきだと主張するバーニュエトでさえ，われわれの議論は真剣に過ぎると言うかもしれない。なぜなら，バーニュエトは「女性の劇」を真剣に受け取るべきことを主張しながら，他方でそれが”fantasy”であるとも主張しているからである。それゆえ「妻子共有論」の意義は，バーニュエトによれば，日常的思考から飛翔するために想像力が重要であることをプラトンは訴えているのであり，また個人の思惑を超えた見解を採用しうることが哲学者に固有な能力であることを示唆しているのである。だがこのような解釈は議論そのものを真剣に扱っているというよりも，議論の目的

を真剣に扱っているのに過ぎないのではないだろうか。cf. Burnyeat（1999）.

（26）トマス・モアの『ユートピア』で描かれる「ユートピア」では人々は財産を共有するが，一夫一婦制の家庭は残る。

（27）しかし，プラトンの全体主義的思考は，本来，一部に過ぎないものを全体にしてしまうものではない。例えば，トラシュマコスが語ったような，自分たちの利益になるように法律を定め，それを国民に守らせようとする支配者を羨む思考とは違う。財産の私有を禁じられた守護者たちが幸福にはなり得ないという批判に対して，プラトンは国家の一階層の幸福ではなくて，国家全体の幸福を第一に考えなければならないと答える（cf. 4. 419a-421c）。もっともプラトンは，後に守護者たちがオリンピック競技の勝利者よりも幸福だと述べるのであるが（cf. 465d-466a）。